武术

擒拿训练教程

基础训练和擒拿

舒建臣 著

辽宁科学技术出版社
·沈阳·

图书在版编目（CIP）数据

实用武术擒拿训练教程．基础训练和擒拿 / 舒建臣著．—沈阳：辽宁科学技术出版社，2020.11
ISBN 978-7-5591-1279-8

Ⅰ.①实… Ⅱ.①舒… Ⅲ.①擒拿方法（体育）—中国—教材 Ⅳ.①G852.4

中国版本图书馆CIP数据核字（2019）第188595号

出版发行：辽宁科学技术出版社
　　　　　　（地址：沈阳市和平区十一纬路25号　邮编：110003）
印 刷 者：辽宁新华印务有限公司
幅面尺寸：170 mm × 240 mm
印　　张：22.5
字　　数：400千字
出版时间：2020年11月第1版
印刷时间：2020年11月第1次印刷
责任编辑：郭　莹
封面设计：魔杰设计
责任校对：王玉宝

书　　号：ISBN 978-7-5591-1279-8
定　　价：58.00元

联系电话：024-23280258　联系人：郭　莹
邮购电话：024-23284502
投稿QQ：765467383

出版说明

　　武术擒拿，既是探讨人体生命用于搏击抗暴的奥秘的一门科学，也是一种强身健体，延年益智的积极锻炼手段。近年来，学习武术擒拿的人越来越多，已不分种族、肤色、国界，形成了世界性的热潮。为了传承中华民族优秀文化遗产，挖掘整理武术擒拿精粹，介绍武术擒拿科研成果，整理过去和现在的武术擒拿内容，我们出版了这套《实用武术擒拿教程》。本套教程以《基础训练和擒拿》和《擒拿解脱和反擒拿》两册内容构成一个完整体系。两册内容组成一部学习型、规范型的现代武术擒拿教程，具有收录技术技法适量，理论和实践简明易懂，充分体现武术擒拿的理论和实践功法的特点，它是在中国武术擒拿各家基础上重新编辑而成的，并可从中窥视到中华武术各流派拳种的擒拿影子。武术擒拿都是以武术中的擒拿格斗为研究对象的技击体系，这个体系是经过无数人长期的思索、探求、实践、争论、碰撞而逐渐形成的。当武术擒拿体系逐渐成熟时，便应有一种作为它的阶段性的研究总结，成为武术擒拿的知识总汇。因此，本套教程编撰历时数年，增删数次，凝聚了武术擒拿各流派的心血和智慧，是一部能体现中国武术擒拿最新成果的教程。

　　在学练的过程中，许多修习者，特别是自学的修习者，迫切希望把握修习的理法要则，明了遇到的疑问难点。为了使大家在学习武术擒拿时有理可循，有法可依，少走弯路，提高悟性，尽快收到显著的效果，我们多年的教学和实践经验，从各种擒拿的理论和技术中整理出具有指导性、实用性、代表性的内容写成本套教程，以期对学习武术擒拿的修习者有所裨益。

　　本套教程全部内容分《基础训练和擒拿》和《擒拿解脱和反擒拿》两册，有多个章节，理论联系实践，指导性较强。因各家武术师承不同，个人自身理解不同，各自锻炼的方法不同，故对本套教程某些问题的看法、观点、体会不尽一致，乃至抵牾。对此，读者可参阅各家之言，结合自己的具体情况，细心体会借鉴，采英撷精，融会贯通。在编写本教程的过程中，我们感到有见地的擒拿解脱和反擒拿技术技法非常繁多，然而由于篇幅有限，一些细微变化衍生的擒拿技术技法，不再阐述，可由本教程中的擒拿技术技法举一反三，引用变通。

　　本套教程力求内容科学准确，道理深入浅出，文字通俗易懂，材料翔实，图文并茂，便于自学，利于查阅。收录的武术擒拿解脱和反擒拿内容，经过数次校勘，力求达到较高的版本水平。我们希望本套教程成为武术工作者和爱好者喜爱的书。

内容提要

　　武术擒拿之道源远流长，发端于中国春秋时期，兴盛于秦汉之际，而极盛于明清今世。古手搏和角抵衍、绝膑、剑道并称四大兵技，擒拿是古手搏和角抵的衍生分枝，在两千多年攻战拿杀实践中，大抵经历了折杀、压脉、拿制、拿穴、缠技等五个阶段，从而日臻完备，蔚成大观。

　　《实用武术擒拿训练教程　基础训练和擒拿》内容是以史技兼备为特点，较全面和深入地阐述拿技之史，并对此进行了探讨和研究。在阐述基本训练和擒拿内容上，以人体运动解剖学、人体运动生理学、人体运动生物力学和运动心理学等为理论依据，对体位、关节、肌肉之屈伸收展；大脑神经、心血管系统、呼吸系统和经络系统之功能；力学上合力破分力，螺旋力破直力和杠杆力等原理在拿技中的作用，以及基本训练内容方面都进行了科学的描述。在基本训练之后的擒拿内容中，披露了我国少林拳、太极拳、八卦拳、形意拳、红拳、查拳、通背拳、咏春拳等著名流派的擒拿精华，读者可从中窥视到它们的影子。因此，本书擒拿精华非一家之绝手，诚诸家之至巧，使本册在内容上将绵延千载的拿技，终于以拿技历史、擒拿概念、通用基本功、擒拿技法等而卓成基础训练和擒拿系统。

前　言

武术擒拿是我国传统的武术技击之精髓，其历史源远流长，内容丰富，并随着其发展而自成系统。擒拿主要针对人体关节活动功能和要害穴位的生理特点，来实施各种不同的习拿之法等，结合多种力劲的运用，进行擒伏和解脱、控制和反控制之巧。因此，武术擒拿绝技方法独特，技术风格别致，攻防动作严谨，施技变化多端，并擅于近身搏击。人们如通过擒拿的训练，在培养机智、勇敢、果断、顽强、敏捷等优良品质的同时，可增强体质，提高自身的健身防身能力，擒拿也正如此在民间及军旅中广泛流传着，并深受人们的喜爱，甚至在各种功夫动作电影或电视剧中表现出来，使观赏更有视觉冲击力。

近年来，我们在总结古今武术擒拿的理论和实践基础上，根据训练和教学积累的经验对擒拿、解脱和反擒拿进行了深入、系统的整理，充实了很多内容，将其整编成一套《实用武术擒拿训练教程》，并将其分为《基础训练和擒拿》和《擒拿解脱和反擒拿》两册，来论述擒拿的基础理论、技术动作、基本功法、擒拿、解脱、反擒拿和徒手抗暴等内容，以体现中国擒拿各种攻防演变技巧，提高人们在日常生活中防身自卫的能力以及应对突发性暴力的能力等。

传统的武术擒拿有很多理论，有些不完备，也不尽符合科学。武术擒拿在完成向现代体育项目转化的过程之后，其理论却没有能完成这一转化，许多过时的东西仍然被保留了下来，甚至被奉为经典。加上武术界长期以来有重技术轻理论的倾向，因循守旧的习惯势力比较顽强，研究工作又未能及时借助于现代科学观念和方法论的指导等，使武术擒拿形成了理论水平相对落后于技术发展的局面，不过比起过去，近些年来的发展是令人鼓舞的。只是近年来武术擒拿研究多是集中在局部的、具体的，甚至是细琐的问题上，综合性的、宏观的研究明显不足，因此我们尽量努力将这方面完善起来。

本套《实用武术擒拿训练教程》，是一部工具性读物，根据它的特定体例和任务，我们不一定要求它非要有严密而系统的理论性，但，考虑到它与社会武术活动有着紧密的联系，许多读者将通过它来了解武术擒拿的基本内容，并可能形成自己的武术擒拿观，因此，我们又不能不要求它在基本的理论问题上，尽可能地反映正确的或较为客观的观点。这正是我们试图努力达到的标准。然而，实事求是地分析武术擒拿理论研究的现状后，即使达到这样的标准也不是一件容易的事，何况我们的水平是相当有限的。

本册内容除阐述拿技之史，基础训练内容之外，诸多擒拿攻防技击内容实用性强，技巧性高，战术机动灵活，本着简单、实用、易学、易练、易掌握的原则，同样对于传统武术咏春拳、截拳道、形意拳、太极拳、八卦拳、少林拳或军警擒拿格斗等拳种流派的擒拿技术都有着引导借鉴意义。因此，本书力图使修习者学会和传承擒拿的攻防之法，达到强身健体的目的，从中获得有益的知识，且要对武术擒拿有一个正确的认识，以高度的责任感为继承、发扬和宣传武术擒拿这一民族文化瑰宝而努力。

　　由于我们的经验有限，书中难免有疏漏，希望武术前辈、读者不吝赐教，以便再版修订。本套教程得到了各方面工作人员的大力协助，以避免武术擒拿之技失传之憾，在此深表谢意。

舒建臣

目　录

目
录

实用

武术擒拿

训练教程

基础训练和擒拿

目
录

目
录

実用

武术擒拿

训练教程 基础训练和擒拿

擒拿概述

武术擒拿作为我国独传之术，汇集了中国武艺的技击精华，是徒手搏击重要的实战技术，也是一门技击绝技，其作为近身的对立的双方互为条件的近身擒拿技术，和其他的技击之术一样，是细腻复杂多变且虚实莫测的，运用起来又是简洁机巧的。因此，擒拿一术，其机理精深，技术奥妙无穷，招法变化万千，是我国人民群众几千年来在劳动和斗争实践中不断积累并总结出来的特殊的实用技击和搏杀之术。

第一节　擒拿的历史源流

擒拿，是中华武术实用搏击的踢、打、摔、拿四大技法之一，集中反映和体现了中国武术当中的技击精华，其技术技法精彩别致，独树一帜，内容丰富，法理精深。究其特点来看，既不同于打法的勇猛明快，也区别于摔法的角斗拼搏。根据其实践运用，它更注重"身体动作"和"心理动向"的双重研究，它的运用目的就是制胜和克敌。

一、擒拿的源流绝脰技、挈头技

擒拿一术，其源远流长的历史，可以追溯到古先秦时期，这一时期也是古拿技的发轫期。根据《春秋·公羊传》中记载"宋万怒，搏闵公，绝其脰"。是说两个人徒手搏斗中，在远距离分别使用了手搏后，于接近近战厮打搂抱之际，其中宋万成功地使用了绝脰拿技，将闵公的颈椎折断，致其死亡。

有关挟头持发的挈头拿技，首创于战国时期的强秦，《史记·张仪传》中载司马迁极赞秦兵锐士的挈头拿技"山东之士被甲蒙胄以会战，秦人捐甲徒裼以趋敌，左挈人头，右挟生虏。夫秦卒与山东之卒，犹孟贲之与怯夫；以重力相压，犹乌获之与婴儿"。这一段故事生动地描述了挈头之技的实战形象。

在两汉一脉相传中，此技又以捽胡一名见载于《汉书·金日磾》，即"日磾捽投何罗于殿下，得擒之"。晋灼注为：胡，颈。"捽其颈而投殿下也。"如实地记载了匈奴休屠王子金日碑救驾汉武帝于林光宫,用捽胡之技力擒刺客莽何罗。在《广韵》中对捽胡一词作了准确的注解,即"捽,持头发也,持头也"。就是说明当时持发、持头皆头区部位,可以通用。与此同时,无独有偶的是与秦以挈头之技参与一统六国的同一时期,公元前4世纪,马其顿国王亚历山大的军队,也曾受到对手挈头一技的严重威胁。

从这一历史时期证明,中国先秦时期到汉代的挈头之技,在攻击体上不仅和其他兵技保持一致,即首先从头颈部区开始,并在应用上,东、西方有着出奇的相似。这种挈头拿技的效果着眼于一次性致敌于死命的技术,为当时兵家兵技的重要组成部分是毋庸置疑的。

二、汉代的绝亢、压脉技

绝亢、压脉之技首见于汉代。在《史记·卷八十七张耳陈余列传第二十七》中有载,"赵相贯高怒高祖之慢轻其王张敖,欲杀之。及事泄捕之狱中。后刘邦欲赦之,其则'乃仰绝肮,遂死。当此之时,名闻天下。'其便是以绝肮之于自刭,即头部后仰之意。"关于"绝肮"之字义,在《博雅》中曾有注为"绝,断也"。《集辞》韦昭曰"肮,咽也"。在《索隐》苏林云中"肮,颈大脉也。即欲称为的胡脉。下即反"。依据这些解释,可以理解为绝亢之技,当为绝头断颈之技或以手指压按咽喉或喉结两侧之颈总动脉之技。

绝亢和压脉之技,其主要是以阻断人的大脑氧气、血液的正常供应,来导致人的昏迷和死亡。这种手战之技,在实搏效果上均表现得十分凶残,不过在手法技术上又较绝脰技高明。绝脰是以力横折之法,绝亢则是以指巧压之。在《史记·娄敬传》中记载"夫与人斗,不扼其肮,抚其背,未能全胜"。其又注曰:"满手曰扼,握也。"就是说在徒手搏中,如若以力图全胜,就必须一手回抱其背,以固定对手的躯干,一手紧握压按咽喉或喉结两侧之颈总动脉血管,以堵塞对大脑供能供氧的通道,达到成功实施绝亢之技。

汉代作为中国医学的发展史有着光辉灿烂的文明时期,这一时期对于人体的生理、解剖学的深刻认识也同时极大地促进了拿技的发展,使人能十分准确地把握住实施绝亢、压脉的解剖体位。在《素问·阴阳大论》中有王冰注"人迎,谓喉结两旁同身寸之一寸五分,脉动就手者也"。而在《灵枢·寒伤病》中有"颈侧之动脉人迎。人迎,是阳似也,在婴筋之前"。这两书中所指的人迎穴,正是头部颈区的两颈总动脉处,也是绝亢之技以指压按此部位,以阻断对大脑供氧供能的重要的攻击部位。更是古拿技对颈项部区攻击由面到点、由手法上折寰枕关节到压按穴位的成功突破,并开创了古拿技以折为主、折压并举的新时代。而且,这一时期有史可查的中国武术中最早以点压人迎穴位致人死亡的技术,就是以点穴制人的技术,这也是古拿技拿穴技术的重大发现,同时也是汉代对中国武术发展所做出的不可磨灭的贡献之一,对以后的拿技发展起着重要的作用。

三、拿腕折臂技的出现

随着古拿技的发展，古拿技在技术上也表现出了在摧毁人体颈区部位的惊人的技巧，并随着以后的实战技术的不断深入，以及绝头断颈的防反力量的增强，与秦汉兵学以奇取胜等常规兵技的影响，徒手搏斗的技法形式受到严峻的挑战，很明显，远距离的手臂技的速度有了新的突破，而使用折颈按压人迎穴以制敌的战机也明显地减少，从而促使近战交手时，交手交臂的手臂技与空手入白刃的技术迅速发展起来。特别是在魏文帝曹丕的《典论》中记载着"奋威将军邓展善用手臂，晓五兵，能空手入白刃。因求与余对，时酒酣耳热，方食竽蔗，便以为杖，下殿数交，三中其臂，左右大笑"。这说明了以手臂命名的手搏、空手与刀剑对抗仍可取胜，展现了汉代手搏、剑道的高度发展情况。

直到东汉末年，出现了会稽手搏，同时伴有以拳截臂、折臂，击臂技的产生，这反映出汉代兵技手搏、手斩、截击人体上部，以挟制上肢梢节的拳掌技法已达到相当精绝的地步，并表现了当时臂部已成为手搏（包括剑道）、角抵技共同攻击的体位。只是汉代对于臂的具体含义，与今略有不同的解释。在东汉时期的《说文解字》中和相关的医籍中则认为，"臂"包括小臂及与上下臂下端肱骨相接处之肘关节，以及下与手掌相连的腕关节则为其范畴。由许慎编纂的《说文解字》记录了大量的有关拿技的文字，其对拿技的"拿"字进行分析，"拿"，引之意，是述拿而非击，是手持之意；在有关拿技指法手法变化的文字上，有指按的"压"字，爪击肌肤的"掐"字，满手相握的"扼"字等；其所记载的与拿技相关的实用的手法、体位攻击和战术的有关文字，无可辩驳地证明了汉代这一时期的拿技的发展盛况。而且，汉代的攻击臂部体位的兵技热潮，直接影响着拿技的发展。虽然缺乏较多的史料文字记载，但从考古工作者的辛劳研究中还是提供了一些较有价值的依据。像在近年来出土的东汉画像石中就有拿腕折臂技的画面，这些画面上清晰地描绘了两个人相对而立，同向左持右手的拿腕和反拿腕技法。胜者是以左手盖压在对手拿手之上不使其逃遁，右臂屈肘向下压迫对方肘关节外侧，使败者肘关节极度伸位；败者左手由外侧反拿胜者右腕，并因肘部疼痛难忍使身体后仰，呈右腿半跪状，左腿挺伸呈后跌状，其描绘形状栩栩如生，动作技法几乎达到可以模仿如真的地步。从这些可以看出，此时的拿技已从固守传统头颈部技开始向人体两侧转移，而接近头颈部区的上肢则形成攻击的必然体位部分。

随之，古拿技开始由头颈折技向下延伸至上肢的肘腕关节，使局限于交手会战，以头颈部区为体位的一次性致人死命的称雄千载的杀人技，再也不能适应新形势的需要了，这不得不使拿技进入了多技并进的崭新时代。而且，汉代的拿腕折臂技的实战效果非常显著，并可在《中国正骨科技史》中有考证，其记录了因手搏、角抵和拿支使臂部断折，流血疼痛感染致死的人，已达成千上万，其数字相当的惊人，这充分显示了拿腕折臂技在汉代这一时期的研练和实战状况，其又是继这一时期随指压人迎穴技术的发明之后，又一御敌制胜的新技法。

汉代的"拿"字字义也由此取"乱相持搏"作为解释，则说明汉代已结束了先秦以来绝头断颈的绝胭技称雄的时代，也是拿技日趋成熟获得正名的重要标志，并在拿技的发展史上，竖起了一座划时代的里程碑，推动拿技的进一步发展。

四、宋元拿技的潜流

至宋、元时期的拿技，由于受蒙古族入主中原以及赵宋王朝重文轻武思想的禁锢影响，此一时期前人留下的可供研究的资料较为缺乏，但是通过具体细致的分析研究和对比宋元的前期和后代，还是可以一窥宋元拿技的真实面目。特别是《纪效新书》记载的宋代四大名拳之一的猴拳，更是可以照亮宋元拿技潜流的一丝光芒。其记载的猴拳，今虽以无具体的描述，但作为猴拳的基本手法的刀、持、勾、挂等技术，应是与古今相同的，只是深浅精粗略有差异罢了。猴拳的刀、持、勾、挂的技术攻击体位多是以人体的头颈区上，特别是着重上肢的手臂部位上。也就是说，在实战交手中，只有以刀、持、勾、挂住对手的手臂，方可施拿技以奏效。如此可以看出，宋元拿技对于手臂部位的探索，较以往更加广阔和深入，这一点也是宋元拿技在形式上成功的突破和转移。

由此，也可以说宋元拿技的潜流，应在拿技发展过程中具有承上启下的独到作用，其贡献也是不可磨灭的。

五、明代的拿体技

古拿技的发展到了朱明王朝时，拿技拿效在本质上发生一场空前的变革，并以满把持的臂腕力量蛮横折断对手关节为主的技术改变为拿体技。即以指锋、指腹屈扣如环，以配合深厚的功力，搯扣肤肌深层，达到破坏肌肉纤维组织、产生剧烈疼痛和酸麻体感而使受制者屈服为目的的技法。就是说，拿体技从实质上看就是清初出现的分筋技。像《纪效新书》中记载的"鹰爪王"之拿，就是以施术利如鹰爪，出手钳指入肉的高超指功功力而获绰号。

如此也证明了明代拿体技的诞生和普遍应用，也无疑是在绝亢技按压人迎穴的基础上，对人体全身有效拿点的一次富有成效的普查，以及对行之有效的新拿点的认可和固定。将折技和拿技作一对比，在攻击体位方面上，古拿技是以强力折断头颈部区的颈椎关节以及上肢肩肘关节为主的折技；而拿体技，则是以劲拿全身，特别是上肢肌肉为主的拿技。可以很明显地看出，前者在实战中是置人于死地的杀人技；后者则是重用手法，使对手被拿体点立即产生剧痛，达到不可忍受的地步，使对手束手就擒的制人技，但一经对手认输屈服，即可解除手法，被拿之人即可恢复体感至正常状态或痛感消失的状态。这种拿技是以拿到为止，是易分胜负的新形式，也因此极大地促进了拿技的发展，这种形式有利于人们进行研讨，对于明代武术繁荣昌盛的贡献是不可埋没的。而且，在《江南经略》中记载了"三十六拿""三十六解"等，都有力地说明了这一时期拿技内容的丰富，并有拿和解法，且衍生了较多的流派等。

六、拿穴术的纳入

明代末，随着各种古拿技的发展和流传，在东汉拿腕折臂技的故乡浙东一带，有师崇关中王宗的内家拳法开始较广地流传着。其中有些名家在那时的中国传统医学针灸学集大成和经络学说臻于完备的基础上，将技击研究融于医道，把西汉时期的以手指压按人迎穴的绝亢技同时引向深入，向世人推广。例如《王征南墓志铭》中称"凡搏人皆以其穴之死穴、晕穴、哑穴，一切如铜人图法"。同时，在余姚的黄百家撰编的《内家拳法》一文记录着用于技击的膀胱、蛤蟆、环跳、曲池、锁喉、合谷、内关等十二个经验穴位。而这些穴位则分属于人体的十四经络中的督脉，如足少阳胆经、手阳明大肠经等，攻击的体位有头颈、上肢、下腹和下肢等部位，几乎遍及全身。令人注意的是，仅在上肢小臂部位上就有合谷、曲池、内关、锁喉等穴位，有些穴位如锁喉，位于人身的气道，如在交手中遭到闭锁，纵有力勇万夫之能，也必受制于顷刻，因此，这类的穴位则属于死穴。还有环跳穴，位于人身肌肉最发达的臀部，此处如果遭到重击或点打，同样可以使下肢功能遭到暂时破坏。如果是用指法戳击膀胱穴，则会伤及或影响泌尿器官而使肾功能遭到破坏。有关爪持或重切，压掐合谷、曲池、内关等穴位，则轻可使上肢发生麻木，失去反抗能力，重则会直接影响到呼吸、消化等器官而导致昏厥，因此，这类穴属于晕穴。明代内家拳家所擅长的点穴制人技，在形式上是以手指直线进行点、戳要害穴位和爪切钳制上肢部位的穴位而组成。还有令人注意的是，此时期的人们已经发现了仅上肢就有合谷、内关、曲池分布左右的各一穴，在十二个穴位中竟达至半数，这不得不让人惊叹彼时的拿技高手对于人体手臂部技是如此的重视，对于劲拿一穴而控制全身的研究竟如此细微和精湛。

穴法被内家拳纳入技击术，其中点、拿、击、跌综合运用，已跳出了古拿技以力取胜的羁绊，更增加了古拿技的实战威力，使中国武术的发展也揭开了新的篇章。

七、清代的缠腕技

到了清代，拿技开始直接受到明代六合枪法中的圈枪、缠枪技法的影响，因利乘便，产生了劲力上以柔克刚、效果上以反筋错骨的金丝缠腕技。在《纪效新书·长兵短用篇》第十章和第十二章中记录了以防守还击圈枪为母法的兵战枪法六合枪，非常重视圈枪和其变化缠枪技术的运用。如此，在这种技术的诱发下，有关太极拳的创立，清初形意拳的产生，以及对于拿技的固定支点、控制关节的缠技，都产生了较为深刻的影响。特别是首先以缠技命名的拿技之一金丝缠腕技便随之产生。此可在被认为较可信的少林拳法的资料《拳经·拳法备要》中所载的八仙歌中，记录有一蓝采和一节中说"虽则是金丝缠洗，也须要骨反筋偏"。即金丝缠腕，就是指缠技，洗则是指洗手花的简称。卞人（今指河南省开封人）俗称鸡冠花为洗手花，是喻义为缠技应用过程中如忍冬的牵牛类蔓草缠鸡冠花枝状之意。这种拿技是以力学杠杆为原理依据，对对手的手腕部尺骨侧肌肉韧带进行强力超常拉伸，迫使此部位肌肉被动，造成肌肉产生剧烈疼痛，导致被制对手意志上的瓦解，使对手被擒屈服。有关此类的具体论述在《拳经》中均有相关的记录。

同一时期，随各种拿技的发展和流传，在甘凤池的《花拳讲法》第三部分中，有关于拿技和反拿技法的名目记录，如在巧女穿线、二虎擒龙、观音现掌、燕飞落地、金丝缠腕、丹凤朝阳、凤凰又展翅、观音抱净瓶等八个正式命名的技法中，亦有金丝缠腕技的记录，如此比较，金丝缠腕技即是具有鲜明的地方色彩的拿技，并针对以腕臂拿制，同时又形成大小金丝缠流派的基本技法，并在流传的地域上又有开封和南京两地方的出现，如此可见缠技一术在清时的流传盛况。

八、拿技的综合

明代武艺在戚继光的"以各家拳法而兼习之"的武艺思想的影响下，在拳法、枪棍和剑刀技法等诸多方面都取得了充分的交融和渗透，同时，拿技也不甘落后。拿技在清代逐渐形成以上拿下管为主要的综合之技，以拿技为主，兼收近身短打、肘膝提顶、头臀撞击等法而融之，在以往只局限于"讲拿不讲打"的基础上，为了弥补拿技不逞之失，从总体上增强制敌的效果来考虑，在前人成功施拿技的前提下，增加了以破坏对方身体稳定性，以及将对手被拿被倒、重技重制威的方法，以顺应了"兼而习之"的武艺思想，突破了拿技而胜的偏见，使拿技以巧拿不如掘打为辅倚，补充了拿技制人的不足之处，拿技也由此成为一种综合技术，并逐渐完善。

至此，拿技与其他技击技术的综合，使拿技也逐渐发展得完善起来了。

九、拿技名称的演变

拿技的名称随着时代、地域、流派的不同而产生不同的命名。在明代有称为锁技，在清末有称为串指，在民国时则有称为擒拿之名，实际上为人所公认的还是拿技一名。

拿技在明代被称为锁技，可见于《纪效新书·拳经提要篇第十四》中载"至温家七十二行拳，三十六合锁，二十四吊探马……此亦善之善者也。"锁者，意为如铁锁门一般等的记录。棍家俞大猷在其《剑经》一书中记载和述及棍技有"锁喉而命名的"。到清代，驰誉西北的七十二把串子中同样有单开锁、双开锁、黑鹰锁嗉、金丝锁喉等技法。一直在明或一脉相承或有发展变化的拿技。还有如红拳三十六走势，打法中的猛虎爬壁法的出手入对方发际，以推摩、擦进，后满把抓发；或以拇指和食指束锁头发一缕拧提，以控制固定头颈部位的技术等；在行家里手中称此技法为锁而不说抓。因此，到清末的拿技名手行家先辈曾断言明之三十六合锁，即三十六拿技，其只不过实同名异而已。

至清代，拿技有称为串指，地域也不外乎在西北一地，在技法上有七十二把串子流传于世。而串者，意贯串而拿；遇敌交手勾挂而拿，技法连环使用的意思。其实际上，言串者不称拿者，形成了流派的习惯用语。

以至于国民时期，拿技，开始有擒拿之称。其字典中解释为："禽者擒也。"此二字可以通假。又言"鸟力小可擒捉而取之"。意为以拿制胜对手，犹如捕获小鸟般轻而易举。"擒拿"二字的复合使用，也无非为强调之意。以后遂约定俗成以"擒拿"为拿技名，一直沿用至今。例如在红拳打手歌中有"扫蹚缠脚高挂面，踢打擒拿理无穷"之说，在澄江徐畏三中述，金倜生笔记的《擒拿法真传秘诀》中有托名于罗祖的"依以点穴之法，推而阐之，便成擒拿之术，盛行于闽中"之说。但至于何者为擒，何者为拿，则又仁者见仁，智者见智，众口纷纭，莫衷一是。有以统握为擒者，即二指叩合作拈指打状以捉敌为拿；或以施法为拿者，接手为擒等说法。

今天，则将擒拿定义为：以至微之巧力，擒敌肢体一部，使其关节或要害受制，失却反抗能力而就擒。甚者，剧痛难忍，筋断骨折。这也是中国武术擒拿的基本特征，也是擒拿有区别于其他技击法的很明显的标志。

十、有关拿技套路的产生

拿技虽然不断的发展和经过不断的实践，并经数辈力图在竞赛形势上有所建树，但终未能如拳法、剑道、角抵、枪法等有竞赛形势。于是，有智者将拳法的套路形式为模式引入拿技中，将拿技众多的单法单式，以松散的连接集段成套，进行了成功的突破，这就是擒拿对练的形式。

但是，有关擒拿对练套路内容的记录却相当少，在清末时期，记录的也只有对练擒拿、金鸡斗等对练套路，或者以拿为主、拳法为辅的综合擒拿对打的形式套路。

虽然如此，拿技对练套路的出现，不仅使拿技技法从长期秘而不宣、私相授受的传统流传方式中解放出来，并且可以在运动形式上增添了新的内容，也使得拿技体系最终归于完备，更促进了拿技的进一步发展和普及。

擒拿对练套路的产生，不仅可以使习练者加深对各种擒拿的拿法与解脱的理解，而且还可以灵活地令习练者运用擒拿技术。使习练者经过反复实践，逐步在自己的大脑皮层形成条件反射，遇到各种抓拿时，可以熟练地进行擒拿或解脱。

十一、传统医学对拿技的影响和发展

在拿技的发展过程中，中国传统医学对拿技的影响和发展，首先体现在拿技攻击体位和致伤效果的研究上，特别是中医的经络学说、人体解剖学、按摩、正骨科，是与拿技相关的影响的主要方面。从经络学说来看，拿技行家取医者救危疾、起沉疴之法，逆向探研杀人制人之道，从而在拿体技法上成功地进行了突破，因而产生了拿穴或点穴技法。并且随着医学的发展，拿穴法在数量上，从西汉压脉指点人迎一穴开始，至千载而下，到明代时更昌盛于内家拳法等。在穴位上则由点及面至扩展到九穴。有关的致伤程度上也有了麻、昏、哑穴之分。清代的《救伤秘旨·跌打妙方》中记录有三十六穴。同时，民初的《擒拿法真传秘诀》亦记录了二十四穴，如此有累积加，遍及全身，都极大地促进了拿技的发展。随之，在中医人体生命周期的研究和天人相应思想的影响下，从一年四季、一日十二时辰等方面，产生了有天干为名的十二绝命穴位，这明显高于一般的拿穴技法，它的作用在于实战交手时，以手法或指法直接作用于特定的穴位，如准确施技可阻断人体生命的物质供应，从而损伤神经之府的大脑或腑脏。这些都是渊源于宋元时代的子午流注和灵龟八法，它也是中国传统医学中的针灸学应用于人体生命周期的新成就。到了清代，则被武术汲取，极大地丰富了点穴拿穴技法，并可从实际效果上拿制此等穴位确卓有成效。当然，我们在具体实践时，还要以辩证的态度去对待这些问题，以科学的态度去实践，探究这其中的真伪，以明了和不拘泥于死板的方法。

拿技在发展到如此过程时，也花费了技击家大量的心血，在点拿人体穴位和人体生命周期科学的研究上，以及借鉴按摩和正骨学科等，才得以使拿技深入发展。实际上纵观各武术拳家，多数也精于传统医学中的经络、正骨或金疮等法，这因为，拿技多应用于人体的关节筋肉，施技使其或脱或断，或伤或疼，必须手持或拿施术，如不明人身四肢百骸，筋肉关节，分布结构，长短起止，屈伸极限，旋转角度，何以能反其道施术行之，去随心所欲地拿制对手。

由此可见，中国传统医学对拿技的影响和发展起着重要的作用。

综合以上所述，可以探索出中国武术擒拿应发轫于先秦时期，恢宏于明清今日，大抵经历了折、拿和缠三大技法阶段。先秦时期是由手搏、角抵技中脱颖而出并不断发展；至两汉时是以乱相持搏称拿技，并以名正言顺而登堂入室；降至朱明时则波涛陆起，有内家拳者独具慧眼，精研经络穴位，将其融入拿技中，形成专擅点穴的技法，其实则为拿体技的技击精髓，从杀人技一变而为制人技，发展到此，其意义深远，超越以往。清初则以缠腕技法以乘风破浪之热，勃然兴起，使拿技顺流而下，补缺增无而使拿技制人有术，产生了以上拿下管之技，且随着发展昂然崛起，令近身拿技更加趋于缜密发展，同时加以医理兵论的吸收和渗入，更显出拿技的渊源本色。

至此，拿技绵延千载的发展，最终以功、法、势、理卓成系统，并在武林中独树一帜而辉耀千古，广泛流传在民间、军旅和社会上，甚至随古代拳家带技传到海外其他国家和地区，并形成了海外各种形式的拿法拿技。

第二节　擒拿的内容和特点

武术擒拿流传至今形成一种独特的攻防技击之法，并汇集了中华武术的精髓，成为徒手搏击的最重要的实战技法，其理精深，其术奥妙无穷，其法变化万千。但纵观这一制人妙术，则是以击打掐拿人体要害部位、抓筋拿脉、分筋错骨为主要手段，并融合踢、打、摔、拿为一体，使擒拿制于人时刚柔相济，阴阳相变，周流圆活，以巧取胜之术。擒拿因而具有丰富的内容和深邃的机理与哲理，同时具有很高的研究价值和实用价值。

擒拿实际上是由擒和拿构成，擒是由分筋错骨，拿则是由抓筋拿脉这两大部分组成，它们之间相辅相成。在擒拿的技术上可分为擒拿基本功、擒拿基本技术、擒拿活手实用技术和各种夺凶器术几部分。由此可见，武术擒拿的技术核心是在格斗过程中，必须和踢、打、摔法紧密结合，融为一体，方可使擒拿成为真正完整的实用擒拿绝技技术。这因为，在格斗中与对方的状态都是在不断地运动着的、变化着的，而擒拿实施的先决条件则是由肢体的接触开始，而且并不一定需要抓握对方就会形成擒拿。如此，就要求在实施擒拿时必须审时应势，得机得势就拿，不得就要变，施拿时诱使对方照己意图运动，在打、踢、摔、拿相间中，循循相生。

擒拿在长期的形成和实践中，其在针对人体的各种运动形势，在其可能的各个对抗方向上、对抗方式上，都有一套完整的相应技术，使擒拿技术中的每一技法，都有着其依据对方变化的相应技法，这因为每一擒拿技术的实施都必须制造和具备一定的条件，而不是不管具体的情况，在任何情况下都是实用的。擒拿在实施中，不但要讲究力的变化，还要讲究同一部位（关节）其各个运动方向上的擒拿技法的变化、擒拿部位的转换，以及和踢打的有机组合，如此才能形成真正实用的擒拿技术。例如，在与对方格斗中，对对方腕部实施某擒拿技法时，如遇对方反抗，就要立即转换成在其用力反抗方向上的另一技法，以借力使力，此称为"阴阳相变"。也可以依据对方的情况或双方的态势，转换成对对方的指、肘或肩，甚至对对方另一臂或腿以至于身体躯干的相应擒拿，这就是擒拿部位的转换。如实在不行，还可以随即脱手疾打，再次寻找机会擒拿，方可使擒拿的技术在实用中千变万化，绚丽多彩。

武艺擒拿在技术技法上虽千变万化，手法极多，名称复杂，但万变不离其宗，探究其机理总有规律可循，擒拿的对象是人，是在不停运动着的、对抗中的人，因此，习练者还要了解人体的解剖结构特点，在此基础上抓住人体运动系统的规律、人体的要害薄弱部位，方可正确理解擒拿技法并掌握它，并结合运动力学、生物运动力学的基本原则，以便掌握正确的施术发力、力的变换应用，合理地掌握技术和技法，这样可以在掌握各部位的擒拿基本形态，明其机现，掌握典型的技法，便可举一反三，根据不同的情况，采用不同的手法或其他技术，组合出各种各样的实用擒拿绝技技术技法。

由此，我们对中国武术擒拿的内容和特点作以下介绍。

一、擒拿的内容

擒拿施制于人体各关节或部位的基本招法，概括起来有以下方面。

（1）头部

头部有夺目、端耳、勾鼻、抠腮、扳顶、扣颚、抓发、按脑、挫颈、扭头等招数。

（2）颈部

颈部有掐颈、锁喉、缠颈、捆颈、封喉、窒息等招数。

（3）肩部

肩部（肩关节）有掐肩、点胛、别肩、卸肩、踩肩等招数。

（4）肘部

肘部（肘关节）有别肘、压肘、托肘、缠肘、扳肘、捆肘、扛肘、封门、闭势等招数。

（5）腕部

腕部（腕关节）有拧腕、折腕、扳腕、挫腕、缠腕、切腕、卷腕等招数。

（6）掌指部

掌指部（掌指关节）有扳指、拧指、分指、缠指和扭掌、卷掌、折掌、旋掌、搓掌、扣点等招数。

（7）腰部

腰部有抱腰、顶腰、抓腰、断腰、箍腰等招数。

（8）裆部

裆部有抓裆、抄裆、挑裆、蹩裆、摘挑、掀臀等招数。

（9）胯膝部

胯膝部（胯膝关节和大腿部）有蹩胯、绷腿、挫膝、捆膝、抱膝、压膝等招数。

（10）脚踝部

脚踝部（脚踝关节和小腿部）有跪腿、搂腿、抄腿、抱腿、挑跟、扣脚、扭脚、挫踝、封步等招数。

二、擒拿的特点

擒拿的特点主要是针对人体四肢关节和头颈等要害部位和穴位，基于关节活动功能的局限和弱点，依据逆关节和超限度施制的原理，来使用刁、拿、锁、扣、扳、缠、切、拧、挫、旋、卷、点、封、闭、捆、提、压、挂、挟、绞、牵、靠、蹩等招法，进行擒伏和解脱、控制和反控制的专门技击术。

擒拿招数的运用一般通过反关节、抓筋、拿骨、点穴等技法，去牵制对方，而后使对方失去抵抗能力。其最大的特点就是在控制对方一个部位和一点，便使对方不能动弹。但是要做到这一点，必须有过硬的擒拿功夫，即身体素质（功夫）加上技术（技巧）。

施技擒拿要善于用巧劲取胜，要避实就虚，随机应势，动作起来既要协调严密，又要懂劲路，即用劲的方法和窍门，以技制人，借巧劲达到一巧拨千斤的效用，使擒拿的动作达到出神入化的境界。

擒拿动作的实施要动中有静，静中有动，即在开始快速施技擒拿时，则以快速制人，随之拿住后，则又是以静为主，以静待动，如此形成动中有静，静中有动，构成动静相合的运动特点。这因为，一方拿，一方反拿，势必形成对立的局面，往往由于各种原因，而不能瞬时解决问题，这就要在对立中善于变化，绝不能光凭力量去死抓硬拿了。有效的擒拿是要在与对手相持时，常善于采用消劲、化劲、走劲、退劲等劲法，充分利用力的变化于动静之中，乘对方旧力略过、新力未出的一瞬间变换擒拿动作。

而且，擒拿招数的千变万化，又表现在擒拿法，也必有解脱法，俗称的反擒拿。如此，一方拿，一方解，就构成了有拿有解、拿中有解、解中有拿的运动特点。当然，也有擒拿中的"死手"，即把对方关节控制住，使其不能动弹和解脱的方法。因此，擒拿最好在未成"死手"前进行。

总的来说，武术擒拿是一门非常复杂而又细致且施招简洁的技击术，其内容系统完整，动作招数千姿百态。其特点在于动式曲折，轨迹环绕，劲力不显，行踪不露。两者擒拿施术，不论是攻击的一方使用擒拿法，还是防御一方使用破解法或反拿法，实际上几乎每一个招数的动作与变化，不仅不是直来直往，纵向进退；更是缠绕变化，螺旋屈伸，依角变位，忽降忽升。动则是上、中、下三路齐变，轻灵巧取；制则身手脚立体兼施，招法变化奇妙。其状文雅、效用剧烈等，是为武术擒拿的根本。

第二章
擒拿的基本概念

　　擒拿经古代至今的演变，并经过专门的实践与创新，自成体系，独具一格。其以巧制关节为手段，以擒伏对手为目标，以不伤害对手而达到擒获为高超技能，这也充分地体现了中华武术技击的巧打掘、柔克刚的特点，这些擒拿的绝招妙技所具有的深奥法理，不仅没有什么神秘之处，亦完全符合现代生理学和运动力学的特点，并有着严格的科学根据。正确地掌握擒拿的基本知识与法则，深刻领悟擒拿的变化精义，用科学的观点探索擒拿的生克制化的演绎规律，来更好地继承擒拿这一宝贵遗产。

第一节　擒拿的组成要素

　　组成擒拿的要素为身体素质、擒拿技术、擒拿智谋、擒拿艺术这四大方面。这些要素也是构成擒拿的最基本要素，又是擒拿的根本。

一、身体素质

　　身体素质，是保证擒拿能迅速奏效的根本条件。这些身体素质表现在力量、速度、柔韧和灵敏等方面，而且这些素质缺一不可。例如，手臂的力量强弱直接影响到胜负；手指的握力与硬度如何关系到点穴、拿筋是否行之有效。而速度素质更是非常重要的，只有快速的动作，方可取胜对手，如若手慢，即使神妙的手法，也难以奏效。因此，身体素质的良好可谓是练好擒拿的最基本条件。

二、擒拿技术

　　擒拿技术变化万端，理法讲究，其包括基本手法、基本技术、活手实用擒拿技术和夺凶器的擒拿技术，同时又有擒拿套路对练等。
　　擒拿技术是通过擒拿技法所进行的各种动作训练，来提高习练者的手、腕、肘、肩、头、颈、躯干、胯、膝、踝等的运动能力，加强对擒拿技术的掌握和应用。

擒拿对练套路则是整理选编好的擒拿动作，进行成套练习的一种方法。它是将单个独立的擒拿动作，根据套路对练编排的原则，编成有起势、段落，以及收势的套路对练。现代的擒拿套路发展很快，并进一步吸收了一些跌扑、滚翻、窜蹦、跳跃等动作，增强了擒拿对练的高、难、美的效果。

通过擒拿技术的训练，可以逐步领会技术动作的要领，使技术不断提高。

三、擒拿智谋

智谋，即擒拿中的战术意识，运用智慧的能力。智谋是擒拿制胜的关键。每一个娴熟的擒拿招法和技术，无不受到战术意识的制约，如果说擒拿基本招法是战术意识的基础，那么战术意识就是招法的灵魂。缺乏明晰的战术意识的任何技能和招法，都会可能因其盲目性而失去各种战机，反而使自己处于被动的地位。战术或智谋的培养，是在长期的练习和实践中，逐步结合自己的特点提炼、总结而获得的。

四、擒拿艺术

武术擒拿的习练要重视其艺术性，它是技精的根本因素。要使擒拿的功力深厚，达到登峰造极的地步，习练者必须重视艺术的修养。擒拿的艺术性方面主要表现在识广、智多、灵活和多变几方面。要达到这样，就必须要练好擒拿基本功，勤学苦练，持之以恒，谦虚好学，识多才能艺高，并要互相尊重，互相交流。同时要不断地钻研相关的擒拿和武术理论，掌握相关的各种基本知识，如人体解剖学、生理学、人体运动学等，通过反复的实践，不断地提高。

第二节　擒拿的运用法则

擒拿的掌握和运用都有其一定的规律性，通常的情况下我们称这些规律为法则，而擒拿的法则又是前辈从无数实践中总结出来的经验。习练者在实际运用擒拿时，在遵循这些法则的同时，要认真地汲取前人的宝贵经验，方可以促使自己更好地掌握武艺擒拿技术，更好地在实际格斗中发挥擒拿这一技击法的威力。根据中国武艺擒拿的大系统，擒拿的技艺原理多以练功、交手、使法、运劲、相持、变化、克敌、取胜、战术等诸多方面构成，而这些也是擒拿乃至其他技击术的根本。

作为一门独特技击法的擒拿绝技，经过无数前辈的实践与创新，形成自成体系的擒拿技术技法，从各种流传的擒拿之法可以看出，擒拿除技击特点突出、实用效果明显、招数变化莫测外，最重要的就是运用擒拿法的法则，不仅是以巧制敌关节为手段，以擒伏对手为目标，更高明的是以擒伏对手时不伤害对手而达到擒获的目的方可为至高境界。

一、技精术巧，巧不拙力

擒拿的运用得法首先要技精术巧，巧不拙力。在学与练中，要掌握擒拿的使用方法和多与巧的关系，通过他人的讲解、示范，并经过不断的练习，直至将掌握的擒拿的技术动作达到适时而用的境界，这样方可谈得上施技达到巧的程度。这里的巧，是指将擒拿技术技能运用的灵活程度，它需要通过不断地反复训练和实践而逐渐形成，并在熟练的擒拿基础上获得。实际的格斗中，擒拿的技术运用要随对方的不停变化、运动而变化，所实施的擒拿动作要有针对性。要做到这样，就要在平时的训练中，掌握熟练的擒拿技术动作，才可以达到巧用，达到施技多变。

二、施技准确，拿制快速

擒拿的施技运用要准确、快速。就是在与对手格斗时，迅速寻找对手的弱点，并做出该用何种擒拿技术的决定；然后以迅雷不及掩耳之势制服对手。施技拿制对手后，还要以刚毅的追劲，去迫使对手就擒。但要指出的是，动作速度的快与慢是相对的。在实际运用擒拿技术过程中，运用某种擒拿动作应该是越快越好。在擒住对手后，就要根据对手的变化去相应地以静制动，控制对手。

三、胆大心细，敢于拿取

与对手相持格斗，要不畏强暴，敢于胆大心细、施技拿取对手。如此也是战术运用问题，即心理战术。就是在与对手格斗时，要有不畏强暴的思想，敢于打斗，勇于拼搏，才可以更好地将擒拿技术运用得当。特别是两强相遇时，勇者胜。因为，在两方身体素质、技术条件相当的情况下，敢勇于格斗用技的一方必然能取胜另一方。如果格斗中，精神不振，情绪低落，势必会影响自己平日训练水平的发挥，还会使自己欲施用的擒拿技术无法使出。因此，在格斗中，要树立勇于格斗的信心，要有不畏强暴、奋力拼搏取胜对手的信心。

四、随机应变，刚柔相济

运用擒拿要注意随机应变，刚柔相济。就是在临敌时要善于制变，要有预谋，要会智取，即以战术取胜对手。格斗施技拿取对手，必先善于观察对手变化，对方变化时，要随机变化，并要在变化中注意避实就虚和虚中有实。招数要刚柔相济，即用擒拿招数时，刚来柔化，刚去劲落，柔中有刚，刚中有柔，刚柔相济，才能使擒拿术运用达到法妙无穷的境界。当然，在与对手相持时，不管对手是强者还是弱者，都不可轻取，要慎而速取，仅好勇斗狠，必使自己添乱而被反制。

五、内外合一，形神一体

格斗时，擒拿动作运用要有威力，施技要内外合一，形神一体。即擒拿技术运用内的要求是意和气，外则是指劲和技。擒拿招数运用的内外、形神的意识主导自如时，施拿技取敌方可达到以气催力，技术动作上劲与气互相促进和配合，使擒拿动作更加具有威力。否则，劲和技达不到要求，发挥的擒拿技术也使用不上。

六、手拿脚绊，上下相随

在运用擒拿施技制敌时，每当初使拿技时要在以手法刚拿住对手的上肢关节时，便要迅速上步进身，以下肢绊锁对手前伸的腿脚。如此做是因为在对手被拿住的同时，其欲变化，必先从脚步变起，这样用绊脚法则可以封住对手的步法，阻止其变化，达到破坏对手下肢力点与支点间的平衡，方可更利于擒拿技术制敌的效果。擒拿术的运用，不仅在手法的运用上，同时手法又可以与步法、身法密切配合，使擒拿的技术动作具有整体性，这也是技击制胜之道。

七、抓筋拿脉，反挫关节

擒拿运用必须要善于抓筋拿脉，反挫关节，这也是擒拿技术的根本和核心，一切擒拿技术的手法都是以此为基础的。擒拿施技的对象是人，人的生理解剖结构上有无数个薄弱环节，一经擒拿技术的击打、掐拿，必会令对手酸痛难忍，由此削弱或失去抵抗的能力。抓筋拿脉也不是乱抓乱拿，而是依据擒拿人体部位的生理结构特点，有目的地采取有效的擒拿手法抓拿对手的要害部位，以削弱对手反抗的能力。反挫关节则是用擒拿技术去旋拧和扳折对手的身体某部位关节，通过对对手身体某一关节的擒拿，锁定其身体的整个运动链系统，正确地实施擒拿术擒伏对手。严格地讲，抓筋拿脉，反挫关节，主要是拿与擒，即拿与擒的结合，两者相辅相成，形成擒拿。

八、拿擒为主，跌锁兼施

擒拿的运作和其他技击术一样，都有它的适应性和局限性。正应了前人云"远打，近拿，贴身摔"的道理。即在与对手相对距离有些远时，可以使用拳腿进行打踢，便能展其所长；在与对手将逼近时，在贴身瞬间使用摔法与跌法更易取胜对手；而擒拿的运用，更易近身使用，拿擒巧制对手关节，锁住或擒伏对手。然而，中国武术技击法毕竟丰富万变，岂可以一技而应千招，只有将擒拿巧妙地与打、跌、锁法结合一体，使其并驾齐驱，方可算得上搏击的上乘境界。因此，擒拿的运用应能综合其他武技的特长，在格斗中灵活地应用，宜拿则拿，宜打则打，可跌则跌，随机变势，因势应招，随意组合，擒拿捆锁，打中含拿，拿中含打，手中有手，脚中有脚，脚手有劲，巧施妙法，智谋得当，则可轻巧敏捷地制敌于一瞬，克敌制胜。

即使有其他各流派的拳家或擒拿法的技术施用，也离不开以上这些原则，这是无数前辈在不断的实践中总结出来的根本法则。

第三节　擒拿运用针对人体的基本要求

武术擒拿是以融合踢、打、摔、拿、夺为一体，是实用搏击格斗中的精华，因此，在施术用技时针对人体的要求也就有一定的法则。

针对人体的要求，这里主要讲针对人体动作姿态有严格的要求，照这样要求刻苦练习，可使头颈、躯干、上肢、下肢始终保持正确的姿势，可以帮助习练者提高练功的效果。对于人体的要求也是基于身体全面训练的基础上，以及基本功法、基本技术等，打好用正确姿势完成训练的基础，培养习练者时刻保持用正确姿势的能力。

一、头颈

习练者练习擒拿时，对于头颈部的要求，主要以"头要顶，颈要稳，目似虎"为主。头要顶，是指头要正，不可歪斜，有意识地保持一股向上的顶劲，能使人体自然中正，运动中易于变换身体重心，以促身体更加灵活、轻捷，又可振奋精神，归沉内气，运化自然。如若失去头顶之劲，则会使四肢百骸疲软无力，精神靡散。颈要稳，是在头要顶的前提下，颈部随之端正有力，不可松而疲软，如此才不至于低首俯面，摆头晃脑；同时还要在动中求稳，保持颈部的自然，不可僵硬，以免影响两眼的左顾右盼和下视。目似虎，是要聚精会神，手眼相随。眼随式行时，应集中精神逼视对方，以达虎视眈眈，眼神和招式的紧密配合，把内在的精神气质、劲力贯于眼，注于目。有似"目有杀人之威"。

二、躯干

躯干部包括胸、背、腹、腰、髋。习练者在训练或施技时要做到收腹、含胸、圆背、松腰、活髋的要求。

收腹、含胸可使人体上虚下实，灵于变化，达周身神气贯通。含胸实际上就是自然地使胸微收，四面意有包含住，胸要含劲，自然挺拔，不可僵挺。收腹可助腰部发劲，以辅佐胸、腰的活动，并可助于气沉丹田，促使气的上下贯通，力达于肩背。

腰，则是连接上下肢体运动的主要枢纽，是人体运动的主轴，腰对运动时动作的变化、重心的稳定和推动劲力使之达到肢体各部都起着主要作用。松腰的目的就是为了把住劲力，在运动时使身体重心不上浮，下肢沉稳有力，不会使身体在快速的运动中摇晃不定。因此，腰作为上下体的枢纽，不可疲软，也不可僵硬，要使腰练习得柔韧有力、灵活自如，特别是要练出擒拿所需要的合扣、旋拧、顶收之劲。

髋（胯）关节上与腰连接，下与腿相连。只有先松活髋（胯）关节，才可使膝、踝关节灵活，运动时的劲力方可顺达于膝足，才能使身法灵活。否则，髋（胯）关节不松活，会导致腿的僵硬，也会令腰部僵硬，造成身法呆滞，下肢就会不灵便，两腿产生笨拙的状况。

三、上肢

上肢是指肩、肘、腕、掌、指这些部位，这些部位是擒拿施技的主要部位，因此对这些部位的要求就更高些。总的来说，是要求以松肩、坠肘、活腕、竖指为主。

习练者要想在擒拿施技中使手臂灵活多变，劲力顺达，刚柔相济，就要做到两肩放松，不可僵硬。两肩下沉，微微向前，自然形成含胸圆背。因为，沉肩背圆则力可催两肩，松肩能使身体发出来的劲力顺利地通过肩部到达手臂的各个关节。只有先松肩才能练出灵活多变的内劲，消除身上原有的僵劲，使肘、腕各关节都能随运动随时地放松（适度的放松）。松肩不是简单的松而无力，而是要松中沉实，松而不懈。擒拿术的技术动作中很多都是要依靠肩部的动作来完成的，这就要求必须练到使肩部灵活自如，劲力松活黏缠，才可使肩部的柔韧性加强，力量也同时增强。

肘和肩要做到松而不懈，柔中有刚。做任何的擒拿动作时肘尖都不可高抬外展，以免受敌制而百害无一利。因为，肘尖高抬不利于呼应掌腕，也不利于呼应于肩，臂僵劲软，外展则胸肋暴露受敌。一般来说，肘要微屈下坠，坠肘并要注意腋下留有一定空隙。

腕部的要求是要活。腕作为人体较为灵活的一个关节，前有手指，后有肘、肩关节运动的支持，因而腕关节的运动幅度不大，但其灵活多变，是擒拿施术的主要环节。腕部在练习中就要达到轻柔灵活，并具有一定的力度，以利擒拿施术时所需的扣翻旋拧之力。即使是一个基本的刀手、旋抖或带扣、翻拧的小动作，也要练得轻快利索，不可拖泥带水，以促发力施劲时腕部才能形成正确的紧张感，使所练的内劲能由腕顺达于掌指，疾发而沉稳，劲力的随势转换能应势疾变。

指，是上肢的末梢，同样也是擒拿术中拿法的主要环节。擒拿所需的抓筋拿脉、掐插剔抉、刀拿锁扣等技术均离不开指的动作和指力。习练者要做到指如钢钩一般，硬而有力和灵巧，就要在练习中加强腕功的锻炼，掌功和指功的锻炼，使各种锻炼达到统一协调。

四、下肢

下肢是人体运动、发力的根基。根基不稳，力则无从发出，周身运转则会不灵，动作的变化自然就不会敏捷。为了加强对下肢的训练，要使髋、膝、踝关节的灵活性得到提高，并具备一定的力度，练至柔中有韧，韧中有刚。可以通过各种下肢的训练方法，以及配合身法的练习，提高下肢的运动能力。

第四节　力在擒拿中的作用

武术擒拿的训练和研究中，掌握一些力在擒拿中的作用，将有助于擒拿技术的发展和提高。因此，研习擒拿术，要善于用巧劲，施妙招，待机而动，顺势应招，轻取关节，巧施裹缠，掌握劲力原理和运用劲力的法则，便可在交手应招时，观察对手的劲力趋势，或明或暗，引化对手，使其无机可乘。

一、掌握腰部发力的技术动作

腰是人体的重心所在，也是动力中枢。擒拿技术动作中的一切发力（或发劲），都必须在高级神经统一指挥和控制下，从腰轴（上下纵轴和前后、左右横轴）的捻动和重心的升降或位移开始，循着各有关发力部位的顺序，把力运至最后发力部位，以肩带臂，通于肘，达于手，从而发挥最大的抓掳、锁扣、扭折、击撞、靠压等力量。腿法亦如此，是以腰领胯，以胯带腿，行于膝，达于脚，做踢蹬、顶撞、扫摆、踩跺等强有力的发劲动作。因此，可以看出，从腰部领劲，可以增大加力的过程，促使提高发力的速度，尤其是可以把全身的百斤力量集中灌注于一肩、一臂、一肘、一拳或一胯、一腿、一膝、一脚，形成特大的发劲动作。否则，仅单纯地限于臂、腿等局部的伸弹力，则是有限的、薄弱的，也不可能发挥出最大的有效冲击力量。

二、突出抓拿力量的作用

擒拿是以反关节、拿穴位、分筋、错骨等抓拿形式为技术特点。这种抓拿动作的技能技巧，需以腰、腿、臂的力量素质为基础，而且还特别突出臂部的指功抓拿力量的作用，这也是擒拿术在发展和实践中的经验概括。如果抓而无力，等于没有抓，遇到强劲有力的对手，会被一攻即破，一挣即脱，即使擒拿术特别熟练，也较难以发挥抓拿的实际效果。因此，为了体现擒拿技术的威力，突出指功的抓力，擒拿术是非常重要的。擒拿训练要在其他身体素质练习的基础上，强调指功锻炼得像雄鹰、山雕那般强劲有力的钢筋铁爪，才能使抓拿有入骨三分的扣抓力量。只要施术抓住对方身体的某一部位，就有力透筋骨的钳制力，如此方可使对方很难摆脱，并会随之伴有强烈的麻痛感觉，这样才可以充分发挥强大的擒拿威力来。

三、区别内力和外力

在擒拿或其他武技中，人体力量来源于两方面，即产生于身体内部的力，称为内力；来源于身体以外的力，称为外力。这是内力和外力的根本区别，这里主要介绍和擒拿相关的内力和外力。

内力是指暗劲。暗劲亦称为阴劲、柔劲、化劲、蓄劲、颤抖劲等。这些劲的特点是动作幅度小，速度也好似松缓。但实际上是柔绵于外，刚劲蓄于内，劲力隐而不现，把发自腰部和丹田的磅礴气力含而不露地运向发力部位的先端，只是在最后接近击打目标的一瞬间，才爆发出高度短、频、快的发劲动作，其成为一触即发、雷霆万钧的强大冲击力。

外力多指明劲，也称为阳劲、刚劲、猛劲或爆发劲等。明劲发力的动作形式特点是动作幅度大，速度快，劲力明显形之于外，爆发极大的打击力量。但根据运动生物力学的观点来说，它不属于外力，它和暗劲一样，是人体自身内部的力，只是和暗劲的发力动作的表现形式不同而已。外力应当是借助各种外力增加自身的力量，才可以称为外力，例如，用脚蹬踏地面，用手臂支撑和推拉某种物体等。当然，没有必要具体去争论，我们只要理解这些概念后，方便在擒拿练与用时掌握力的形式，以更好地发挥擒拿术的运作水平。

第五节　武术擒拿绝技实用战术

武术擒拿是一门综合性极强的技艺，不仅斗技、斗力，有时更主要的是斗智，此不仅需要有强健的体魄、娴熟的技艺，亦需要具备良好的战术意识和心理素质。因此，习练者良好的战术意识和心理素质有助于把无形的潜力发挥、显露、运用、化成有形的凌厉的攻击能力和招法，有助于弥补自身素质及技法的不足和缺憾。本身擒拿格斗的成败不仅是双方技术和体力的对抗，也是战术意识运用和心理素质的较量。在擒拿实践中，战术的运用能否符合客观情况，对于擒伏或战胜对方起着至关重要的作用。严格地说，临敌制变，贵在预谋，弱者生俘，乃擒敌战术之精义。擒拿之道，以巧见长，以计为首。贵神明，重妙用。每逢举动，必先料敌，洞察情势，敌无变动，我则待之，乘其有变，随而应之；或奇战，攻其不备，出其不意，上惊下取，声东击西，形至奇速，使敌莫知所措，战而必胜；或谋战，含而不露，引而不发，固能而示之不能，诱而取之。

一、从实际出发的战术原则

擒拿和其他的搏击技术或生杀打斗一样，除用武力之外，更重要的是斗智，掌握从实际出发的战略原则，才能以弱胜强，以少胜多。而不能往往将先发制人或后发制人的某一战略指导思想作为自己的信条，这样就容易脱离格斗的实际情况。擒拿技术动作是复杂多变、虚实莫测的，如果拘泥于任何一种先入为主的战略思想，都是非常不利的，主要是应该根据擒拿格斗的客观实际来确定策略。因为先发招或后发招都有可能制人，也都有可能受制于人。如在对方缺乏精神准备的情况下，运用"出其不意，攻其不备"来采取主动出击的先发制人原则，就比较有利；或者有时在双方互相抓拿对等的情况下，谁能抓住有利战机抢先发招，谁就能取得控制对方的主动权，特别是在当一方抓住另一方时，如果能快速而准确地完成发劲动作，掌握先发制人的战机，就会克敌制胜。否则，优柔寡断，动作迟缓，则会给对方留有反拿或解脱的可乘之机，反而形成可能受制于人。但是，如果是在另外的情况下，有时采取后发制人的战略原则也比较有利，这因为擒拿的特点是近身抓拿技术，如果在一开始就主动用拳脚进攻，势必使对方进行躲闪，或用拳攻反击，不利于发挥近身的抓拿技术。同时，由于不了解对方的虚实，贸然进招，也会容易造成被动。所以，孙子兵法中说"知己知彼，百战不殆"。就是在一般的情况下，常常是"知己"而不"知彼"。若为了探知对方的虚实，开始可采取后发制人的战略，诱敌近身抓拿，然后根据对方抓击的动作，再有的放矢地进行抓拿，这样方可易于收到实际的效果。我们就要在具体的擒拿格斗中，必须根据实际的情况而确定如先发制人或后发制人，或采取其他的谋略擒制敌人。

二、重视擒拿中的战术防御

擒拿格斗中，在战略上要蔑视对方，不为对方的气势汹汹所吓倒，要持有决胜的信心。在战术上要重视对方，要把狸猫当老虎看待，想要击败对方，首先就要防备对方的反击。这是擒拿的一切动作方式方法上，都必须贯彻的战术防御的指导思想。例如，当对方发出右拳击打我方头胸部或抓拿我方腕臂时，我方就必须要向击来的右拳外侧闪身，并用右手向外格或架或抓拿对方的腕臂，如此躲闪的目的，既可防御对方的左拳连击，使我方处于较为安全的有利地位，又可以便于攻其不备的体侧。反之，如果我方的身体向右躲闪，用左手向外格抓，就会或可能给对方左手造成连续进攻的可乘之机，这样做就违背了战术防御原则。其他的抓拿也同样如此。可见，在擒拿格斗实战中，对战术防御应给予足够的重视。

三、掌握快、准、猛的技术要点

掌握擒拿施术的快、准、猛的技术要点，方可快速有效地去控制对方或化解对方的控制，有效地抵抗近身的对手，使对方没有还击的余地。

快，是擒拿技术的先决条件，只有动作敏捷反应快，方可出其不意，攻击不备，掌握擒拿格斗的主动权。为了实现擒拿快的目的，必须要经过反复的实战对练，在各项技术能够达到运用自如，形成自动化，才能以迅雷不及掩耳之势，去干净利落地制胜对方。否则，自己的技术动作不够熟练，反应迟钝，动作缓慢，或犹豫不决，不能当机立断，则会失掉战机，甚至受制于人。

准，是由擒拿的特殊技术形式而决定的。擒拿是以反关节、拿穴位、准确地抓击目标为特点的技术，如施术抓拿不能准确到位，就失掉了擒拿的意义。如果想要达到抓拿准确到位，绝不是轻而易举的事，这因为对方不是固定的死靶子，其随时都是生死搏斗的对象，所以就要习练者付出很大的练功代价，通过练习来形成抓拿的准确性。准，实际上来源于稳，必须在稳的基础上求准，在准的基础上求快。如擒拿施术只是稳准而不快，也会贻误战机，只快而不准，同样是盲目的快，就起不到准确擒拿的作用。因此，在擒拿术中准是不可忽视的技术。

猛，是尚武精神的象征，是勇敢无畏的表现。擒拿格斗中，只有猛，才能以排山倒海之势压倒对方。但要注意的是，猛，不是简单的粗心大意，更不是鲁莽，而是要从客观实际出发，根据一定的擒拿动作的需要，在快和准的基础上，以勇猛的技术动作制胜对方。如此，也可以看出，猛，对于发挥擒拿的实战效果和精神上压倒对方的气势，都起着积极的作用。

第三章
擒拿的技术机理

　　擒拿技术技法千变万化，如何运招使法以克制对手，历来为习练者所探求。前面论述了擒拿的基本概念，本章则着重介绍擒拿的机理和运用。人体的任何运动，都是以肌肉为动力，骨骼为杠杆，关节为枢纽，在神经系统的控制和支配下的整体运动，而这种运动主要表现为肢体的运动，肢体的运动又是以链系统的形式而出现。因此，为了研究擒拿的机理，方便和掌握擒拿之术，下面将人体科学地按十五个环节、五个运动链系统，并依据人体在擒拿格斗中的特点，重点研究各运动链子系统的组成和其运动特点；各运动链子系统的主要环节和主要关节的结构、运动幅度和运动特点；各运动链子系统相邻关节的效应性运动和锁定效应；各运动链子系统之间的相互支持、呼应、制约的效应性特点。在此基础上，阐释擒拿人体每个部位及关节上擒拿的基本形态和机理，并结合典型擒拿技术技法，掌握这些要点，就可举一反三，根据不同的情况，依据擒拿的基本规律，采用不同的手法、踢法或技术、技法，针对不同的擒拿部位、不同的搏击格斗态势，形成不同的实用擒拿技术技法。如此，方可使习练者明了擒拿之法，掌握这一奇妙的擒拿之术。

第一节　擒拿和人体解剖部位图说

　　擒拿施术在于巧制人体关节和筋穴。通晓人体骨节、筋肉、经穴等结构及其运动生理功能，是研习擒拿必须具备的基本概念和基本知识。施术擒拿中，无论是擒伏拿制对方或解脱变化，都要明了擒拿之术能制、能解的机理。因为，擒拿施制于人体的部位，着重在于骨的关节，筋的主从，经的穴道。关节是人体骨的枢纽，运动的机关，机关受制，则肢节失灵。特别是对上肢的易于拿制。筋即韧带，附生于关节周围并连接着骨骼，为屈伸运动的关键；关节受制，则牵及韧带，骨错必筋裂。至于穴位，则是以擒伏随拿就取之穴，易于滞气阻血之穴，易于酸麻痛楚刺激性强的穴位为拿制的范畴。擒拿时将筋、骨、穴三者同时拿制，可更借以增强擒伏对手的威力，此也谓擒拿之绝技。

　　下面将与擒拿有关的骨与关节、筋与肌肉、经络与穴位以及人体要害部位作以下叙述。

一、骨与关节

人体是由骨、骼、肌三部分组成的运动系统，在神经系统的调节和配合下，对身体起着保护、支持和运动的作用。胸廓骨骼保护着心、肺、肝、脾等重要脏腑，颅骨保护着脑，椎管保护脊髓，骨盆护着膀胱。肌肉附着于骨面。肌肉收缩，以骨关节为支点，牵引骨骼，产生各种运动。在运动中，骨起杠杆作用，骨连接的关节部位是运动的枢纽，而肌肉则是运动的动力。

论人身的骨骼，在形状上，方圆长短，大小扁斜，其状繁多，无不按人体生理的功能而生长排列，按主体可分为躯干骨与四肢骨，按动态可分为固定骨、可动骨和微动骨（图3-1-1）。

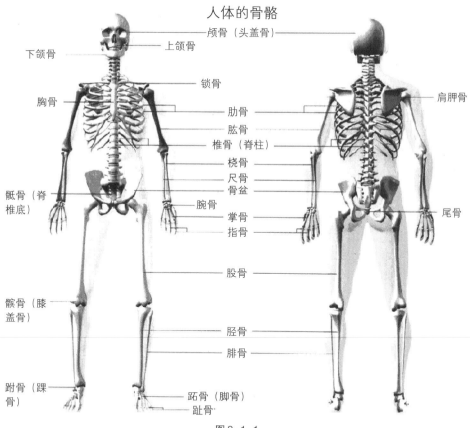

人体的骨骼

图 3-1-1

例如，头盖骨、肋骨等为固定骨；锁骨是微动骨；四肢及脊椎骨是可动骨。固定、可动和微动骨，是指关节活动程度来说的。两骨相接，按擒拿术又分阴阳，阴为骨臼，凹陷于内；阳为骨杵，凸出于外。其为骨骼转动的关键。阴阳合则转动自如，阴阳离则失其所用，阴阳秘合，技巧出焉。关节的部位，血脉、神经分布最为丰富，其外形、大小、高低、凸凹、平阔参差，实为擒拿着手施术的重点。因此，修习擒拿者，就先要对骨与关节的结构作一完整的了解，方能使擒拿技巧施于实用。

二、筋与肌肉

人体的肌在擒拿中分为三类。即平滑肌，在内脏；心肌，在心脏；骨骼肌，附着于骨骼。在擒拿中实施擒伏拿制主要与骨骼肌有关，骨骼肌即筋。在骨骼肌中均有动脉、静脉和神经伴行入肌肉。骨骼肌依赖血管供给营养，依靠神经支配弛张，它的运动方式直接受人的意志管理。骨骼肌包括肌腹、肌腱两部分；并有伸肌、屈肌、收肌、展肌、旋前肌和旋后肌之分。它们分别有屈伸、内收、外展和旋转关节等作用（图3-1-2）。

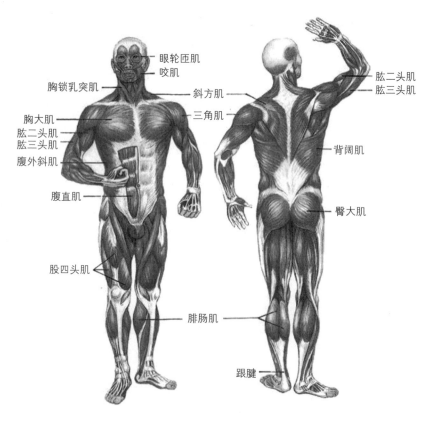

图3-1-2

肌的形状有长短、粗细、窄阔、扁圆的区别。一般来讲，屈筋在内弯，伸筋在外侧，旋筋在两侧，展筋在外方。筋起于近端，止于远端，长肌起着运动作用，短肌衔接关节等，如此纵横交错，有条不紊。肌腹呈棱状，能做收缩活动；肌腱呈扁带状，不具有收缩能力。如果肌腹受到暴力时，肌腹的纤维则可能断裂，或肌腹与肌腱连接处断裂，或是肌腱的附着处被拉脱，有可能会带下一块附着处的骨片。骨骼肌在人体中主要附着于躯体和四肢骨，共有肌四百余块，裹被着骨骼而形成人体。因此，长短各骨，因肌收缩而运动，其大小关节，因受肌腱韧带而保护着，使骨骼坚牢而稳固。肌肉、肌腱、韧带（筋）的动静开合，屈伸弛张，动则肢灵节活，静则肢停节止。

三、经络与穴位

经络学说，是根据传统医学的理论来研究擒伏点穴等密切的关系。经络，即经脉和络脉；经脉深层而纵行，贯穿上下，为主干；络脉，浅层而横行，网罗遍布周身，为分支。经络沟通内外，贯通上下，运行气血，调和肌体，平衡阴阳，营养五脏六腑，四肢百骸，肌肤毛发。穴位为脏腑，经络的气输至人体表的部位，称为腧穴。腧，意转输；穴，为孔隙之意。人身有十二正经和奇经八脉，古称有三百六十余穴（图3-1-3、图3-1-4）。

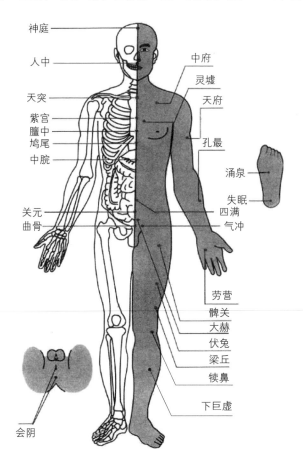

图3-1-3

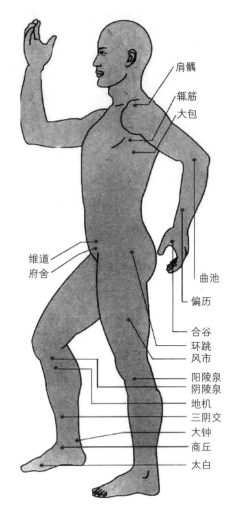

肩髃
辄筋
大包

维道
府舍

曲池

偏历

合谷
环跳
风市
阳陵泉
阴陵泉
地机
三阴交
大钟
商丘
太白

图 3-1-4

　　经络内与脏腑，外与肢节，息息相关，这是气血运行的作用。反之，如果气血阻滞不通，在内影响脏腑的正常功能，在外影响筋骨关节的灵活性。擒拿术作用于经穴，就是要阻其经，闭其穴，使其气滞血阻，脏失常用，肢失常动。甚至，擒拿术施制于经穴，还可以按周天定时机理，拿制一定的穴位，致使气血阻塞不通，使身体的活动机能或一时性丧失受制，其主要是以子午流注定时点穴之意。或者也可以施用巧劲，任意顺手取穴，不以时辰施术制敌，以拿制关节兼及穴位制敌。穴位的拿制，多在头颈与四肢部位，这些部位常可一手可擒可点。但对于晕穴、死穴则轻易不可使，以免伤人误己。

　　擒拿技术机理，即擒拿各种技术技法对于人体各部位骨与关节、筋与肌肉、经络与穴位等，来巧制这些部位达到擒伏控制对手，甚至巧夺兵器，防范暴力。

第二节　人体的关节活动范围和限度

武术擒拿技术技法，主要是根据人体的各关节和生理要害部位的规律形成的。人体的关节活动范围有一定的限度，而通过擒拿技术技法，使关节超出其极限度，关节就会受到损伤或功能受障碍，这是武术擒拿对人体的关节活动范围和限度的基础概念。

人体的关节运动，通常分为主动运动和被动运动，被动运动的范围一般情况下大于主动运动范围。这里要指出的是，正常的人体的关节的主动运动和被动运动关节的运动方式和范围，还会因关节部位的不同而不同。特别是从事武术运动的人，杂技、戏曲武功演员等，这些人的关节活动范围比一般人的关节活动限度要大得多。因此，以下介绍的人体的骨关节活动范围和限度以正常人为准，以中立位作为0°，对人体的关节主动的活动范围和被动的关节限度作阐释。

一、颈部的关节活动范围和限度

（1）主动活动范围（图3-2-1）

颈部可以做右侧屈45°，左侧屈45°；

前伸可达35°~45°，后屈达35°~45°；

右旋达60°~80°，左旋达60°~80°。

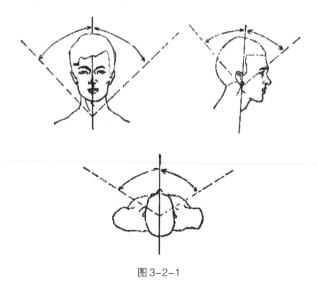

图3-2-1

（2）被动的关节限度

颈部可以做左、右侧屈60°以上；

伸、屈50°以上；

左、右旋85°以上。

二、肩关节的活动范围和限度

（1）主动活动范围（图3-2-2）

肩关节可以前屈70°~90°，前屈上举150°~170°，后伸40°范围；

肩内旋45°~70°，肩外旋45°~60°；

肩外旋位外展上举180°；

肩肱关节外展上举180°，外展80°~90°，内收20°~40°；

肩水平位前屈达135°，水平位后伸40°~45°。

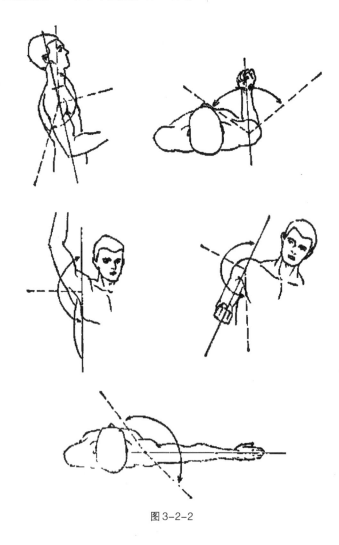

图3-2-2

（2）被动的关节限度

肩可前屈约150°以上，前屈上举180°以上，后伸80°以上；

肩做内旋80°以上，外旋65°以上；

肩外旋位外展上举190°以上；肩肱关节可外展上举185°以上；

外展100°以上，内收50°以上；

肩做水平前屈140°以上，做水平位后伸60°以上。

三、肘关节和前臂的活动范围与限度

（1）主动活动范围（图3-2-3）

肘关节做外旋70°，内旋70°；

肘关节做屈曲135°~150°，可超伸10°；

前臂后旋80°~90°，前旋80°~90°。

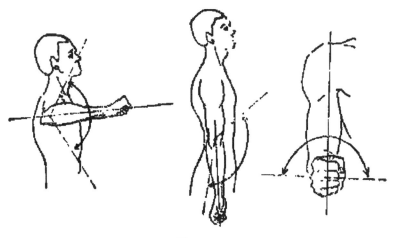

图3-2-3

（2）被动的关节限度

肘关节外旋75°以上，内旋80°以上；

肘关节屈曲可达155°以上，可超伸15°以上；

前臂可后旋95°以上，做前旋100°以上。

四、腕关节的活动范围和限度

（1）主动活动范围（图3-2-4）

腕关节可背屈伸35°~60°，掌可屈曲50°~60°；

桡侧倾斜可屈曲25°~30°，尺侧倾斜可达30°~40°。

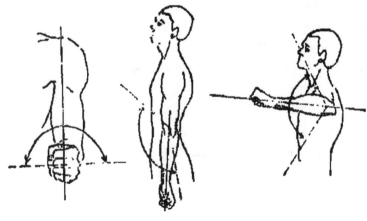

图 3-2-4

（2）被动的关节限度

腕关节可背屈伸90°以上；

掌屈曲85°以上；

桡侧倾斜可达40°以上；

尺侧倾斜可达45°以上。

五、手部各关节的活动范围和限度

（1）主动活动范围（图3-2-5）

掌拇指关节可屈20°~50°，指间关节可屈90°；

外展可达40°；

掌指关节可屈60°~90°，近端的指关节可屈90°，远端指间关节可屈60°~90°。

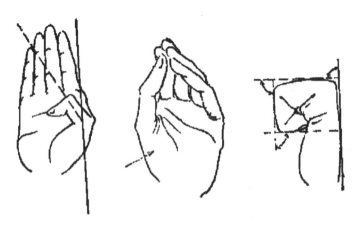

图 3-2-5

（2）被动的关节限度

掌拇指关节可屈90°以上；

指间关节可屈95°以上；

外展达50°以上；

掌指关节可屈95°以上；

近端指关节可屈95°以上；

远端的指关节可屈95°以上。

六、胸和腰椎的活动范围和限度

（1）主动活动范围（图3-2-6）

胸和腰椎可前屈90°；

可后伸30°；

可侧屈曲20°~30°。

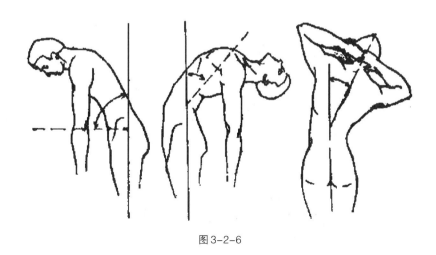

图3-2-6

（2）被动的关节限度

胸和腰椎可屈120°以上；

可后伸50°以上；

侧屈曲达40°以上范围。

七、髋关节的活动范围和限度

（1）主动活动范围（图3-2-7）

髋关节外展可达30°~45°，可内收20°~30°；

髋关节可屈曲 130°~140°；

髋关节伸展可达 10°~15°。

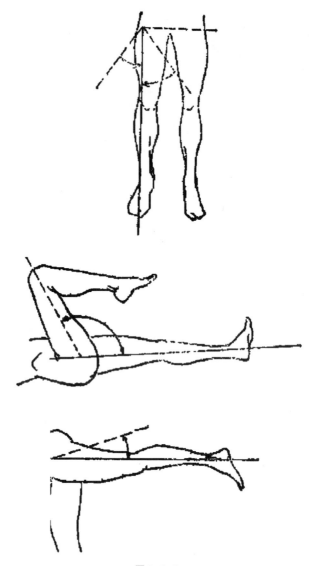

图 3-2-7

（2）被动的关节限度

髋关节的外展可达 55°以上；

内收可达 40°以上；

屈曲可达 145°以上；

伸展可达 25°以上。

八、膝关节的活动范围和限度

（1）主动活动范围（图3-2-8）

膝关节屈曲可达120°~150°，超伸可达5°~10°；

外旋可达30°~40°，内旋可达30°~40°。

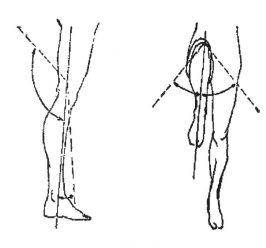

图3-2-8

（2）被动的关节限度

膝关节可屈曲155°以上；

超伸可达15°以上；

外旋可达45°以上，内旋可达50°以上。

九、踝关节和足的活动范围与限度

（1）主动活动范围（图3-2-9）

踝关节背屈可达20°~30°，跖屈可达40°~50°；

跖趾关节背屈（伸）可达45°，跖屈可达30°~40°；

中跗关节可外翻30°~35°，可内翻30°。

（2）被动的关节限度

踝关节背屈可达35°以上；

跖屈达50°以上；

跖趾关节背屈可达50°以上；

中跗关节可外翻40°以上，内翻可达35°以上。

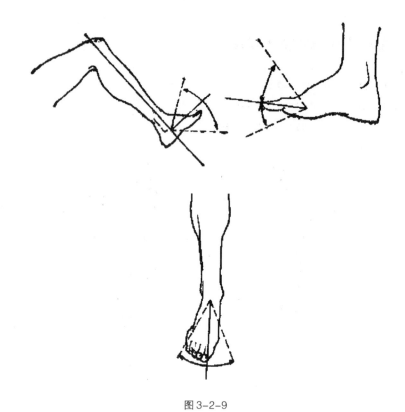

图3-2-9

第三节　针对人体关节活动范围和限度擒拿的力学

　　前面章节中阐述了力在擒拿中的作用，本节继续针对人体关节活动范围和限度擒拿的力学阐释。在擒拿训练和实践中，掌握力学原理法则，对于擒拿技术技法的发展和提高有着重要的作用。擒拿除要求基本的身体素质训练的力，同时也讲究擒拿技术对人体关节活动范围和限度的力学原理，这些概念也符合擒拿技术技法的本身特点和规律。

一、力的作用时间和速度变化的规律

　　物理学中有"动量的变化等于力与时间的乘积"的原理。在擒拿动作中有时也应延长力的作用时间，使被擒伏的对方身体发生加速运动，并不是要立限收回，是要有意识地向对方身体上不断施加力，迫使其移动身体位置，以对擒拿控制对方起到一定的效果。（图3-3-1）这就是"动量的变化等于力与时间的乘积"的原理，即擒拿中力的作用时间和速度变化的规律运用。

图 3-3-1

二、杠杆的原理

　　力臂越长越省力，即杠杆的原理。日常中见到的秤和砣就是杠杆的原理构成的力学原理（图3-3-2）。人体本身就是一个活的杠杆。通常下肢作为一个支撑点，没有脚和腿的有力支撑，身体和上肢的力量就无从发挥。擒拿中要求力从腰发，即是杠杆用力的一种运动形式。这是因为人的重心是在腰部，把力点放在腰部，加大了杠杆力臂的作用，比起手力、臂力要大好几倍。此外，由于人体是个活的杠杆结构，当局部受到力的作用时，就会引起身体全局的连锁反应，这是因为人体有保护自己不受损害的天赋本能（图3-3-3）。所以，在擒拿中简单的施技擒拿，往往可能起不到最后决定的胜负作用。必须在擒拿施技中把力集中于对方身体的某个局部，才能构成真正威胁对方的力量。故擒拿中必须善于使用自己的两只手，能灵活地制造力的支点，使力集中作用于指、腕、肘、肩等部位，迫使造成对方身体局部受力的被动状态，令对方被擒伏就范（图3-3-4）。

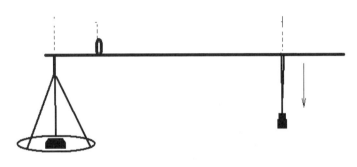

图 3-3-2

关节中的杠杆原理

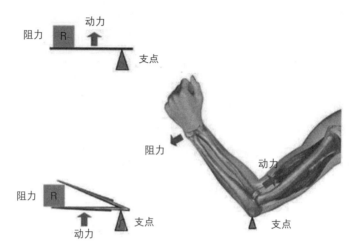

图3-3-3

图3-3-4

三、作用力和反作用力的原理

作用力和反作用力的原理在擒拿中的运用，就是在擒拿控制对方时，当对方从上路进攻，自己即可直接往对方下路拿取控制（图3-3-5）。这是由于对方作为支撑反作用力的底部被袭击，使其上部的手的作用力大大削弱，此时充分利用对方之力以还其身；对手用力越大，其遭受的打击就越重（图3-3-6）。这就是通过作用力和反作用力的关系来达到以巧对胜的擒伏控制规律。

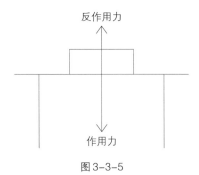

图3-3-5

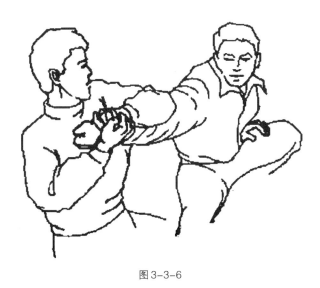

图3-3-6

四、惯性的原理

惯性的原理，就是利用惯性顺势借力（图3-3-7）。在擒拿中巧妙地运用物体惯性的原理，既可减轻自己力的消耗，又能加大力的作用；以利在擒拿中不死板硬顶抵抗对方的力，而是要选择另外一个方向去用力，使对方陷入被动和失去平衡的局面，达到擒伏控制的效果（图3-3-8）。

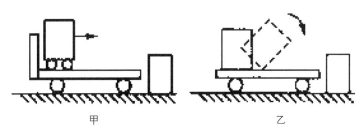

甲   乙

图3-3-7

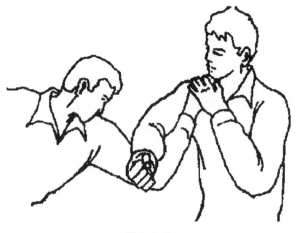

图3-3-8

五、压力的原理

　　物理学中力学认为，在压力一定的情况下，受力面积越小，产生的压强就越大。我们日常生活中见到的将细细的针刺入很厚的布内，就是这种原理的应用。利用压力这个原理，在施术擒拿对方，就必须考虑到着力的点越小越好，使用点穴或打戳、插标要害等就是压力原理的运用。（图3-3-9）

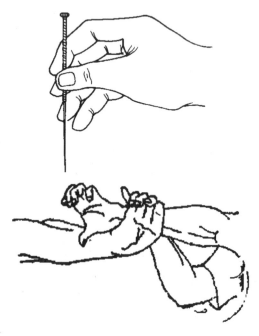

图3-3-9

六、旋转的原理

旋转，在力学中是比较省力的一种方式。旋转可以增大防护的面积，并可加强力的作用时间，使运动更加稳重、有力、定向（图3-3-10）。旋转的原理用于擒拿中具有化解来自任何方向力的作用。利用旋转的原理形成的解脱手法也是解脱对方擒拿的有效方法。因此，在擒拿施技中利用"旋转"的原理来节省自己的体力，更好地将擒拿中力的作用发挥出来。（图3-3-11）

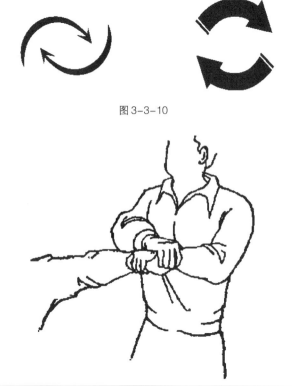

图 3-3-10

图 3-3-11

七、合力的原理

顺着用力方向，并同时加力，以产生更大的力称为合力。可随合力转变用力的方向，以增加合力的功效。擒拿中能否利用合力，加力于对方的力上，是关系到能否提高擒拿控制效果的关键。擒拿中顺着对方来力的方向，及时顺势加力，这就是运用"四两拨千斤"的力学原理，借人之力予我用的巧妙的方法。在擒拿中也多采用这类技巧施术擒伏控制。（图3-3-12）

实用

武术擒拿

训练教程

基础训练和擒拿

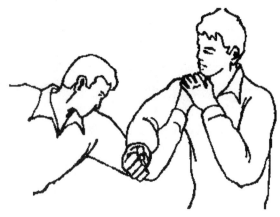

图 3-3-12

八、力偶的原理

物理学上认为两个平行力，大小相等、方向相反者，在力学上称为力偶。力偶虽然不能产生合力，但能使物体旋转，例如握动车的方向盘。在擒拿施技中，擒拿控制头的"扭头"技术，就是根据力偶的原理形成，这种擒拿动作可以轻而易举地使头拧，达到擒拿控制的效果。(图3-3-13)

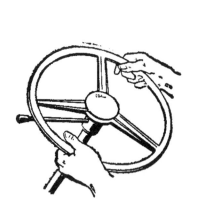
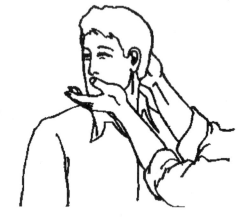

图 3-3-13

九、力的综合运用

掌握各种力学的原理在擒拿中形成的规律，还要在擒拿施技中遵循力学的规律，随擒拿格斗的态势综合科学有效合理地运用力学的原理规律。

力的综合运用：

(1) 擒拿施技中，要有意识地利用与对方接触的肢体及其双臂；利用对方身体运动链系统中的关节轴；利用自己的双臂与对方相应关节所处的相对位置，构成的三角形力学结构，形成擒拿控制使对方无法移位。

（2）尽量在擒拿时使对方主动肌处于扭转拉长的态势，造成对方骨杠杆、肌肉力量的被动性动力不足；换言之，就是尽量使对方使不出劲（力）来，使我方处于最佳发力状态。此谓彼消我长之法，使对方无法对抗。

（3）控制或扭转对方关节时，要注意有时不是单纯一个关节轴的转动，而是扭转，是指使其两个轴上做多方位的旋转形的扭转，这样才能使受制的对方身体或双腿无法同时在两个轴上转动位移去形成解脱。且扭转时要使力量集中在所擒拿控制的部位，形成对方被整体性锁定形成的擒拿态势。

（4）施技擒拿时，以控制对方的中枢"肘、膝、腰"的两个运动自由度为核心，来通过运动链的效应性运动和锁定效应实现擒伏控制。充分利用力的作用时间和速度变化、杠杆、作用力和反作用力、惯性、压力、旋转、合力、力偶等。

第四节　头部擒拿部位和技术机理

头是周身之主，在人体之中，头统领着全身。头骨生理结构坚厚，保护着脑部。头面部的鼻孔、眼眶轮匝骨、嘴角、耳朵、面部、颧部等分布有肌肉。头部经穴密布，属要害部位。

一、头部解剖生理结构

头部是人体的中枢，由颅与面两部分组成，颅内包含脑，面部有眼、耳、鼻、嘴，这些部位是特殊感觉器官和呼吸、消化系统的门户。

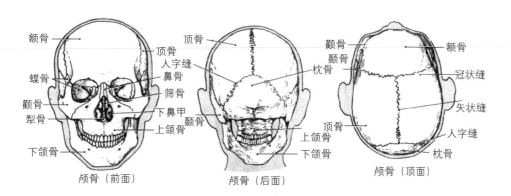

图 3-4-1

根据头部的解剖生理结构，颅骨由8块脑颅骨和14块面颅骨组成。在颅骨的结构上，大部分是以缝的形式联结，小部分则是以软骨的联结形式，而以关节形式联结的只有下颌关节。（图3-4-1）

头部的主要动脉有颈动脉和颞浅动脉、面动脉等分布。

头部的神经是由脑发出的12对脑神经，在脑底与脑相连，分布于头颈部的器官、肌肉、皮肤、心、肺、胃、肠等内脏器官。

二、头部的击打、掐拿要害部位与机理

头部分布众多要害部位和穴位。

头部因其生理结构的特殊性，可形成的掐拿较多且集中，在头部的凹陷处，均可作为掐拿、扳旋的部位。例如眼窝、耳后窝、耳前窝、腮窝等。

（1）击打太阳穴

太阳穴，在头部生理结构中又称为翼点，属经外奇穴，在顶骨、额骨、蝶骨翼和颞骨相会处，位于眉尖和目外缘之间，向外移一指左右的凹陷中部位，此部位是颅骨骨质薄弱的部分，其深层有脑膜动脉前支经过。

击打太阳穴，可引起骨折导致脑血管破裂，致硬膜下血肿，脑挫裂伤，并可能引起脑疝死亡。此部位也是武林中禁击打要害之一。

（2）切击风府穴

风府穴，是属督脉穴位，位于枕骨与第一颈椎之间的凹陷中，枕骨下缘紧临颅底的枕骨大孔，传统中称为枕骨下缘。此孔是脑与脊髓相连的重要通路。

此部位被击打或切击，可直接引起寰椎关节与枕骨大孔相挫，轻者可造成脑脊神经损伤，令人发生晕厥；重者甚至直接挫断脑脊神经的连通，导致人立即死亡。因此，这些部位轻易不要击打。

（3）击打百会穴

百会穴，是督脉经穴位，位于头顶正中，两耳尖直上与头顶正中线交叉之点。百会穴，在传统中称为前囟点，此处是颅骨联结的冠状缝与矢状缝的交点。

击打此处，轻者可造成脑震荡引起的眩晕而丧失抵抗能力，重者会造成脑损伤或颅内出血而导致死亡。不可轻易用重手法击打此部位。

（4）击打后脑（顶枕点）

后脑，位于后枕外隆凸上方6厘米处，是颅骨联结的矢状缝与人字缝的相交点，传统中称为顶枕点，此处呈三角形，是头部的薄弱要害部位。

击打后脑，或后倒使此部位撞击地面或硬物，轻者会造成震荡引起眩晕，重者可导致颅内出血、脑损伤而死亡，此处不可轻易击打。

（5）击打眉弓

眉弓，位于额鳞的外面，两侧额结节的下方，呈一弓状隆起，表面长有眉毛。在眉眶

上有血管和神经穿过。

击打此处可引起眶上血管和神经损伤，并会震荡损伤眼部，触及视神经造成眼球充血、视线模糊而引起剧烈疼痛感，使人失去判断与支配自己的能力。且击打这一部位，因眉弓护着凹陷的双眼，不至于击伤双眼。

（6）击打下颌角

下颌角，即颊车穴，位于下颌体的下缘与下颌支后缘相交处。

下颌角骨质较薄弱，击打此处可引起骨折，造成剧烈疼痛而使人丧失战斗意志，特别是使用摆拳类的侧方向路线拳法或手法击打。

（7）击打鼻骨

印堂穴，是经外奇穴，在两眉之间，位于额骨间隆起部，传统中所称的鼻骨处。此处为鼻骨，鼻骨上厚下薄，中有鼻骨孔通过小静脉，有筛前神经分支经过，同时有眼动脉的鼻背动脉、额内侧动脉、内眦动脉和筛前动脉经过。

击打此处较易造成鼻骨骨折而引起大量出血，导致呼吸困难，或甚至累及眼部使视线出现模糊。

（8）击打腮部

腮部的下颌颈和颏孔均较薄弱，此处有多条血管神经通过。

击打此处极易引起下颌颈与颏孔部骨折而伤及血管神经，使人丧失战斗意识。

（9）扇击耳门

耳门前后分布了大量的重要血管、神经。

击打此处时可引起耳鸣、眩晕，重击者可能导致耳聋或休克，使人丧失抵抗能力。

（10）掐插耳垂后窝

耳垂后窝有翳风穴，此为手少阳三焦经穴位，位于耳垂后乳突和下颌骨之间的凹陷处。此处有大量的神经和血管经过。

用插、掐、抠或击打可引起剧烈酸痛而减弱了反抗能力。

（11）掐拿脑后

脑后风池穴属足少阳胆经穴位，在脑后枕骨下缘，胸锁乳突肌和斜方肌起始部之间的凹陷中，此处有大量的神经经过。

如向斜上方向掐拿此处，可控制头部的运动，导致剧烈酸疼；如同时向斜下方插掐，可致其前俯直至前倒；甚至可掐拿此处控制人的行走。

（12）掐拿牙腮

可用拇指与食指掐拿两侧牙腮穴部位，向下颌下方掐插，可造成剧烈酸疼，令其不能叫嚷；或配合另一手，向另一侧斜下方搓击或错击，可使下颌关节脱臼。

或者在擒拿中施技旋颈、断颈中，以掐拿、扳旋眼窝、耳窝、下颌角，或搓插击鼻下部，使头部发生旋拧或后仰，以形成擒拿中的旋颈、断颈技术。

第五节　颈部擒拿部位和技术机理

颈部位于头、胸和上肢之间，颈椎将颅骨与胸椎相连接。

一、颈部解剖生理结构

由颈部发出8对神经，形成颈丛神经与臂丛神经。颈前部中线有呼吸和消化道的颈段，两侧分布有纵行排列的大血管、神经和淋巴结；颈根部有大血管、神经和胸膜顶及肺尖等。颈部是人体主要的呼吸通道，也是人体供给大脑血液的唯一通道。

在颈部的各结构之间，填充有疏松结缔组织，并在器官与血管、神经周围形成筋膜和筋膜间隙。颈部肌联结着颈、脊柱，使头、颈运动灵活，同时参与呼吸、发音和吞咽等功能。

颈椎由7个椎骨联结而成，其中重要的关节是寰枕关节和寰枢关节，这是脊柱与颅骨、大脑和脊髓，头与身体相联结的枢纽。颈部有数个重要要害穴位分布各处。（图3-5-1）

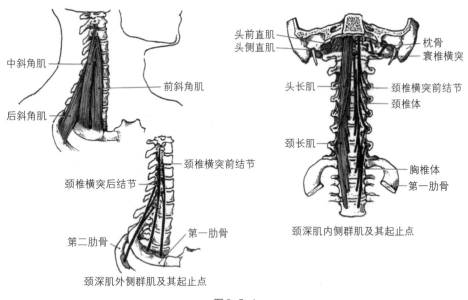

图3-5-1

二、颈部擒拿或插掐的要害部位与机理

颈部在人体处于重要的生理位置，以及其生理作用与结构、运动特点决定了在擒拿

中，可对颈部实施插、掐、抹等以阻断人体的呼吸和对大脑中枢神经的血液供应，刺激或损伤颈部诸神经、淋巴。对颈部的切打或旋拧是损伤颈椎关节，导致中枢神经被损伤和阻断。因此，擒拿技法中的头部拿取技术，可以直接削弱直至完全解除对方的反抗能力，甚至会因用力的大小、作用的部位和时间的长短，使被控制者窒息或导致死亡。

（1）切击颈部后

切击颈部后，是指擒拿中用切击颈部后的风府穴和侧第三、四颈椎部，施技轻者可使寰枢关节的齿突移动，削弱或丧失抵抗能力；重者可引起立即昏厥，甚至颈椎错位，阻断脊神经、脊髓，导致立即死亡，故要注意这些部位不可轻易拿取攻击。

（2）正面切击喉结

喉部，是人体中复杂的管状器官，人体空气出入的管道，又是发音器官，并有一部分是感受味觉和吞咽的功能，同时此处又有甲状软骨，是喉部最大的喉软骨，其与环状软骨、会厌软骨等联结构成喉结，这些部位周围分布有丰富的血管和神经，在其外下缘有甲状腺。

用擒拿技法正面切击此处，可造成剧烈的疼痛而减弱抵抗能力，并同时可引起吞咽、语言和呼吸障碍等，有甚者可导致暂时性窒息。

（3）插击舌骨

舌骨，位于平颏隆凸下缘，在其后方对应第三颈椎，舌骨后有会厌软骨，同时伴有迷走神经的喉上神经和喉返神经通过。

如用擒拿技法沿左右下颌插击此处，可造成剧烈疼痛和呼吸障碍，并可使人丧失反抗能力。

（4）插击胸骨上窝

天突穴，属任脉经穴，在胸骨切迹上缘正中上 0.5 寸凹陷处，即传统中所称的胸骨上窝。

如向斜下方插击这个部位，可阻断气管、颈总动脉、锁骨下动脉，并同时刺激到膈神经、迷走神经等而导致剧烈的疼痛、呼吸困难、心跳加速、恶心等症状。

（5）旋挫搓颈

颈部在人体中其构造和运动的特殊性，在擒拿中形成的旋颈、断颈、挫搓颈技术，即在两个轴上做扳旋动作，先使手法将头后仰或侧屈，而后旋拧搓扳下颌；轻者可使被拿击者立即倒地，重者发力可使被拿击者颈椎损伤，导致伤残或死亡。

（6）扳拧头颈

施技扳拧头颈，即扳拿头部，两手合力拧旋头部，可使被拿者翻身跌倒，甚至损伤到颈椎部。

第三章　擒拿的技术机理

第六节　躯体擒拿部位和技术机理

人体的躯体部是由胸部和腹部组成的，这也是组成人体的主干部分。

一、躯体解剖生理结构

躯体中的胸部位于颈部和腹部之间，由上肢带与上肢相联结。胸廓为骨性支架结构，填衬着以肌肉等软组织构成了胸壁，胸壁和膈围成胸腔，其内有气管、支气管、肺、心以及出入的大血管、食管、胸导管和交感神经等。腹部是位于胸廓与骨盆之间，由脊柱的腰椎、骶椎和骨盆相联结，包括腹腔、腹膜腔和腹腔脏器等。腹腔腑器有肝、脾、胃、肾等，盆腔前有膀胱，耻骨联合着左右耻骨支的后方、会阴和生殖器。胸椎部位有发出的12对胸神经，并形成不同的神经丛。（图3-6-1）躯体部的运动是脊柱的运动形式，并可依其整体的活动加大其运动幅度。

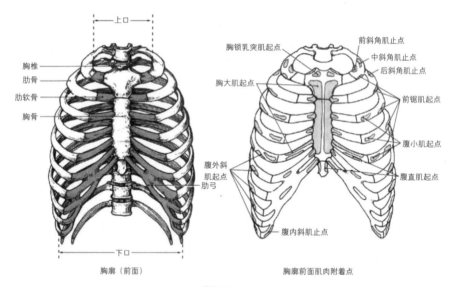

图3-6-1

二、躯体部击打、擒拿的要害部位与机理

躯体要害部位比起头、颈有较多的击打、掐拿的部位。

（1）击打胸骨下角

胸骨下角，是由中心两侧肋弓和剑突共同组成的，向下开放成胸骨剑突部位，因此传统中又称为心口窝。此部位生理特点是无肋骨保护，在剑突后的内脏器官有心脏下部心室，下缘刚好是肝与胃的重叠处，剑突又是软骨组织。

击打心口窝，可直接震荡到心脏，刺激膈肌与下位肋间神经，使人产生心闷、呼吸困难、腹臂剧烈疼痛以致强直，而丧失抵抗能力。甚至严重受击者可同时引起胃出血、心脏震颤、肝脏破裂，或导致大出血而发生昏厥，甚至重者直接引起死亡。

（2）击打中心两肋

中心两肋，是指胸前臂第七、八、九肋骨和肋软骨联结处。其左侧是心区，右侧是肝脏上部。在人体的第五至第八肋骨部位弯曲度较大，较易发生骨折。

击打此部位两侧，极易使心脏受到震荡刺激，严重者可发生肋骨向内骨折，导致心脏、肝脏损伤，发生大量出血而导致死亡。

（3）击打两肋

两肋，是位于胸廓下部，即腰的两侧，在第十一和十二两游离肋端。此部位游离肋末端与胸骨联结成腔。

在两肋部位被击打后易发生肋骨内折曲，导致挤压或刺破肝脏，造成肝损伤直至肝破裂而引起死亡。或者两肋被猛击中后，两肋左侧内的脾脏可发生破裂而大出血，危及生命。

（4）插击或掐拿极泉穴

极泉穴，属手少阴心经，在臂腋窝中间部位。腋窝位于胸廓与臂部之间，由肌肉围成腔隙，其内充满松软结缔组织，为颈部和上肢血管、神经的通路，分布有臂丛神经和腋动脉。从解剖生理上来看，这个部位无肌肉和骨骼的保护。

插击或掐拿此部位，可使被击拿者手臂有放射状电感而短暂丧失运动能力，重者可损伤神经、血管，造成上肢运动障碍，导致血肿、瘫痪或其他的并发症。

（5）踢打耻骨联合部

耻骨联合部，是指骨盆前联合部位，位于阴部毛际区。耻骨联合处有软骨垫，富有弹性，感觉敏锐。

踢打此部位虽不能重创损伤脏器，但也可引起异常疼痛，迫使被击者下蹲，直不起腰而丧失抵抗能力。

（6）踢打会阴

会阴部，其分布神经较为丰富，盆腔内有重要脏器，如膀胱等，外有外生殖器。

踢打会阴处，轻者可引起剧烈难忍的疼痛，完全丧失抵抗能力；重者可引起睾丸、膀胱等破裂，甚至导致休克而造成死亡。

（7）踢打尾骨

尾骨部有脊神经暴露，这些脊神经直接连接中枢神经。

击踢尾骨部，能直接损伤到中枢神经，引起直接损伤中枢神经而产生剧痛和瘫痪。

（8）击打背后俞穴

人体的背后有肾俞穴、后心俞穴等穴位，这些穴位与脏器都是紧密相连的。

击打这些俞穴，可造成剧烈的腰疼，使被击者丧失抵抗能力，重者可造成内出血等。

（9）插切腹股沟

腹股沟，是位于大腿股部与腹前壁的交界处。这个部位中段是股动脉、大隐静脉等重要血管和坐骨神经、生殖股神经、髂腹股沟神经等重要神经的通路，在其上下两侧又有卵圆孔和腹股沟管，其表面并无强大肌群保护。

插切此处，可使被击者酸疼难忍，导致其后坐跌倒。

第七节　肩部擒拿部位和技术机理

肩部，属上肢系统的一部分，也是上肢最大的关节。

一、肩部解剖生理结构

先在这里将包括肩部在内的上肢系统作一阐述。上肢作为人体的运动链子系统，是人体最活跃、最灵活和运动幅度最大的链系统，也是人体擒拿格斗中最为常用和重要的运动链子系统。

上肢是由锁骨、肩胛骨、肱骨、尺骨、桡骨、手骨组成的运动链系统，由关节联结形成以骨骼为中轴，关节为枢纽，肌肉按关节运动轴分群、分层排列，并有血管和神经穿行其间的链式运动系统。上肢大小臂并不在一条直线上，在肘关节部有一自然折曲，形成通常的165°~170°的角度，其补角为10°~15°，传统中被称为提携角。在擒拿中多利用此自然解剖角，实施针对肘部的擒拿；臂丛神经在上肢从锁骨中线下伴动脉行至腋下，再向臂部分支出，其主要神经干有正中神经、尺神经、桡神经，均伴主要血管行走。因此，对于上肢运动链系统擒拿时，可反关节锁拿对方的臂上抬，或配合肘尖顶压其肩胛骨部位，迫使对方被擒。或者设法使对方肘呈反关节状，将对方擒跌。或者可以插、压、拉锁骨上窝中段，插掐锁骨下外端，击打背后骨缝，掐拿背部肩胛天宗穴，顶锁肩胛骨等。

通过对上肢肩部的解剖生理结构了解，这样对肩部就更好理解了。肩关节是上肢最大的关节，由肱骨头与肩胛骨的关节盂构成，是球窝关节。肩关节的关节囊薄而松弛，上方附着于关节盂周缘，下方附着于肱骨的解剖颈。肩关节有喙肱韧带加强关节囊上部，并有限制肱骨向外侧旋转和防止肱骨头向上方脱位的作用；盂肱韧带在关节囊的前壁，以加强关节囊作用；肱骨横韧带为肱骨的固有韧带，固定着肱二头肌长头腱于结节沟。肩关节的神经主要为肩胛上神经分支、腋神经和胸前神经的外侧支。（图3-7-1）

肩部分布着几个可以拿取的要害穴位。（图3-7-2）

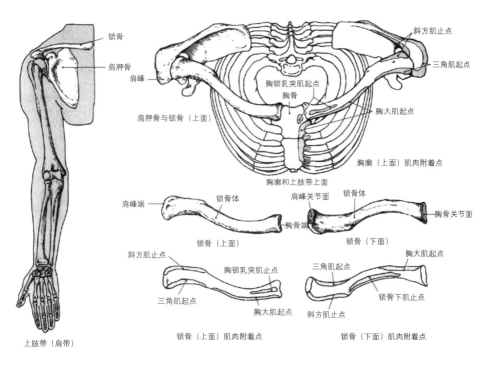

图 3-7-1

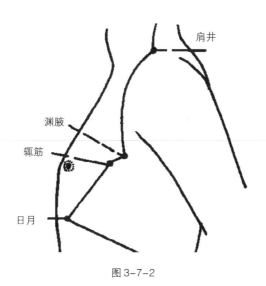

图 3-7-2

二、肩关节擒拿部位与机理

对于肩关节实施擒拿，多是依据肩关节的生理结构、薄弱环节和其运动特点与范围，控制、限制或使其做超越其运动范围的动作，造成其疼痛和肩关节、肩韧带及神经的损伤，达到以控制对方整个躯体的运动目的，形成擒拿、控制或破坏性损伤和反关节摔擒、锁捆等。

（1）撬肩

撬肩，即是通过撬杠省力原理，别撬对方肩、肘关节形成的擒伏或控制。

（2）顶锁肩胛骨

在站立或躺地纠缠中，施技旋拧对方手肘，配合肘臂或膝头顶压或锁扣对方肩胛骨部位形成拿取擒伏控制。

第八节 肘部擒拿部位和技术机理

肘部，即肘关节，位于大、小臂之间，是上肢运动链子系统的中枢环节。

一、肘部解剖生理结构

肘部由肱骨和桡骨、尺骨形成运动偶。肘关节由肱尺关节、肱桡关节和桡尺近侧关节在同一关节囊的包绕下组成，是一个复合关节。肘关节韧带主要有尺侧副韧带、桡侧副韧带、桡骨环韧带和方形韧带共同固定着肘关节。肘关节部有肘后肱骨内上髁与鹰嘴间的尺神经，肘外侧肱骨外上髁上桡神经和肘窝中靠尺侧、肱二头肌肌腱下的正中神经与肱动脉及正中静脉伴行。（图3-8-1）

通常肘部只能做屈、伸运动，其后伸角度极小，针对肘部的擒拿、反挫关节，要考虑到肩关节的运动幅度的支持，整个上肢运动链子系统的运动效应关系等。肘关节处于整个上肢运动链子系统的中枢位置，控制了肘部可以说是基本上控制了上肢，正因为如此，对于上肢的擒拿多数是通过对肘关节的擒拿控制来实现的。（图3-8-2）

肘部可以拿取的要害穴位，要随擒拿技法的实施实现对几个不多见的要害穴位的拿取。

二、肘部擒拿部位与机理

肘部击打、掐拿的主要部位有多个，并因击打或掐拿的不同形式形成不同的擒拿技法。

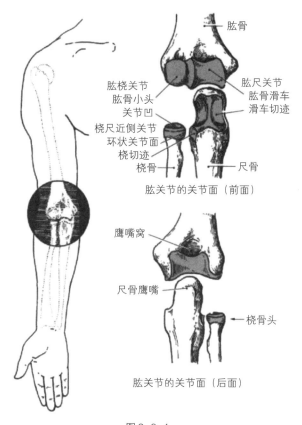

肱骨

肱桡关节
肱骨小头
关节凹
桡尺近侧关节
环状关节面
桡切迹
桡骨

肱尺关节
肱骨滑车
滑车切迹

尺骨

肱关节的关节面（前面）

鹰嘴窝

尺骨鹰嘴

桡骨头

肱关节的关节面（后面）

图 3-8-1

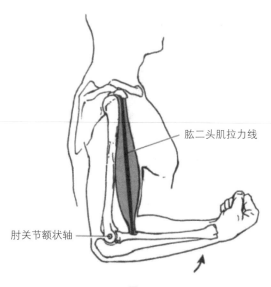

肱二头肌拉力线

肘关节额状轴

图 3-8-2

（1）掐拿掐挑肘窝

肘关节囊前后壁较薄而松弛，无肌群覆盖保护，肘窝内有肱二头肌肌腱通过，其下有肱动脉中静脉和正中神经通过。

用擒拿技法的掐拿此处可造成剧烈疼痛，减弱手臂的运动能力，并可同时配合掐拿的挫或反挫关节实施擒拿，或掐挑肘窝内外用力上撬，造成挤压、刺激血管与正中神经，造成剧烈疼痛等。

（2）掐拿肘部鹰嘴骨

肘尖内侧鹰嘴与肱骨内髁部有一沟称为鹰嘴沟或尺神经沟，其内有尺神经通过。在肘窝外侧肱骨外上髁上有桡神经通过。

掐拿肘尖鹰嘴沟或尺神经沟处，可立即产生触电状剧烈麻痛，如沿肘外上髁用力向里掐拿桡神经，可产生相同的麻痛。

（3）肘部的擒拿

肘部鹰嘴沟、肘窝外侧、肘窝内侧、肱骨外上髁、肘窝中，这五个部位不仅可以作为掐拿点，也可以作为击打点，使被击者丧失其手臂的劲力和运动能力，为进一步击打和擒拿创造有利条件。

第九节　臂腕部擒拿部位和技术机理

臂腕部，即前臂骨与腕关节的两部分。

一、臂腕部解剖生理结构

前臂骨（尺骨、桡骨）是由桡尺近侧关节、前臂骨间膜和桡尺远侧关节相连结构成。前臂骨前骨间膜为坚韧的纤维膜组织，联结着桡尺二骨，前臂内旋（旋前）或外旋（旋后）时，前臂骨间膜松弛，前臂半内旋或半外旋时，则紧张。（图3-9-1）

腕关节由8块小骨构成，称为腕骨。排成近侧或远侧两列，每列有4块，近侧列自外向内为舟骨、月骨、三角骨、豌豆骨，除了豌豆骨外均与桡骨相关联；远侧列自外向内为大多角骨、小多角骨、头状骨和钩骨，其与掌骨相关联。（图3-9-2）腕关节由桡腕关节和腕骨间关节组成，共同完成腕部的屈、伸、内收和外展与环转运动。腕中掌侧面，有一腕骨沟，上方为腕横韧带跨过形成一管状腕管，其有正中神经通过入手，在桡侧有桡动脉和桡神经伴行通过，在尺侧有尺动脉和尺神经伴行通过。

在擒拿技法中，对腕部实施的内旋、外旋技术，实质上是对前臂的内、外旋运动。

臂腕部分布可以扣、拿、撅、抉的要害穴位。

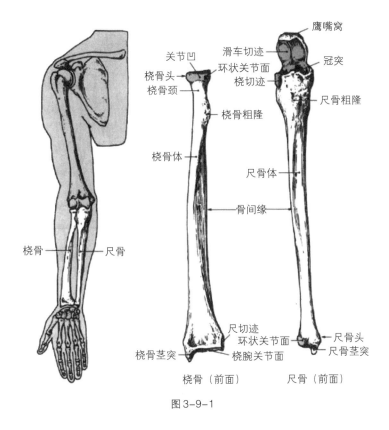

桡骨（前面）　　　尺骨（前面）

图 3-9-1

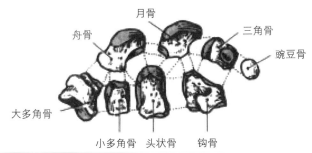

图 3-9-2　腕骨间的位置关系

二、臂腕部擒拿、击打部位与机理

前臂和腕是属于上肢链子系统的前端，是擒拿中刁、拿、扣、撅等常擒取的部位，多以掐拿、击打、撅抓为主。

（1）掐打内关穴

内关穴，是属于手厥阴心包经，在手腕掌面横纹上 2 寸，手臂正中二肌肌腱间的凹陷中，其内有正中神经通过。

刁拿小臂前端，可用四指或拇指向内掐拿此穴位，则会使受制者造成剧烈疼痛，削弱其手臂和五指的握力。或者掐拿阳溪穴等，均可削弱手指的握力。

（2）击打腕关节

腕关节周缘无肌群保护，有肌腱、血管和神经穿行其间。

擒拿格斗中可准确地猛击腕关节部，使被击者产生难忍的剧烈疼痛，削弱其战斗力，为擒拿创造条件。

（3）扣拿腕关节

腕关节，由桡腕关节和腕骨间关节组成完成腕部的各种运动。

擒拿控制时，对于腕关节不能无目的地大把抓拿腕部，除上述扣拿或掐拿穴位外，扣拿腕部时应以拇指和四指中的中指，以环状扣拿腕部的桡、尺骨茎突和腕骨之间的环状沟带，如此可更有利地控制锁拿腕关节，并可因扣拿刺激到桡、尺神经和环状沟带中的阳谷、阳池、阳溪、太渊、大陵、神门6个穴位，令被击拿者产生酸麻疼感。

或者以肘顶压手掌配合控制上肢链以形成擒拿等。

第十节　掌指部擒拿部位和技术机理

掌指，即手，位于整个上肢运动系统链子系统的梢节。

一、掌指部解剖生理结构

掌指，是以腕、掌、指骨和其联结（关节）为杠杆和枢纽，以手内、外肌为动力，在神经系统的支配下，来完成各种精细复杂的运动功能。手掌上有掌骨5块，属小型长骨。由拇指向小指侧排列为1～5掌骨，指骨共有14块，也是属于小型长骨。掌指间关节由腕掌关节、掌指关节和指关节联结而成。每侧手都有9个指关节，拇指一个，其余四指是两个（图3-10-1）。手背桡侧有桡神经浅支，尺侧有尺神经手背支，而此两肢神经在三、四指肌腱沟处相接为交通支。手掌则有尺神经浅支和深支、正中神经和其分支，形成了指掌侧神经系统，共同指挥着手部诸肌去完成各种手部的精细动作。

手部分布着一些可以点、掐、拿的要害穴位。

二、手部掐拿、擒拿部位与机理

擒拿中可针对手部进行掐拿或擒拿各法，达到擒伏控制的目的。

（1）手部掐拿

针对手部的掐拿技术是对腕部擒拿的辅助技法，甚至有时候是擒拿的前奏以及其他部

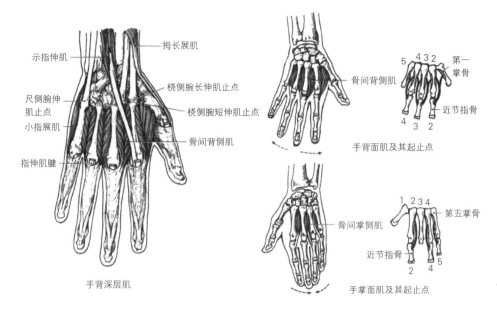

图 3-10-1

图中标注文字：

示指伸肌　拇长展肌
尺侧腕伸肌止点　桡侧腕长伸肌止点
小指展肌　桡侧腕短伸肌止点
指伸肌腱　骨间背侧肌
手背深层肌

骨间背侧肌
手背面肌及其起止点

5　4 3 2　第一掌骨
近节指骨
4　3　2

骨间掌侧肌
近节指骨
手掌面肌及其起止点

1　2 3 4　第五掌骨
2　4　5

位擒拿的补充。

　　实施掐拿部位主要是在手部的神经支干、伸指肌腱和腱间结合和穴位，造成手部剧烈疼痛而削弱其抵抗的能力。特别在伸开五指张开掌时，是擒拿技术实施的最好时机，可乘机对腕部进行各种反关节旋拧或搓压。因此，手掌部作为擒拿中较常取的部位之一。

　　擒拿中，通常可以掐拿掌背三、四指骨间沟和掌心劳宫穴，掐拿拇指大鱼际和手背三四指肌腱沟，掐拿掌缘小鱼际和合谷穴，掐撕拳脊四指指掌关节沟，或掐撕四指或拇指指甲根部等部位。

　　（2）手部擒拿

　　手部掌指、指间关节囊背侧松弛，关节两侧附有韧带加固，使其侧向运动受到限制，单指的耐力差。对手部实施擒拿时，多采用抓扣或两指向其关节后侧方旋拧或撅折，可造成剧烈疼痛，导致其指间侧副韧带扭伤或断裂，严重者使其掌指关节和指间关节脱位，甚至伴有指骨基底骨折。

　　对于手部的指掌擒拿，可配合其他技术连续锁定腕、肘、肩关节，达到控制整个上肢运动链，形成擒拿的不同技法。

第十一节　髋部擒拿部位和技术机理

　　髋部，由髋关节和厚而紧韧的关节囊，以及外部强大的肌肉保护层构成。

一、髋部解剖生理结构

　　阐述髋部解剖生理结构时，就要先说说下肢运动链子系统。人体下肢运动链子系统是由下肢带和自由下肢骨组成。下肢带是由髂骨、耻骨和坐骨骨化成髋骨（属不规则骨）和一对髋骨围成盆腔组成。下肢运动链子系统借下肢带与躯干下部联结，具有支持体重和使人行走的运动功能。下肢中的主要动脉是髋外动脉。主要神经有从腰丛发出经腹股中点下行的股神经和闭孔神经，分布在大腿前面和侧面的肌肉与皮肤之中。（图3-11-1）

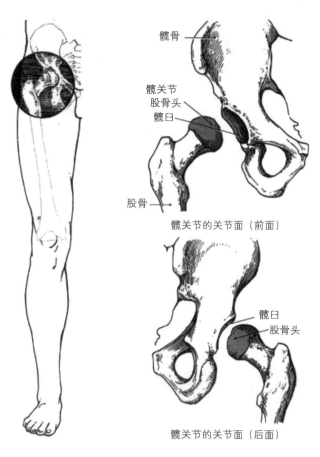

髋骨

髋关节
股骨头
髋臼

股骨

髋关节的关节面（前面）

髋臼
股骨头

髋关节的关节面（后面）

图 3-11-1

　　髋关节是由髋骨的髋臼和股骨的股骨头构成。髋臼的周缘有盂缘附着，使关节窝的深度加深，并起着加固关节的作用。关节囊厚而紧韧，股骨头的前面完全在关节囊内，后面有一部分在关节囊外。在关节囊的后下方和内下方较薄弱，无坚韧的韧带与肌肉加强，形成了薄弱点。因此，在大腿外展和伴有外旋时或内收和伴有内旋时，在暴力的作用下可常使髋关节脱位，使股骨头由此处脱出，导致常见的髋关节后脱位等。

髋部因其生理的坚韧特殊性，在击打这个部位的要害穴位时就要巧妙攻击了。

二、髋部擒拿部位与机理

髋关节是人体较为坚固的关节之一，其关节囊厚而紧韧，外部有强大的肌肉护着，因而可直接影响施于髋关节的擒拿技术技法较少，大多数则是利用踝、膝关节的旋拧、扛压技术，以及利用力臂原理和运动链相邻关节的效应性运动和锁定规律，使髋关节发生旋外加外展或旋内加内收等情况，锁定髋关节，使人体失去平衡支撑，造成不同形式的擒拿。

（1）击砸髋部

擒拿中，由猛力击打髋部配合手法技术等或其他方法造成擒拿。

用技击打髋部要猛、准、狠，以达到击砸的效果。

（2）锁捆髋部

用不同的手法或有利的擒拿技术锁捆髋部，造成控制髋部影响下肢运动。

锁捆髋部时，手法要直接有力，施法形成擒伏控制。

第十二节　膝部擒拿部位和技术机理

膝部，即膝关节。其处于下肢运动链子系统的中枢位置。

一、膝部解剖生理结构

膝关节面浅而宽，是人体中较大且较为复杂的一个关节。它由股骨的内、外侧髁与半月板上面，胫骨的内、外侧髁与半月板下面和股骨的髌面与髌骨的关节面三部分所组成。各关节面均覆盖着一层关节软骨，关节囊广阔、松弛、坚韧。（图3-12-1）

膝关节主要有四条韧带，即交叉韧带、胫副侧韧带、腓侧副韧带和髌韧带。膝关节主要神经有膝关节前面的股神经；膝关节后腘窝正中胫神经和膝关节外侧下缘腓骨小头处的腓总神经。

膝部分布着数个要害穴位，并可随擒拿技法的施制进行掐、点、打等。

二、膝部踢打、擒拿部位与机理

膝部在擒拿格斗中，多数处于半屈（蹲）状态，针对此时击打、擒拿往往会直接破坏被击者的平衡或直接锁定下肢运动链。

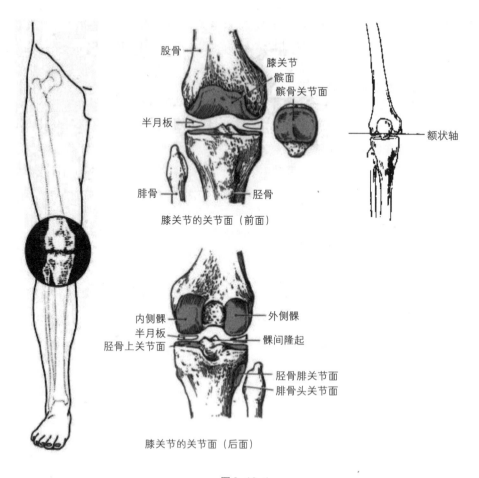

膝关节的关节面（前面）

股骨
膝关节
髌面
髌骨关节面
半月板
额状轴
腓骨
胫骨

内侧髁
外侧髁
半月板
髁间隆起
胫骨上关节面
胫骨腓关节面
腓骨头关节面

膝关节的关节面（后面）

图 3-12-1

（1）踢打膝部

膝部的踢打，多数踢击髌骨下沿，以造成剧烈疼痛，使膝关节产生酸软，造成有利于擒拿的时机。

或者挫踢膝关节的外侧和内侧部位，使膝部副韧带、半月板损伤和撕裂及髌骨软骨的损伤，从而造成剧烈疼痛，使腿用不上，形成膝关节的障碍。

（2）擒拿膝部

对于膝部擒拿，多数配合其他技术，以腿锁腿，或以手法锁腿等，然后造成擒拿。

准备对膝部关节实施拿锁时，要因形势的变化及时采用不同的技术技巧。

第十三节　腿踝脚部擒拿部位和技术机理

腿踝脚部，是指小腿胫骨、腓骨、小腿和足部。

一、腿踝脚部解剖生理结构

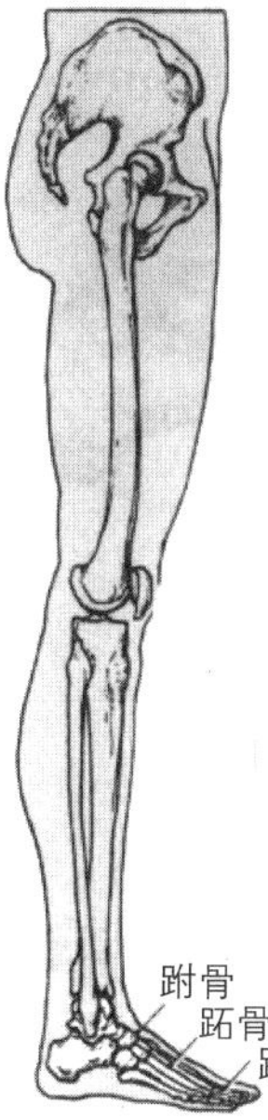

图3-13-1

小腿骨（胫骨、腓骨）的联结，分为胫腓关节、小腿骨间膜和胫腓韧带联合。胫腓关节是由腓骨小头关节面与胫骨的腓骨关节面构成。胫腓韧带联合是由胫骨切迹与腓骨下端的内侧面构成的，这个构成借助韧带紧密相连。小腿骨间膜为一坚韧的纤维膜组织，联结在胫、腓二骨的骨间嵴之间。

足关节，是由足骨的跗骨7块、跖骨5块、趾骨14块，各骨之间连成的关节（图3-13-1）。其包括距骨小腿关节、跗骨间关节、跗骨关节、跖骨间关节、跖骨关节、跖趾关节、趾关节6种。足踝关节部位有大量神经通过。在足背正中，沿第二趾骨有腓深神经与足背动脉伴行。在内踝关节后端有胫神经与胫后动脉伴行，并入足底分支为内、外侧神经。在内踝关节前方有隐神经下行至足内侧，外踝关节前方腓浅神经前行至足背部位。

腿踝脚部位，分布着多个可以掐拿、切打的穴位。

二、腿踝脚部踢打、擒拿部位与机理

腿（小腿）踝脚处于人体整个下肢运动链子系统，是整个人体运动链系统的着地重心支撑点。在擒拿中，多数是伴随着其他部位的踢打和擒拿，对这些部位进行踢、绊、锁、弹、挑、绷等技术技巧，以阻止被击拿者的移动变化，破坏其身体重心支撑点，迫使其失去平衡或跌倒或丧失抵抗能力而形成擒伏控制。

（1）踢击小腿或踝部

擒拿施技时，可以直接踢击小腿胫骨脊外露处、踝关节内踝或踝关节外踝，或挫切踝关节后跟腱处，或踏踩脚趾处等，来造成这些部位的刺激、损伤骨膜、韧带、脚趾等，引起受击异常剧烈疼痛，减弱其运动能力，甚至重击可使小腿胫骨隐裂或骨折等。

（2）踝部擒拿

擒拿在流传中，关于踝关节的擒拿控制法也只有常常使用的一种，即拧旋法。在用捞手抱搂住对方的小腿后，两手可顺势抓拿其脚，用力向内或向外拧旋其脚，使力量集中在踝关节和髋关节，则会引起踝、髋关节的挫伤。

第四章
武术擒拿通用基本功

擒拿，渊源于中国武术踢、打、摔、拿四大技击形式，其伴随武术的悠久历史，内容丰富，异彩独放，实为武术文化的珍贵遗产。擒拿，同样是一种全身性的运动，修习者必须具有良好的身体素质。而武术擒拿通用基本功，就是一种全面发展专项身体素质，为擒拿基础的训练功法。

武术擒拿通用基本功，是从长期练武实践中积累各种行之有效的训练手段加以提炼而成的。只要通过长期的、严格的、系统的科学训练，就能使身体的各个部位得到较为全面的训练，并能较快地发展武术擒拿的专项身体素质与技能。为练习武术擒拿，提高武术擒拿技术技法打好基础。

本章武术擒拿通用基本功，除了适合擒拿和武术训练的基础，还可以作为青少年身体素质训练的运动，以及其他体育运动项目的身体素质训练的辅助练习。

第一节　武术擒拿通用基本功的内容和特点

几千年来，武术在民间广为流传，深受广大人民群众的喜爱。同时，内容也变得更加丰富多彩。

一、武术擒拿通用基本功的内容

中国武术虽流派林立，门类繁多，武术基础功法也不断繁衍，适合武术和擒拿通用的基本功大致可以分为两大类。

第一类：通用基本功法，以肢体的头、臂、手、腰、腿、步等；以及跳跃、跌扑、滚翻、平衡等肢体外形动作为主。

其训练目的，在于发展专项身体素质。诸如肌肉、韧带的柔韧性与弹性；关节的灵活性与稳定性；运动的速度、幅度、力量、协调性与控制能力等。

第二类：通用强壮功法，以内练精、气、神，外练筋、骨、肉（肌肤）、劲力等为主。

因此又分为内壮功法与外壮功法两种。

其训练目的，在于疏通经络，调和气血，壮实内脏，强坚筋骨，以形运气，以气帅形，形、气、神、劲力融为一体。经过修习从而使体内逐渐孕育一股深厚、沉重、猛烈的力量，这就是所称的"内劲"。这种功夫下得越深，质量就越高，爆发力、威慑力就越强大。

二、武术擒拿通用基本功的特点

武术擒拿通用基本功，每一功法都有十分明确的训练目的。诸如，头部功法，目的在于增大颈椎活动幅度，加强颈项部位的柔韧性、灵活性、稳定性和力量；同时可充沛精神、舒展神志、增进眼力。肩臂功法，目的在于进一步加大肩关节活动幅度，发展肩臂力量，提高上肢的松长、舒展、环转、敏捷等能力。腰部功法，目的在于增大腰椎活动幅度，加强腰部的柔韧性、灵活性、协调性和力量，提高身法技巧。腿部功法，目的在于加大髋关节活动幅度，拉长腿部的肌肉、韧带，发展腿部的力量，提高下肢的屈伸、弹踢、跳跃等能力。其他还有手型、手法、步型、步法、跳跃、翻滚、跃扑或平衡等功法，也都有各自的训练目的和方法。

基本功法的运动形式，通常都是一法一式，即一种功法动作，只有一种运动形式。功法动作简洁、朴实，运动路线也简单明了。诸如，冲拳法，即左或右拳向前，或侧向直臂冲出。腿法也是如此。

基本功法的内容，注意了锻炼的全面性、协调性和对称性。诸如，头部功法就有颈项左右争力、前倾后仰等。拳法有左右冲拳、上冲下砸等。腿法有左右踢腿、外摆内合等。

武术擒拿通用基本功法，多以单式为主，组合动作一般也比较简单实用。初习者，只要肯下功夫，都能掌握。

第二节　跑步

在进行擒拿或武术或搏击等剧烈运动之前，都要先做一些准备活动。为此，在这里安排了"跑步"一节内容。放松跑，可以使全身肌肉、关节以及内脏器官在进行擒拿和武术通用基本功训练之前得到必要的活动。在跑步的过程中，呼吸大量新鲜空气，心脏通过加强收缩力和增加收缩次数，把氧气输送到身体各部，加速胃肠蠕动，供给身体大量营养。这样，会对全身的气血有很大的补充，增强五脏六腑的活动，使其发热，内热外散，渗至皮肤外出汗，使人气血流通，轻松愉快，全身舒适。当全身发热出汗后再进行抻筋压腿溜腿活动，就比不跑步压开溜开要快。特别是在北方的严冬季节，跑热后再抻筋压腿溜腿等练习，可以增加御寒能力和防止拉伤的情况发生。

一、慢跑

跑步时，头正项直，身体稍向前倾，起伏不要过大，全身上、下、内、外放松，肩下沉，肘前后自然摆动（也可以左右摆动），手半握拳与腰平，步子不要过大，两脚落地要放平（图4-2-1）。呼吸时要自然、深长，每三四步吸入一口气，三四步呼出一口气。在北方的习武者由于冬季严寒，呼吸时均用鼻子，吸气时要一步一点有节奏地吸入，三四步吸完。这样可以使冷空气通过细长的鼻腔到达肺部温度适宜。呼气时，也要一步一点有节奏地呼完。如此，由于鼻腔内冷热空气交替流通不致使鼻被冻坏。其他季节可用嘴鼻共同呼出。

图4-2-1

二、高提膝跑

跑步时，头正项直，膝往上提，脚尖下垂，脚掌先落地，呼吸自然。两手配合提膝自然摆动。（图4-2-2）

跑步中，可配合一些拳法或踢法边跑边打踢结合练习。

青少年跑步时，可以用变速跑（快慢结合），老年人可以走、跑结合。

集体跑步时，多数出汗即可。跑完不要马上停下来。要放松走一段，深长呼吸，使脉搏平静后再做接下来的练习。

图4-2-2

第三节　头部功法

擒拿（或武术）中，头是全身的行动纲领。练习擒拿或武术，如果想要身法正，就需要从"头"开始；其他诸如手法、眼法、步法，以及擒拿技法等，都离不开头部动作的配合。

在擒拿技术技法中，有时可以"以头为拳"，即以头击技法进行攻击或解脱，其攻击效果和威力，往往令对手防不胜防。

头部功法，可以增大颈椎的活动幅度，提高颈项部位肌肉、韧带的柔韧性、灵活性、协调性，加强头部的稳定性、抗击能力。同时，经过头部功法练习还能焕发精神，明清眼目，聪灵听力。

一、展翅顾盼

（一）标准动作

两脚左右分开约同肩宽站立，头正身直，两手垂臂身侧，此为预备势（图4-3-1）。两手握拳分别屈肘抱于两腰间；眼平视前方，吸气（图4-3-2）。上身向左转90°，头同时左转90°，下颏与左肩同向相对。同时左拳内旋变掌向左腰侧反臂伸抬，臂伸直，掌心朝后，指尖与虎口朝上。右拳同时内旋变掌向右肩前斜上方伸举，臂伸直，掌心向前上方，指尖向左，虎口朝下。眼同时平视左方或后方，呼气（图4-3-3）。此为"右展左顾盼"。动作不停，上身回转，两掌由掌变拳抱腰，回复开始的预备势，吸气。然后，接着做"左展右顾势"（图4-3-4）。

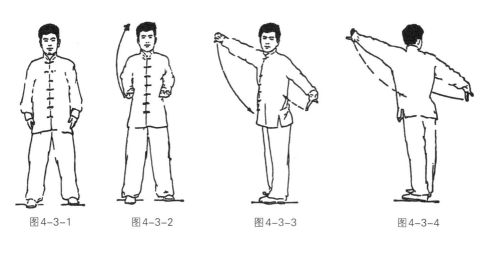

图4-3-1　　　　图4-3-2　　　　　图4-3-3　　　　　　图4-3-4

练习时，左右交替进行。

（二）动作要领

动作时，身直体松、胸挺背拔。腰立腹收、臂敛胯活，膝绷趾抓，呼吸与动作结合要自然。

（三）功法说明

练习中，舒指展臂，旋颈转项，颈项肌肉要有酸胀感。

动作过程中，采用腹式逆呼吸法，吸气时小腹内收，体内气体有向上"提""托"之感；呼气时小腹外突，体内气体有向下"沉""聚"之感，即所谓的气沉丹田之法。也可以采用腹式顺呼吸法练习。

展翅顾盼功法是流传数年以来的武术武林中人，以及今日中华南北武术馆或校，或传承武术常用标准的基本功法。

（四）技击作用

展翅顾盼，擒拿或搏击中多借助身法，以头的撞击、触碰形成的动作攻击对方。

（五）锻炼功效

展翅顾盼，锻炼以颈项、肩背部肌肉有酸胀感为得功效。通过锻炼可以提高项背肌、胸锁乳突肌、颈肌的柔韧性、协调性、灵活性和力量。

二、舒臂倾仰

（一）标准动作

两脚左右分开约同肩宽站立，头正身直，两手垂臂身侧，此为预备势。接着，两手外旋同时向前提于小腹前，即丹田部位前，手与腹间距约一拳距离，掌心向上，中指尖相对似靠，小指在里，拇指尖朝前。同时头向前下低倾至最大限度时，然后再向下探伸片刻。眼视脚面，呼气（图4-3-5）。然后，两手同时屈肘沿胸腹中线向上提捧至胸前膻中穴或胸腹心窝部位（图4-3-6），两手同时内旋，手心向外、向上经面前直臂翻举至头顶上方，手心向上，中指尖相对。同时用力向后仰面抬头至最大限度时，再将下颏向上伸拔片刻。眼视头顶天空，吸气（图4-3-7）。接着，两手向左右两侧直臂分落于两大腿侧，头部向前还正，回复到开始的预备势，呼气。

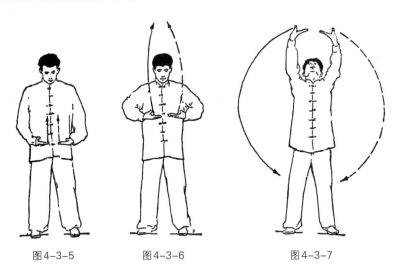

图4-3-5   图4-3-6   图4-3-7

练习时，一倾、一仰，交替进行。

（二）动作要领

动作时，头部的前倾、后仰，与手臂的升降、起落要协调。动作舒展、圆活，呼吸与动作结合要自然。

（三）功法说明

练习时，要按照功法动作标准、要领，严格进行。

舒臂倾仰功法是流传数年以来的武林中人以及今日中华南北武术馆或校，或传承武术常用标准的基本功法。

（四）技击作用

舒臂倾仰，擒拿或搏击中多借助身法，以头的抵顶动作攻击对方。

（五）锻炼功效

舒臂倾仰时，以颈项、肩背部肌肉有酸胀感为得功效。通过锻炼可以提高项背肌、颈肌和项韧带的柔韧性、协调性、灵活性、弹性和力量。

三、白猿转颈

图4-3-8

（一）标准动作

两脚左右分开约同肩宽站立，头正身直，两手垂臂身侧，此为预备势。接着，两手提起叉腰，眼平视前方。体位保持不变，头先向前低垂，然后向右、向后、向左，再向前下，做顺时针方向旋转，旋转一周为一次（图4-3-8）。再做相反方向逆时针方向旋转一周动作。

顺逆交替进行练习10～20次。

（二）动作要领

动作时，身正、体松、颈活，两肩松垂，顺、逆旋转幅度尽量要大。头项百会穴似有绳索向外牵引旋转之感。

（三）功法说明

练习时，要按照功法动作标准、要领，严格进行，以免不按要领练习出现损伤或抽筋伤害发生。

白猿转颈功法是流传数年以来的武林中人以及今日中华南北武术馆或校，或传承武术常用标准的基本功法，在其他海外空手道、跆拳道、泰拳、自由搏击、MMA综合格斗、印度武技、法国腿击术等中也有引用此类似的放松头颈的练习方法。

（四）技击作用

白猿转颈，擒拿或搏击中多借助头的摆摇动作攻击对方。

（五）锻炼功效

白猿转颈，以颈项、肩背部肌肉有酸胀感为得功效。通过锻炼可以提高颈肌、项韧带的柔韧性、协调性、灵活性、弹性和力量，使颈项部强坚而不僵硬，柔韧而不软弱；头部稳健挺俊，中正自然。

武术内功认为，头为诸阳之会，精髓之海，督脉任脉交会之处，统领全身之气，阴阳入扶全在于此。此处合，一身精气俱合；此处不合，一身精气则俱失。因此，头部功法锻炼，就起到壮精气、扶阴阳、沛劲力的功效。

第四节　眼部功法

　　眼，在擒拿（或武术）中占有十分重要的地位。演练擒拿对练（或武术套路）时，如果能正确、合理地运用眼神，就会使招式动作增添活力与生气，使动作起到"画龙点睛"的神效。武术中有"眼随手动，目随势注，眼中有势，神中有感"的说法。眼神的灵感贯穿于动作中，可以达到武艺出神入化的高深境界，以及"动有传神之妙，眼有通达之灵"的武之神韵。

　　从擒拿或格斗角度来说，眼是体察对方动向的关键。修习擒拿或武艺有素者，无论其是直光观察还是余光观察（图4-4-1），都能准确地目测出与对方格斗的有效攻防距离，并能及时判断出其战略、战术的变化。因此，武术中有"眼观六路，耳听八方，其目一闪，灵机万变"的拳谚说法。不仅如此，眼神在擒拿或搏击中还能起到威胁和迷惑对方的作用。

图4-4-1

一、定眼法

（一）标准动作

　　两脚左右分开约同肩宽站立，头正身直，两手垂臂身侧，此为预备势。接着，两腿同时屈膝成下蹲马桩步势。两手叉腰；双目微闭，聚精会神，自然呼吸（图4-4-2）。两眼圆瞪，定（盯）视前方预定目标，此如同将目标看穿般感觉。

　　目标可自由选定，如树、山、悬挂的小铜钱、小球等物。

（二）动作要领

　　动作时，两眼定（盯）视时，不可眨动，不可斜视，双目尽量瞪大睁圆；呼吸力求自然，尽量配合腹式呼吸，切不可有屏气、憋气的多余动作。

图4-4-2

（三）功法说明

　　定眼法，又称为定视法。

　　初习定眼法时，每次30秒至1分钟，然后闭目休息片刻，再进行第二次练习，通常练习3~5次即可。

随着定（盯）神适应程度的改善，定（盯）视时间和次数可以逐渐增加。

定（盯）视距离可由近渐远进行练习。

少林武术中的定眼法有两种练习方式。一种是用清水一盆，目视水底欲穿，几分钟之后，用手向眼泼水，而眼珠直视不眨。另一种是晨起瞪目定（盯）视东方旭日，晚间睁目定（盯）视夜空皓月。久练此两功法，可使两目"威如猛狮，锐若鹰猿"。这些方法也被古代的泰拳引用练习或少数民族拳术拳法引用。

定眼功法是流传数年以来的武林中人以及今日中华南北武术馆或校，或传承武术常用标准的基本功法。

（四）技击作用

定眼法，目光正向看，眼神专注于一点，似灵猫捕鼠瞬时之眼法。用于擒拿或搏击时，以己之目注敌目，审敌势，陈己势，伺机而变。

（五）锻炼功效

定眼法，使眼球、眼睑、眼肌和视神经得到充分的锻炼，同时也促进了角膜、虹膜与视网膜的功能，增强晶状体、玻璃体的弹性与视感的调节能力，从而使眼睛达到清晴明目、聚精会神、目光敏锐、炯炯有神的目的。

二、晃眼法

（一）标准动作

两脚左右分开约同肩宽站立，头正身直，两手垂臂身侧，此为预备势。接着，两腿同时屈膝下蹲成马桩步。两手侧平举，成侧立掌。眼平视前方（图4-4-3）。然后，体位与头保持不动，仅以两眼圆睁，眼珠先向左侧平行移动，通过眼角向左注视左掌中指尖片刻；再将眼珠向右侧平行移，仍以眼角向右注视右掌中指尖片刻。呼吸自然配合。

练习时，左右各5～10次。

图4-4-3

（二）动作要领

动作时，两眼晃视角度，由小到大，直至最大限度，体位与头始终保持静止状态。

初练时，晃视速度要慢些，每次之间均需闭目休息，再进行接下来的练习。

（三）功法说明

晃眼法，又称为晃视法。

晃眼功法是流传中的武林中人以及今日中华南北武术馆或校，或传承武术常用标准的基本功法。

（四）技击作用

晃眼法，在擒拿或搏击中，目光随势动作转动，并顾及左右。

（五）锻炼功效

晃眼法，可以使眼球、眼睑、眼肌和视神经得到充分的锻炼，并促进角膜、虹膜与视网膜的功能，强化眼部血管及液体（房水）的循环，增强晶状体、玻璃体的弹性与视感的调节能力。

三、翻眼法

（一）标准动作

两脚左右分开约同肩宽站立，头正身直，两手垂臂身侧，此为预备势。接着，两腿同时屈膝下蹲成马桩步。左手内旋，向头顶前上方托举起，臂呈弧形，手心朝上，指尖下对鼻尖；右手外旋向腹脐前最低点，臂呈圆弧形，手心朝上，手距脐一拳距离。此姿势传统武术中又称为"左托天捧山势"（图4-4-4）。体位与头保持不动，两眼圆睁，眼珠向上翻视左手中指尖片刻；再使两眼珠向下移动，俯视右指尖片刻。呼吸自然。如此，步型与体位不动，两眼微闭休息片刻。再将左手外旋，手心朝上，降落腹脐；右手内旋，手心朝上，翻举至头顶上方。两眼上下翻视。此姿势称为"右托天捧山势"。

图4-4-4

练习时，左右势各5～10次。

（二）动作要领

动作时，两眼翻视角度，由小到大，直至最大限度，体位与头始终保持静止状态。

（三）功法说明

翻眼法，又称为翻视法。

翻眼法是流传中的武林中人以及今日中华南北武术馆或校，或传承武术常用标准的基本功法。

（四）技击作用

翻眼法，在擒拿或搏击中，以目光随势动作转动，且顾及左右上下，眼神视野广阔，能明察秋毫。

（五）锻炼功效

翻眼法，可以使眼球、眼睑、眼肌和视神经得到充分的锻炼，并促进角膜、虹膜与视网膜的功能，强化眼部血管及液体（房水）的循环，增强晶状体、玻璃体的弹性与视感的调节能力，使眼睛达到清晴明目、聚精会神、目光敏锐、炯炯有神的目的。

四、旋眼法

（一）标准动作

两脚左右分开约同肩宽站立，头正身直，两手垂臂身侧，此为预备势。接着，两腿屈膝下蹲成中步马；两臂屈肘呈圆形环状抱于胸前；两手内旋使两掌心向外，虎口圆张，拇指、食指遥遥呈相对状，高、宽与肩同，食指尖与鼻齐，两手似悬抱圆球状，睁目远视。保持体位与头部不动，两眼顺双手悬挂抱圆球轨迹，向右（食指尖、拇指尖）、向下（膻中穴前齐高）、向左（拇指尖、食指尖），再向上（额前齐高），顺时针旋视一圈。然后，闭目休息片刻，再做逆时针旋视，动作过程相同，唯旋视方向相反（图4-4-5）。

图4-4-5

练习时，顺逆各5～10次。

（二）动作要领

动作时，旋视睛度要先小后大，直至最大限度。旋视的速度要由缓到快，并要做到稳缓、圆活、顺达为佳。

（三）功法说明

旋眼法，又称为旋视法。

进行旋眼法功法练习，要坚持循序渐进的原则。练习的过程中，因各人适应程度的不同，可能会出现眼球酸痛、麻胀、头昏、目眩或轻度头痛等现象，这是因眼部肌肉、韧带、神经等组织受到有意识的牵拉等活动调节所引起的正常反应，经过一段时间练习会逐渐消失。

旋眼法是流传中的武林中人以及今日中华南北武术馆或校，或传承武术常用标准的基本功法。

（四）技击作用

旋眼法，在擒拿或搏击中有眼随手走、目随势变的技击作用。

（五）锻炼功效

旋眼法，可以使眼珠、眼睑、眼肌和视神经得到充分的锻炼，并促进角膜、虹膜与视网膜的功能，强化眼部血管及液体（房水）的循环，增强晶状体、玻璃体的弹性与视感的调节能力，使目光更加敏锐，炯炯有神。

五、随眼法

（一）标准动作

两脚左右分开约同肩宽站立，头正身直，两手握拳分别屈肘抱于两腰间；眼平视前方。接着，左拳变掌，向左侧平举成侧立掌，掌指朝上；同时头部向左转，眼视左中指尖（图4-4-6）。动作不停，以腰为轴，身体向右、向左转；同时左手臂以左肩节为轴，随势向上、向右、向下，再向左上环绕一圈；两眼注视左掌，并随之转视一圈。然后，当左手臂环转于左肩平时，随即用短促之劲，向

图4-4-6

左上甩臂，抖腕一抖，亮掌架举于头顶上方；同时头部迅速向右扭转，面对左前方，睁目远视（图4-4-7）。接着，左掌变拳，屈肘下落收于腰间，回复到开始的姿势，再做方向相反的动作。

图4-4-7

（二）动作要领

动作时，两臂圆形环绕要肩松、臂活，手臂与转腰配合一致；甩臂、抖腕、亮掌，随借助转腰的短促瞬间抖动。环绕手臂时，两眼要眼随手动，手眼相随，定势亮掌时，要目不斜视，睁眼专注。

（三）功法说明

随眼法，又称为随视法。

随眼法是流传中的武林中人以及今日中华南北武术馆或校，或传承武术常用标准的基本功法。

总的来说，眼部功法在擒拿或武术中分为两大类，即一类为"随视法"，即眼随手动，两眼目光始终跟随主动手变化而转，是武术中常用的眼法。另一类是"定视法"，即目随势注，两眼目光在招式动作定型的一瞬间，睁目凝神，注视远方，目锐似闪电般。

（四）技击作用

随眼法，在擒拿或搏击中有眼随手走、目随势变、顾及左右的技击作用。

（五）锻炼功效

随眼法，除了具备以上各种眼部功法的锻炼功效，这些功法还起到疏通经络、平衡阴阳、补壮肝肾、明目健神的锻炼功效。这些眼部功法，不仅对于防治眼病、矫正和增强视力有显著的成效，还有益于身体的健康。

第五节　肩臂功法

肩臂是上肢肩节、肘节、腕节的主体，在武术中又称为全身上节，主管上肢一切运动。肩为上肢的"根节"，是上肢活动范围最大的轴型球窝关节，能做屈伸、收展、环转等多种方位的运动；肘为上肢"中节"，能做前臂的屈伸运动；腕为上肢"梢节"，通过前臂的桡尺近、远两个关节的共同活动，能做前臂的内旋、外旋等运动。

肩臂动作是擒拿或武术运动上肢技法动作变化的关键。在擒拿中，有大量的擒拿、解脱或反擒拿的技法动作，都离不开肩臂的运动。

一、压肩法

（一）标准动作

面对一横杠约同胸高，距离一大步，两脚左右分开约与肩宽站立。上身向前屈俯约

90°，两手直臂抓握横杠，抬头，眼视前方（图4-5-1）。接着，上身向下反复振压。

图4-5-1

或者两人配合面对面站立，屈体、两手直臂互相交叉抓扶肩部，同时向下振压肩部练习。

练习时，振压或耗压1～2分钟。

（二）动作要领

动作时，振压过程中，两臂、两腿要伸直；上身挺胸、塌腰、收胯；振压幅度、力量与速度要随着练习的进步逐渐加大、加快；振压的力点集中于两肩部位。

耗压，即振压动作下压至最低限度时，停压片刻。

（三）功法说明

压肩法是流传中的武术武林中人，以及今日中华南北武术馆或校，或传承武术常用标准的基本功法，也是海外空手道、泰拳、自由搏击、综合格斗等武技武道中引用的压肩功法。

（四）技击作用

压肩法，在擒拿或搏击中，有上肢擒拿解脱或反擒拿或搏击的动作灵捷、松展等作用。

（五）锻炼功效

压肩法，可以增强肩臂肌、韧带的柔韧性、协调性和灵活性。

二、绕环法

（一）标准动作

单臂绕环。两脚并拢站立，两手成掌垂于两腿侧（图4-5-2）。接着，上身左转，左脚向左侧横迈出一步；右脚内扣45°，成左弓步站立。右手虎口叉撑于左腿膝上，掌根及掌心朝外，拇指在腿外侧，四指在内侧；右臂垂于右体侧，眼视前方（图4-5-3）。动作不停，右臂向前、向上、向后、向下，做顺时针向前画立圆形绕转，眼平视前方（图4-5-4）。再将右臂向后、向上、向前、向下，做逆时针向后画立圆形绕转，眼平视前方。

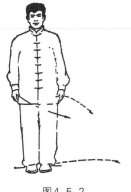

图4-5-2

图4-5-3

图4-5-4

　　双臂绕环。两脚左右分开约同肩宽站立，右臂先直臂上举于右体侧头上方，指尖朝上，掌心向左；左臂垂于左体侧。眼平视前方（图4-5-5）。动作不停，左臂以肩为轴，直臂由下向前、向上、向后做向前侧绕转；右臂以肩为轴，直臂由上向后、向下、向前做向后绕转（图4-5-6、图4-5-7）。接着，再做相反绕转方向动作。此为侧绕转法。

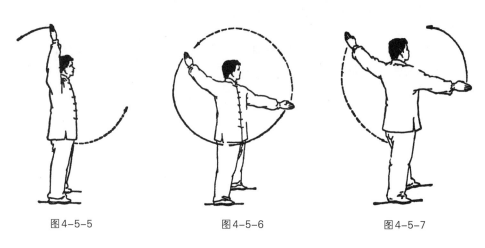

图4-5-5　　　　　　　　　　图4-5-6　　　　　　　　　　图4-5-7

　　前绕转法。两脚左右分开约同肩宽站立（图4-5-8），两臂伸直同沿体平面向右侧上、正上，再向左侧下、正下，顺时针绕转，眼随手转动（图4-5-9、图4-5-10）。之后，再做逆时针绕转动做练习。此为前绕转法。

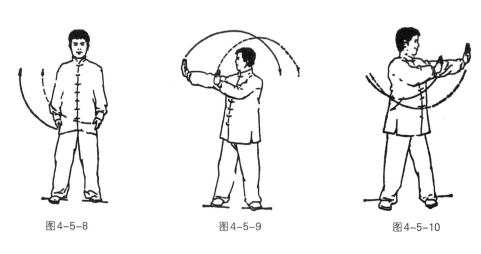

图4-5-8　　　　　　　　　　图4-5-9　　　　　　　　　　图4-5-10

　　交叉绕转法。两脚左右分开约同肩宽站立（图4-5-11）。两臂同时于体侧做直臂交叉侧绕转；左臂向前、向上、向后、向下，做逆时针画立圆绕转；右臂向后、向上、向前、向下，做顺时针画立圆绕转（图4-5-12、图4-5-13）。之后，再做逆时针绕转动做练习。此为交叉绕转法。

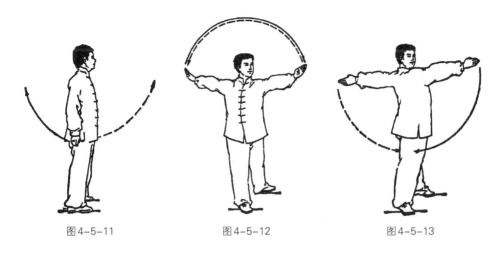

| 图4-5-11 | 图4-5-12 | 图4-5-13 |

练习时，注意绕转法各式不同功法，左、右臂交替绕环10~20圈。

（二）动作要领

动作时，臂要直，肩要松，绕圆要和顺，绕转速度可由慢到快，力量适中。做逆、顺画立圆时可借助拧腰转体之力完成动作。

（三）功法说明

绕环法，也称为绕转肩臂法，是流传中的武林中人以及今日中华南北武术馆或校，或传承武术常用标准的基本功法，咏春拳将其演变成为出肩练功法。

（四）技击作用

绕环法，在擒拿或搏击中提高肩关节的灵活性、环转以及松展功能，对擒拿或解脱有着重要的技击作用。

（五）锻炼功效

绕环法，进一步增强肩关节、韧带的柔韧性、协调性和灵活性，以及"三节"的稳固性。

三、抡拍法

（一）标准动作

两脚并拢站立，两手成掌垂于两腿侧（图4-5-14）。接着，上身左转90°，左脚向左侧迈出一步，成左弓步。右掌向左侧前下方直臂伸出，掌心朝里，掌指朝左前下方；同时左掌向上屈肘置于右肘关节处，掌心朝外，掌指朝上。眼视左手（图4-5-15）。

| 图4-5-14 | 图4-5-15 |

动作不停,上身再向右回转180°,右脚外撇,左脚内扣,成右弓步。同时右掌随转身直臂向上、向右弧形摆至右斜上方,掌心朝外,掌指朝右;左掌向下、向左后直臂弧形摆平,掌心朝外,掌指朝左。此时眼视右手(图4-5-16)。上身继续向右转,左脚跟提起,以前脚掌着地。同时右掌直臂向下,随转身向后、向右弧形绕转起,掌心朝下,掌指朝后;左掌直臂向上、向右弧形绕转至右前上方,掌心朝后,掌指朝右上。此时眼视右手(图4-5-17)。动作不停,上身向左回转,左脚跟落地屈膝全蹲;右脚以前掌为轴,脚跟外蹬,直膝平仆,成右仆步。同时右掌直臂向上、向右前下弧形绕抢拍至右脚内侧地并击响;左掌则直臂向下、向左后弧形环绕至左后方,掌指朝左斜上方。眼视右手(图4-5-18)。此动作过程称为右抢拍法,传统中称为右乌龙盘打法。接着,再做方向相反的左抢拍法,即左乌龙盘打法。

练习时,左右各10～20次。

图4-5-16   图4-5-17   图4-5-18

(二)动作要领

动作时,仆步抢拍,要做到手领、臂贴、腰松、步活、眼随。手领,即两臂环绕抢拍动作,要以手(梢节)为先导。臂贴,即两臂抢绕需上贴近耳,下贴近腿。腰松,即腰部左拧右转要松沉、轻灵、圆活,以腰为轴。步活,即弓、仆等步型转换变化要灵活、和顺。眼随,即眼视随主动手转动,右仆步抢拍,眼视随右手;左仆步抢拍,眼视随左手。

(三)功法说明

抢拍法,传统中称为乌龙盘打法,是流传中的武林中人以及今日中华南北武术馆或校,或传承武术常用标准的基本功法,也是手、眼、身法、步配合的整体基本锻炼法。

(四)技击作用

抢拍法,可将上肢与身法、步法配合变化,实施擒拿或解脱或反擒拿或搏击。

(五)锻炼功效

抢拍法,在擒拿或搏击中提高上肢动作的灵捷、环转、松展等能力,加大肩臂的活动范围,发展上肢力量。

四、运肘法

(一) 标准动作

扫肘。两脚并拢站立,两手握拳抱于两腰侧(图4-5-19)。接着,上身左转90°,左脚同时向左迈出一步成左弓步。同时右拳内旋,拳心朝下,拳眼朝里,右臂屈肘,以肘尖尺骨侧向胸前方横击出,肘尖与肩齐;左拳抱腰不动。眼视前方(图4-5-20)。动作不停,右脚向左脚前迈出一步成右弓步。同时左拳内旋,拳心朝下,拳眼朝里,左臂屈肘,以肘尖尺骨侧向胸前上方横击出,肘尖与肩齐;右拳外旋向下,抱于右腰侧。眼视前方(图4-5-21)。

图4-5-19 　　　　　　　 图4-5-20 　　　　　　　 图4-5-21

挑肘。挑肘动作过程和扫肘相似,唯将肘尖向前横击动作改为肘尖向前上挑击,肘尖高于鼻部(图4-5-22)。

压肘。压肘动作过程和扫肘相似,唯将肘尖向前横击动作改为肘尖向前下压击(图4-5-23)。

格肘。格肘动作过程和扫肘不同的是改为屈肘立臂竖拳,拳面朝上,拳心朝里,以小臂尺骨侧向身体里侧或身体外侧格拨动作(图4-5-24、图4-5-25)。

图4-5-22 　　　　　 图4-5-23 　　　　　 图4-5-24 　　　　　 图4-5-25

顶肘。顶肘是由两脚并拢站立，两手握拳抱于两腰侧预备势开始，左脚向左侧横出一步，两腿屈膝下蹲成马步。同时左拳内旋，拳心朝下，屈肘置于胸前；右拳内旋变掌，屈肘置贴于左拳面，并合力向左侧前推顶，肘尖与肩平。眼视肘尖前（图4-5-26）。

双运肘。双运肘是由两脚并拢站立，两手握拳抱于两腰侧预备势开始，两腿屈膝下蹲成马步。同时两臂屈肘，向左右两侧平直撑击，两肘与肩平，两拳心朝下，停于胸腋前。眼平视前方（图4-5-27）。当身体左转90°，左脚尖外撇90°，屈膝前弓；右腿挺直成左弓步。同时两肘由外向里，向前夹击，高与胸平，两臂竖立，拳面朝上，拳心朝里；此谓夹击肘或贯耳肘（图4-5-28）。当重心后移于右腿，屈膝坐实；左脚虚提，脚尖点地，成左虚步。同时两肘向下，经腰侧向身后捣击，两拳心朝上或向内，此谓后捣肘或靠身肘（图4-5-29）。

图4-5-26　　　　　图4-5-27　　　　　图4-5-28　　　　图4-5-29

练习时，左右交替各10～20次。

（二）动作要领

扫肘动作时，动步与扫肘上下要协调；左拧右击，右击左拧，均需前肩送，后肩拉，两肩松沉，同时借助腰胯转动劲力，或结合马步练习。

挑肘时，肘尖要向上翘挑，力达肘尖。或结合马步练习。

压肘时，肘尖向前下压击，力达肘尖。或结合马步练习。

格肘时，肘尖要下沉。或结合弓步练习。

顶肘时，要借助腰腿劲力，肩节要松沉，劲力透达肘尖。

双运肘时，两肘的撑、夹、捣动作要与步型变化配合上下协调、连贯，劲力要顺达，透达肘尖。

（三）功法说明

扫肘，在擒拿或传统武术中又称为盘肘。

挑肘，是以肘尖上挑击的肘法。

压肘，是以肘尖向前下压击的肘法。

格肘，是以防守或解脱的肘法。

顶肘，是借助腰马发力的肘击法。

双运肘，以撑、夹、捣等形成不同运动角度的肘击法。

各肘法被咏春拳吸收引用演变成咏春个性的运肘之法。

（四）技击作用

扫肘，在擒拿或搏击中，可用于配合擒拿或解脱擒拿或近身发肘盘招攻或反击。

挑肘，在擒拿或搏击中，可用于配合擒拿或解脱擒拿或近身发肘挑击解围或反击。

压肘，在擒拿或搏击中，可用于配合擒拿或解脱擒拿或近突袭。

格肘，在擒拿或搏击中，可用于配合擒拿或解脱或防守反击。

顶肘，在擒拿或搏击中，可用于配合擒拿或解脱或近身纠缠中突袭。

双运肘，在擒拿或搏击中，可用于配合擒拿或解脱或撑开被迫的纠缠束缚。

擒拿或搏击中，梢节，即第一防线，以拳、掌、爪、钩、指等手型、手法变化，施展擒拿或攻防技法。中节，即第二防线，以肘法变化，施展攻防解脱技法。肘较拳短，但肘尖硬，攻击力强，技法多隐而险，短而速，攻守皆可，变化莫测。根节，即以肩法变化，施展擒拿或搏击攻防技法。其法主要以"靠"法为主。擒拿或传统武术散手中，肩向里靠为阴靠，肩向外靠为阳靠。擒拿或混战搏击时，手击失利，肘击随入，肩击急迫。三节相递进攻，势如连珠炮般轰击。

（五）锻炼功效

肩臂功法各式练习，锻炼提高肩臂部的肩带肌〔三角肌、肩胛肌、大小圆肌、上下肌〕，上臂肌〔肱二头肌、肱三头肌、喙肱肌〕及韧带的柔韧性、协调性、灵活性、弹性和力量，加大肩、肘、腕关节的活动幅度。为练习擒拿或武术套路打好基础。

第六节　手型与手法

擒拿〔或武术〕对于手部技法要求很高，并列其为五大技法要素〔手法、眼法、身法、步法、技法〕之首。不同风格流派的擒拿或武术流派，有着自己独特形式的手型或手法，但最基本常用的多为拳、掌、钩、爪、指五大手型，即使有其他的手型或手法，也多是由这五大手型中派生的内容，不必计较太多。

从擒拿或搏击来说，手的活动幅度大，技法多，灵活善变，擒拿解脱和擒拿或搏击进攻、防御的主要部位。在擒拿或搏击中，手也有其薄弱性，即指节骨节短小，指节和掌背筋膜浅而薄，稳固性差，擒拿或搏击中遇到较大的反向力量，就会造成骨节脱位或韧带撕裂；或运用点、抓、撅、拿等手法制住痛点，还会使上肢往往受制失去抗御能力。因此，擒拿或搏击或生杀打斗必须重视手部功法的训练。

一、拳型

（一）标准动作

平拳。由四指并拢依次向掌心卷握，拇指内屈扣于食指和中指第二指节上（图4-

6-1）。

封眼拳。由四指并拢向掌心卷握，拇指屈压于拳眼上（图4-6-2）。

螺丝拳。先由小指，再无名指、中指、食指，依次向掌心卷握，拇指屈扣于食指和中指的第二指节上，拳面略向下倾斜（图4-6-3）。

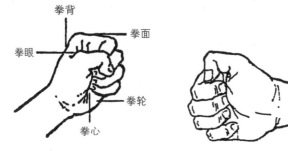

拳背　拳面
拳眼
拳轮
拳心

图4-6-1　　　　　　　　　图4-6-2　　　　　　　　　图4-6-3

单珠拳。由中指、无名指、小指并拢向掌心卷握，食指尖屈扣于指根处，第二指节尖突起凸出拳面，拇指尖则扣压于中指第二节与食指甲上（图4-6-4）。

双珠拳。由无名指、小指并拢向掌心卷握，食指、中指并拢向指根屈扣，第二指节尖突起，拇指屈压于食、中两指的第三节上（图4-6-5）。

凤头拳。先将四指并拢向掌心卷握，中指第二指节尖凸出拳面，拇指扣压于中指第三节上（图4-6-6）。

图4-6-4　　　　　　　　　图4-6-5　　　　　　　　　图4-6-6

凤眼拳。先将五指微屈，卷握成空拳，拇指与食指两指尖互捏呈圆形，拳心圆空（图4-6-7）。

顶心拳。先将中指、无名指、小指并拢卷曲于掌心，拇指与食指屈扣呈蟹钳状，虎口圆撑（图4-6-8）。

图4-6-7　　　　　　　　　图4-6-8

羌子拳。先将四指并拢，第三、二指节向里屈扣，紧贴第一节指根，拇指第三指节屈扣压于食指根，手心平直（图4-6-9）。

空心拳。四指并拢向里弯曲，拇指压于食指与中指屈节上，拳心虚空（图4-6-10）。

图4-6-9   图4-6-10

（二）动作要领

平拳时，拳要握紧，拳面平，腕节直，任何指骨都不要凸出拳面，拳型方正。

封眼拳时，拇指屈肘拳眼要紧，其他和平拳要领相同。

螺丝拳时，拳握紧，腕节直，拳体呈螺旋形。

单珠拳时，拳紧，腕直，拇、食两指扣压要紧，食指节屈凸要顶劲。

双珠拳时，拳紧，腕直，拇、食两指扣压要紧，食指节屈凸同样要顶劲。

凤头拳时，拳紧，腕直，拇指扣压牢。

凤眼拳时，拳心与虎口呈抓握一球状。

顶心拳时，卷屈指要紧，拇、食指要扣，虎口要撑。

羌子拳时，屈指、扣节、挺根、直腕。

空心拳时，拳松握，腕挺直，心虚空。

（三）功法说明

五指卷握，称为拳。

平拳，在传统少林或南少林或其他流派武术中又称为方拳、四平拳或八角拳，是长拳或武术通用的拳型。

封眼拳，多为少林类拳型。

螺丝拳，多为形意拳或心意拳类拳型，它又称为螺形拳。

单珠拳，多为南拳类拳型，它又称为鬼头指。

双珠拳，多为南拳类拳型。

凤头拳，在南拳、戳脚、六合拳中多用的拳型，它又称为鹤顶拳或五雷指。

凤眼拳，多为醉拳类拳型。

顶心拳，多为醉拳类拳型，它又称为端杯手。

羌子拳，多为戳脚类拳型，它又称为姜子拳、半把攥、崩手或梗手。

空心拳，南北拳术多用的拳型，它又称为半握拳。

（四）技击作用

平拳，主力点在拳面，在擒拿或搏击中，用于冲、击、砸、架等解脱或攻击。

封眼拳，主力点在拳面，在擒拿或搏击中，多用于冲、击、砸等解脱或攻击。

螺丝拳，主力点在食指和中指第二指节处，在擒拿或搏击中，多用于劈、崩、炮、横等解脱或攻击。

单珠拳，主力点在食指第二节突出处，在擒拿或搏击中，多用于顶、点、戳等解脱或攻击。

双珠拳，主力点在食指和中指第二指节突起处，在擒拿或搏击中，多用于顶、点、戳、钻等解脱或攻击。

凤头拳，主力点在中指凸尖处，在擒拿或搏击中，多用于点、顶等解脱或攻击。

凤眼拳，主力点在拳面指节屈节尖处，在擒拿或搏击中，多用于冲、撞、顶、击等解脱或攻击。

顶心拳，主力点在食指节屈节尖处，在擒拿或搏击中，多用于点、顶、冲、击、掐、抓等解脱或攻击。

羌子拳，主力点在屈节尖处，在擒拿或搏击中，多用于点、顶、插、击等解脱或攻击。

空心拳，主力点在拳心变化，在擒拿或搏击中，多用于手型、手法变化，以达虚握实击，落身成拳的技击作用。

（五）锻炼功效

拳型，是以平拳形成的各种拳型，锻炼手部各种用拳变化技巧功能，以及对手部灵巧的锻炼使用，还使拳形成了以立拳、反拳、俯拳、仰拳、直拳、斜拳、垂拳等各式各样的变化技巧。

二、掌型

（一）标准动作

柳叶掌。先将四指并拢、挺直，拇指第三指节屈贴于食指掌根，虎口夹紧，呈柳叶形（图4-6-11）。

扇形掌。五指并拢，自然伸直，手心微凹，呈扇形（图4-6-12）。

八字掌。先将四指并拢、挺直，拇指伸直、外展，虎口张开，拇、食两指再挺张成"八"字形（图4-6-13）。

瓦楞掌。四指微并

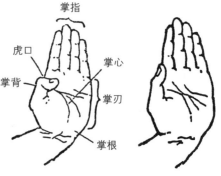

图4-6-11　　　　图4-6-12　　　　图4-6-13

拢，指节微屈，拇指微内扣，掌心稍凹，呈瓦楞形（图4-6-14）。

螺丝掌。五指伸直，向中指、掌心裹卷，指尖再向掌背翘仰，掌心微合，呈螺旋形（图4-6-15）。

荷叶掌。五指微张，舒展伸直，指节稍微屈，使掌心微凹，呈荷叶形（图4-6-16）。

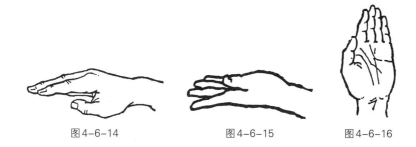

图4-6-14　　　　　　　图4-6-15　　　　　　　图4-6-16

圆形掌。五指自然分张开，拇指外展，食指微上翘，拇指再微向里裹合，虎口张圆，其余三指微屈向上，使掌心凹蓄，呈球面形（图4-6-17）。

八卦掌。四指伸直，向手背面挺仰，拇指自然微向外展，与食指成90°，虎口撑圆，掌心再微凹（图4-6-18）。

扣掌。四指伸直稍分开，指节稍微屈，拇指挺直内扣与食指尖互相遥对，掌心稍凹（图4-6-19）。

猴掌。五指自然垂分，腕关节垂屈，掌心虚空（图4-6-20）。

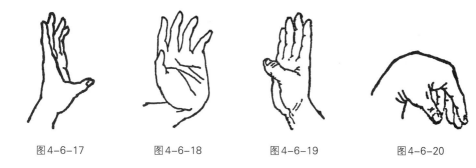

图4-6-17　　　　　图4-6-18　　　　　图4-6-19　　　　　图4-6-20

（二）动作要领

柳叶掌时，指直、掌挺，拇指弯曲紧贴于虎口处，指掌挺拔。

扇形掌时，掌指自然伸直，掌心稍微凹而蓄。

八字掌时，掌平、指直，指尖仰挺。

瓦楞掌时，掌指内错，掌背微弓。

螺丝掌时，掌、指仰挺而裹合，虎口微合紧。

荷叶掌时，掌指舒展，掌心凹含。

圆形掌时，指节舒张，掌形圆合，虎口张圆。

八卦掌时，掌指指节自然伸直外展。

扣掌时，拇指扣，虎口张，指节稍微屈。

猴掌时，指垂，扣腕，弓背。

（三）功法说明

五指与掌伸直，称为掌。

柳叶掌，多为擒拿或中华南北武术常用通用掌型，它又称为蝴蝶掌。

扇形掌，多为通背拳用掌型。

八字掌，多为戳脚、劈挂拳类用掌型，它又称为八字手。

瓦楞掌，多为南北少林武术用掌型。

螺丝掌，多为陈式太极拳用掌型。

荷叶掌，多为杨式等太极拳用掌型。

圆形掌，多为形意拳类用掌型，它又称为形意掌。

八卦掌，多为八卦拳用掌型。

扣掌，多为南少林狗拳用掌型。

猴掌，多为猴拳用掌型。

（四）技击作用

柳叶掌，主力点在掌刃和腕根处，劲贯指尖，在擒拿或搏击中，多用于劈、砍、削、穿、拍等配合擒拿或解脱或搏击。

扇形掌，主力点在掌心和腕根处，劲贯指尖，在擒拿或搏击中，多用于拍、击、穿等配合擒拿或解脱或搏击。

八字掌，主力点在掌刃和腕根处，劲贯指尖，在擒拿或搏击中，多用于挑、拨、捋、拿等配合擒拿或解脱或搏击。

瓦楞掌，主力点在掌心和腕根处，劲贯指尖，在擒拿或搏击中，多用于滚、随、掳、采等配合擒拿或解脱或搏击。

螺丝掌，主力点在掌刃和腕根处，劲贯指尖，在擒拿或搏击中，多用于抓、拿、采、钻等配合擒拿或解脱或搏击。

荷叶掌，主力点在掌刃和腕根处，劲贯指尖，在擒拿或搏击中，多用于绷、捋、挤、按等配合擒拿或解脱或搏击。

圆形掌，主力点在掌刃和腕根处，劲贯食指尖，在擒拿或搏击中，多用于劈、托、压、掖、盖等配合擒拿或解脱或搏击。

八卦，主力点在掌刃和指根处，劲贯指尖，在擒拿或搏击中，多用于挺、推、扣、抓等配合擒拿或解脱或搏击。

扣掌，主力点在掌刃和腕根处，劲贯指尖，在擒拿或搏击中，多用于挑、盖、拔、带等配合擒拿或解脱或搏击。

猴掌，主力点在掌指，劲贯指尖，在擒拿或搏击中，多用于拨、搂、采、抓等配合擒拿或解脱或搏击。

（五）锻炼功效

掌型，是以柳叶掌形成的不同的掌型，锻炼手部和腕关节配合用掌的各式攻防技法技巧。掌型变化还可形成侧平掌、侧反掌、俯掌、仰掌、直立掌、正立掌、侧立掌、倒掌、侧倒掌、直倒掌等不同的变化技巧。

三、钩型

（一）标准动作

五指钩。先将拇指和小指端抓捏拢，再将食指与无名指捏拢，然后中指抓捏于食指、无名指上，五指端抓拢后，再屈腕向内弯勾，成钩型（图4-6-21）。

三指钩。先将拇指、食指和中指指端抓捏拢，再将无名指、小指弯曲于拇指大鱼际处，然后腕关节向内弯勾成钩型（图4-6-22）。

二指钩。先将拇指和食指端抓拢，再将中指、无名指和小指弯曲，撮贴于掌心，再后屈腕节向内弯勾成钩型（图4-6-23）。

犬钩。先将四指伸直并拢，然后以第一指根向里弯曲，拇指与食指端抓捏拢，再将腕节向里弯成钩型（图4-6-24）。

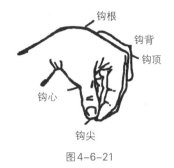

图4-6-21

图4-6-22

图4-6-23

图4-6-24

（二）动作要领

五指钩时，钩尖抓撮要紧，腕节弯勾要扣。

三指钩时，钩尖抓撮要紧，腕节弯勾同样要扣。

二指钩时，钩尖抓撮要紧，腕节弯勾同样要扣。

犬钩时，钩尖抓撮要紧，腕节弯勾和前面钩型一样要扣。

（三）功法说明

腕节向里屈勾，手指尖抓拢，称为钩。

五指钩，多为南北少林武术或其他拳术拳种常用钩型，它又称为吊手或鹤顶手。

三指钩，多为戳脚、螳螂拳钩型，它又称为撮子手。

二指钩，多为陈式太极拳钩型，它又称为凤眼钩。

犬钩，多为南少林狗拳钩型。

（四）技击作用

五指钩，主力点在钩尖，在擒拿或搏击中，多用于刁、抓、顶、扣等配合擒拿或解脱或搏击。

三指钩，主力点在钩尖，在擒拿或搏击中，多用于扒、点、刨、撩、撞等配合擒拿或解脱或搏击。

二指钩，主力点在钩尖，在擒拿或搏击中，多用于抓、拿、锁、扣等配合擒拿或解脱或搏击。

犬钩，主力点在钩尖，在擒拿或搏击中，多用于抓、扒、拔等配合擒拿或解脱或搏击。

（五）锻炼功效

钩型，是以手指与腕配合构成不同的钩型，锻炼手部和腕关节配合用钩的各式攻防技法技巧。钩型变化还可形成立钩、垂钩、里横钩、外横钩等不同的变化技巧。

四、爪型

（一）标准动作

龙爪。先将四指并拢挺直或微屈，再将指尖向上仰翘，拇指伸直，虎口张开，腕节向下倾曲，掌心呈凹含（图4-6-25）。

虎爪。先将四指张开，第三、二指节向内屈扣，拇指伸直或屈扣，腕节向后仰屈，掌心呈前突（图4-6-26）。

鹰爪。将四指并拢，第三、二指节向内屈扣，拇指根节外展，第三指节向内屈扣，虎口撑圆，掌心呈凹空（图4-6-27）。

鹤爪。五指分张，小指、无名指弯曲于掌心，中指、食指、拇指的第三、二指节向里屈扣，爪心呈凹含（图4-6-28）。

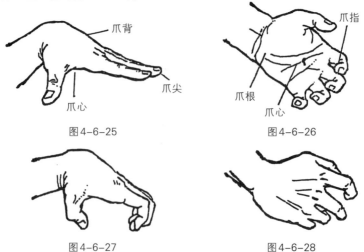

图4-6-25　　　　　　　　　　图4-6-26

图4-6-27　　　　　　　　　　图4-6-28

（二）动作要领

龙爪时，指挺而仰翘，腕节内扣。

虎爪时，指节张屈而扣，腕节塌而屈。

鹰爪时，指节屈而扣，虎口张而圆，掌心凹而空。

鹤爪时，指屈而扣，爪心凹而含。

（三）功法说明

五指分开或并拢，第三、二指节屈扣或伸直，称为爪。

龙爪，多为南北少林拳或武术常用的爪型。

虎爪，多为南拳、象形拳类爪型。

鹰爪，多为南拳、南北少林或南北武术、鹰爪拳类爪型。

鹤爪，多为南拳类鹤拳或咏春拳爪型。

（四）技击作用

龙爪，主力点在爪尖，劲贯指尖，在擒拿或搏击中，多用于抓、扑、探等配合擒拿或解脱或搏击。

虎爪，主力点在爪尖，劲贯爪尖，在擒拿或搏击中，多用于推、拍、抓、扒等配合擒拿或解脱或搏击。

鹰爪，主力点在爪尖，劲贯指尖，在擒拿或搏击中，多用于抓、掳、擒、扣、锁等配合擒拿或解脱或搏击。

鹤爪，主力点在爪尖，劲贯指尖，在擒拿或搏击中，多用于抓、扣等配合擒拿或解脱或搏击。

（五）锻炼功效

爪型，同样使腕、指、指背得到充分的灵敏锻炼，为爪型变换和蓄势发力奠定基础，并由此形成俯爪、仰爪、正立爪、侧立爪、倒立爪等手法上的变化技巧。

五、指型

（一）标准动作

金刚指。先将食指挺直，中指、无名指、小指卷曲于掌心，拇指扣压在中指与无名指第二指节上（图4-6-29）。

追风指。先将食指挺直，中指、无名指、小指再并拢，第三、二指节屈扣贴于指根，拇指屈扣于食指节根处（图4-6-30）。

剑指。先将食指、中指并拢挺直，其余三指向掌心弯曲，拇指则扣压于无名指、小指节上，手心呈虚空

图4-6-29

图4-6-30

指实

指根　指心

085

（图4-6-31）。

凤尾指。先将食指、中指两指并拢挺直，无名指、小指和拇指第一、二节屈扣于指根，虎口夹紧（图4-6-32）。

金剪指。先将食指、中指分开呈剪刀状，其余三指向掌心弯曲，拇指则扣压于无名指、小指节上，手心虚空（图4-6-33）。

图4-6-31　　　　　　　　图4-6-32　　　　　　　　图4-6-33

八字指。将中指、无名指、小指三指并拢屈扣于指根，拇指与食指分张伸直，并成呈"八"字形（图4-6-34）。

三阴指。将食指、中指、无名指三指并拢挺直，拇指则屈压于小指甲上，指心虚空（图4-6-35）。

金铲指。将四指并拢挺直，拇指则屈扣于掌心处（图4-6-36）。

图4-6-34　　　　　　　　图4-6-35　　　　　　　　图4-6-36

（二）动作要领

金刚指时，食指挺，握指紧，腕节直。

追风指时，食指同样挺直，握指紧，腕节直。

剑指时，食指和中指挺直，屈指空握。

凤尾指时，剑指挺直，屈指扣紧。

金剪指时，食指和中指分开呈剪刀形状。

八字指时，虎口圆撑，拇指和食指挺直。

三阴指时，伸指要挺，屈指和指心要虚空。

金铲指时，伸指直，拇指扣，虎口夹。

（三）功法说明

用一指、二指或三指伸直，其余指屈拢，称为指。

金刚指，多为南北少林拳或武术擒拿常用的点穴指型，它又称为金刚钻。

追风指，多为南拳类指型，又称为黄蜂刺。

剑指，多为剑术指型，在南北剑术中被称为剑指。

凤尾指，多为剑术指型，也被称为剑指。

金剪指，多为南拳类指型，也称为蛇指、剪刀指、金枪手、双指筷之名的。

八字指，多为南拳、戳脚类指型。

三阴指，多为南拳类指型。

金铲指，多为南拳类指型。

（四）技击作用

金刚指，主力点和劲点均在指尖，在擒拿或搏击中，多用于点、戳、钻、刺等配合擒拿或解脱或搏击。

追风指，主力点和劲点均在指尖，在擒拿或搏击中，多用于点、戳、刺等配合擒拿或解脱或搏击。

剑指，主力点和劲点均在指尖，在擒拿或搏击中，多用于点、刺等配合擒拿或解脱或搏击。

凤尾指，主力点和劲点均在指尖，在擒拿或搏击中，多用于点、刺等配合擒拿或解脱或搏击。

金剪指，主力点和劲点均在指尖，在擒拿或搏击中，多用于点、叉、戳、刺等配合擒拿或解脱或搏击。

八字指，主力点和劲点均在食指尖，在擒拿或搏击中，多用于点、叉、刺、戳等配合擒拿或解脱或搏击。

三阴指，主力点和劲点均在指尖，在擒拿或搏击中，多用于穿、捣、戳等配合擒拿或解脱或搏击。

金铲指，主力点和劲点均在指尖，在擒拿或搏击中，多用于穿、刺、捣、戳等配合擒拿或解脱或搏击。

（五）锻炼功效

指型，使指尖、指体、指根得到充分的灵敏锻炼，为指型变换和蓄势发力奠定基础。并由此形成直指、垂指、仰指、俯指、立指、侧立指等手法上的变化技巧。

六、擒拿手型手法

（一）标准动作

抓腕法。由八字掌变势，手心朝下，五指向掌心空心屈卷，掌心窝起，四指逐一并拢，拇指与食指的指尖相对，不合拢，虎口呈缺口圆形状（图4-6-37）。抓腕法又分为3种动作形式，即顺抓腕法（图4-6-38）、倒抓腕法（图4-6-39）、直抓腕法（图4-6-40）。

拿掌法。由八字掌变势，坐腕使手心朝外，拇指外展，其余四指并拢，手掌和五指的根节挺直，五指的前节和中节使劲屈勾内扣，虎口呈开阔钳形（图4-6-41）。拿掌法又分为10种动作形式，即顺拿右掌背法（图4-6-42）、倒拿右掌背法（图4-6-43）、顺拿右手掌法（图4-6-44）、倒拿右手掌法（图4-6-45）、反拿右手掌法（图4-6-46）、顺拿左手掌法（图4-6-47）、倒拿左手掌法（图4-6-48）、反拿左手掌法（图4-6-49）、顺拿左手背法（图4-6-50）、倒拿左手掌背法（图4-6-51）。

图4-6-37

图4-6-38

图4-6-39

图4-6-40

图4-6-41

图4-6-42

图4-6-43

图4-6-44

图4-6-45

图4-6-46

图4-6-47

图4-6-48

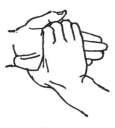

图4-6-49

图4-6-50

图4-6-51

扣拿掌法。由八字掌变势，拇指与食指、中指的指头相扣，其余二指相随，虎口呈圆形，拇指稍上些与食指尖错位相对（图4-6-52）。此手型由拿掌法衍生动作，用右手拇指与食指、中指、无名指的指头反扣住拿制的对方的左手一侧的手掌，使拇指尖点按着其左掌背第三与第四掌骨之间的缝隙中渚穴部位，中间三指的指头，扣住其掌心大鱼际内缘（图4-6-53）。

缠指法。坐腕翘掌成侧立八字掌动作再变势，拇指向掌心屈勾，指尖压向无名指的指根以下横纹处，中指再向掌心屈弯，使中指的中节压住拇指的前节，其余三指如同兔头式般不动（图4-6-54）。这种动作是由拿掌法衍生变势，以缠住对方的拇指形成的动作（图4-6-55）。

按握法。掌背朝上，手心朝下，拇指分开，其余四指并拢，掌心窝起，五指稍弯，扣腕使小指侧掌缘朝前（图4-6-56）。这种由拿掌法衍生的变势可形成腕上按握法（图4-6-57）或肩上按握法（图4-6-58）。

图4-6-52

图4-6-53

图4-6-54

图4-6-55

图4-6-56

图4-6-57

图4-6-58

掌勾法。手掌的小指侧掌屈弯形成勾式，并形成三种掌勾法动作，即举掌下勾法（图4-6-59）、提掌上勾法（图4-6-60）、平掌里勾法（图4-6-61）。具体手型细节是由钩型手法衍生的动作，由掌指朝下，拇指与无名指、小指向掌手屈弯收拢，食指和中指分开，再将两指的前节、中节屈弯内勾，又形成分指双勾式，用以勾提拿制鼻孔的动作（图4-6-62）。

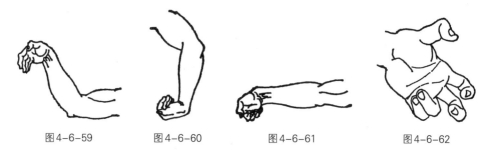

图4-6-59   图4-6-60   图4-6-61   图4-6-62

指点法。指点法具体动作分为并指点法、分指点法和拇指点法三种，并衍生数种形式。并指点法，即食指和中指并拢挺直，拇指与无名指、小指骨向掌心屈弯，或使拇指贴在后二指的指甲也可（图4-6-63）。分指点法，即手背向上，食指和中指分开挺直，拇指与无名指、小指向掌心屈弯（图4-6-64）。拇指点法，即由侧直八字掌变势，掌指并拢向掌心微屈使四指尖内扣，拇指稍屈使指头向前点按，虎口平行向上（图4-6-65）。

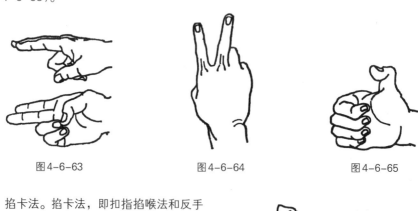

图4-6-63   图4-6-64   图4-6-65

掐卡法。掐卡法，即扣指掐喉法和反手卡喉法。扣指掐喉法，由八字掌变势，手心朝下，虎口朝前，使拇指和食指的指头对扣呈钳形（图4-6-66）。反手卡喉法，由八字掌变势，外旋手心朝上，虎口展开朝前呈叉形（图4-6-67）。

端耳法。拇指和食指的指头捏拢，中指伸直，其余二指向掌心卷曲（图4-6-68）。

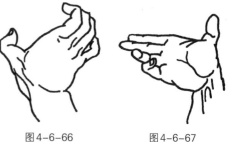

图4-6-66   图4-6-67

扭头法。左右两手变势成窝心掌，右手在上，手心朝下，掌指朝左；左手在下，手心朝上，掌指朝右；两手如同抱球状相合（图4-6-69）。

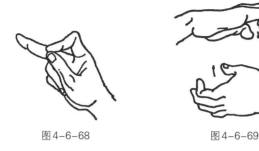

图4-6-68　　　　　　　　　图4-6-69

（二）标准动作

抓腕法时，注意3种不同的动作形式，手型动作标准，劲注虎口。

拿掌法时，注意10种不同的动作形式，手型动作要标准，变化要灵活。

扣拿掌法时，手指配合标准，变化要灵活准确。

缠指法时，拇指和中指等指型配合标准、灵巧。

按握法时，按照动作要求做到指掌配合标准。

掌勾法时，手和腕关节配合标准、灵活。

指点法时，注意不同的指型区别。

掐卡法时，注意掐和卡的动作区别和要求。

端耳法时，指型要标准、灵巧。

扭头法时，两手配合灵活、有力。

（三）功法说明

擒拿手型手法，也称为擒拿专项手型手法，是由武术各手型手法在传承中衍生并逐步完善起来的。擒拿、解脱和反擒拿技术技法，以攻守技巧细腻而著称，其基本手型手法也都有着各式各法严谨的要求。

抓腕法，在抓腕法的基础上形成3种不同的抓腕方法，是擒拿或南北少林或南北武术常用的经典代表手法。

拿掌法，这里阐述10种不同的技术技法形式，是擒拿常用通用的代表技法，并被各衍生的擒拿术或少数拳种流派引用。

扣拿掌法，是一种运用并不多见的南北武术用的稀有擒拿手法。

缠指法，在南方拳术中用得较多。

按握法，是南北武术或少林武术中常用的代表性擒拿手法。

掌勾法，是南北武术或少林武术中代表性的几种擒拿手法，并有其他名称。

指点法，是擒拿中点穴或打穴等攻击要害达到擒伏或控制的手法，是南北武术中常用的技法。

掐卡法，这两种以掐和卡形成的控制要害的擒拿手法，是南北武术或南北少林武术常用的手法。

端耳法，是打穴或打要害的细腻手法，也是南北武术稀有的手法。

扭头法，是南北武术或南北少林武术中常用的擒拿技法。

这些手法被咏春拳演化为咏春个性手法，以及被截拳道引用吸收。

（四）技击作用

抓腕法，在擒拿或搏击中，多用于刁捋或撇打小臂前端和手腕的连接部位等配合擒拿或解脱或搏击。

拿掌法，衍生10种不同的动作形式，多用于拿掌等配合擒拿或解脱或搏击。

扣拿掌法，多用于扣拿手指或拇指等脆弱的指节部位配合擒拿或解脱或搏击。

缠指法，多用于缠锁拇指等脆弱的指节部位配合擒拿或解脱或搏击。

按握法，多用于拿制手掌或控制腕节等部位配合擒拿或解脱或搏击。

掌勾法，多用于勾缠腕部形成拿制等配合擒拿或解脱或搏击。

指点法，多用于点打要害或穴位等部位配合擒拿或解脱或搏击。

掐卡法，多用于掐喉或卡喉等配合擒拿或解脱或搏击。

端耳法，主要用揪耳挑腮类的细腻打法，属点打要害手法等配合擒拿或解脱或搏击。

扭头法，是两手配合形成的扭挫颈椎要害部位等配合擒拿或解脱或搏击。

（五）锻炼功效

擒拿手型手法，不只是用手型手法，同时使上肢得到了充分的锻炼。各手型手法使手的灵巧性得到更多地发挥来演化出千变万化的擒拿技术技法。

七、拳法

（一）标准动作

冲拳。两脚左右分开约同肩宽站立，头正身直，两手抱拳于两腰间，此为预备势（图4-6-70）。接着，腰胯稍向左拧转，同时右拳内旋向前直臂冲击出成平拳（或立拳），拳臂平直，高与肩平。眼视前方（图4-6-71）。如果是发左冲拳，左拳向前冲击出时，右拳同时迅速外旋，屈肘收抱右腰间。

架拳。两脚并拢站立，头正身直，两手抱拳于两腰间，此为预备势（图4-6-72）。右拳沿腹脐前腰带部，由右向左经左腰前向右上内旋，使臂呈弧形翻架于右头顶上方，拳眼

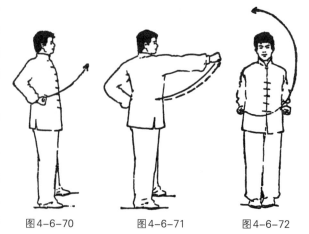

图4-6-70　　　　图4-6-71　　　　图4-6-72

斜朝向下，拳心朝斜上。眼视左前方（图4-6-73）。如果是发左拳上架，右拳就外旋屈肘弧形下落抱腰间，眼视右前方。

劈拳。两脚左右分开约同肩宽站立，头正身直，两手抱拳于两腰间，此为预备势，同图4-6-70。右拳沿腹脐腰带部，由右向左，经左腰前向上直臂内旋弧形环举，再向右、向下，抡转直臂平劈（立拳），拳轮朝下，拳心朝前。眼视右拳（图4-6-74）。如果是左劈拳时，右拳外旋屈肘收回抱腰，眼视右拳（图4-6-75）。

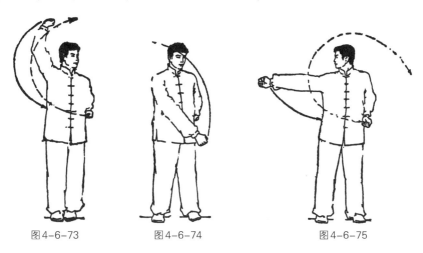

图4-6-73　　　　图4-6-74　　　　图4-6-75

撩拳。两脚并拢站立，头正身直，两手抱拳于两腰间，此为预备势，同图4-6-72。随即，身体向左转，左脚向左迈出一步屈膝前弓；右腿挺直成左弓步。右拳同时内旋，直臂下垂，再向腹前直臂撩击出，拳高与脐平，拳眼朝上。眼视右拳（图4-6-76、图4-6-77）。如果左撩拳，左脚尖外撇45°，右脚向前上一步，屈膝前弓；左腿挺直成右弓，再发左撩拳动作。

图4-6-76　　　　　　　　图4-6-77

砸拳。两脚并拢站立，头正身直，两手抱拳于两腰间，此为预备势，同图4-6-72。随即，右拳内旋，直臂上举，拳面朝上，拳眼朝后，或拳心朝前，眼视前方（图4-6-78）。右拳外旋，屈肘经胸前向下砸击出成拳心向上的仰拳（图4-6-79）。如果发左砸拳与右式动作相反，或者也可以将砸拳、击响和震脚配合动作（图4-6-80、图4-6-81）。

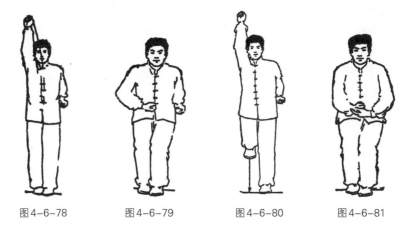

图4-6-78　　　　　图4-6-79　　　　　图4-6-80　　　　　图4-6-81

贯拳。两脚并拢站立，头正身直，两手抱拳于两腰间，此为预备势，同图4-6-72。随即，身体向左转，左脚向左迈出一步屈膝前弓；右腿挺直，成左弓步。右拳内旋，由下向前斜上方弧形横击出，臂伸直或微屈，拳面斜朝向上，拳高与头平。眼视前方（图4-6-82）。如果发左贯拳则与右式动作相反。在此基础上衍生有双贯拳（图4-6-83）。

图4-6-82

抄拳。两脚并拢站立，头正身直，两手抱拳于两腰间，此为预备势，同图4-6-72。随即，左脚向左侧迈出一步屈膝前弓；右腿挺直，成左弓步。右拳由腰间向下，再向前斜上抄击出，拳面朝上，拳心朝内，拳高与胸平。眼视右拳（图4-6-84、图4-6-85）。如果发左拳，右脚向左脚前迈出一步屈膝前弓；左腿则挺直，成左弓步发拳。

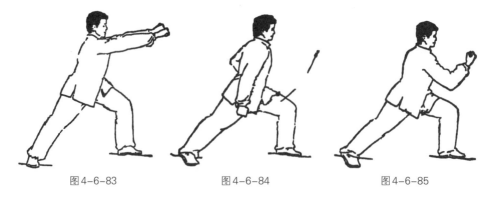

图4-6-83　　　　　　图4-6-84　　　　　　图4-6-85

栽拳。两脚并拢站立，头正身直，两手抱拳于两腰间，此为预备势，同图4-6-72。随即，身体左转约90°，左脚向左迈出一步屈膝前弓；右腿挺直，成左弓步。同时，右拳屈肘向上提拳至右肩上方高处，拳面朝上，拳心朝内。眼视左方（图4-6-86）。动作不停，右拳内旋，经右肩前向下栽击，拳面朝下，拳心朝里；左拳同时变掌，提收于右肩前，掌心相对右肩，掌指朝上。眼视下栽拳（图4-6-87）。或者并步做栽拳动作均可（图4-6-88）。

图4-6-86　　　　　　　　图4-6-87　　　　　　　　图4-6-88

鞭拳。两脚左右分开约同肩宽站立，头正身直，两手抱拳于两腰间，此为预备势，同图4-6-70。随即，右拳由下而上屈肘上提于左胸腋前，拳心朝里，拳眼朝上（图4-6-89），迅速以拳面向右侧直臂平击出，拳心朝前，拳眼朝上；左拳变掌，同时向上摆于右肩腋前，指尖朝上，拇指向内。眼视右拳（图4-6-90）。如果是发右鞭拳则与左手动作相反。

图4-6-89　　　　　　　　图4-6-90

（二）动作要领

冲拳时，拧腰转胯，松肩旋臂，顺肘旋冲，臂和肘轻擦腰肋而出；收拳时沉肩屈臂，以肘领拳，外旋轻擦肋，收抱于腰。

架拳时，拧颈挺胸，松肩活肘，旋臂转腕，拳和臂画立体圆弧上架；出拳时，以肘领拳，拳和臂外旋落收于腰间。

劈拳时，直臂平劈，以肩为轴劈击动作，整个细节迅速、有力。

撩拳时，以肩为轴，臂伸直，撩拳高度不过肩，低不过腰，撩击动作迅速、有力。

砸拳时，松肩、沉肘、旋臂，砸击迅速有力。

贯拳时，松肩、沉肘、旋腕，动作直接，干脆。

抄拳时，松肩、垂肘、屈肘，抄击动作干脆、直接。

栽拳时，屈肘提拳，栽击落旋沉劲，动作迅疾有力。

鞭拳时，上摆和横击各细节要直接、连贯、迅速。

（三）功法说明

冲拳，根据其冲拳方向可分为正冲拳、侧冲拳、上冲拳，甚至斜冲拳。向体前方冲拳，称为正冲拳。向体侧冲拳，称为侧冲拳。由腰间向头顶上方冲拳，称为上冲拳。冲拳还可以结合马步、弓步等步型或弹踢腿法练习。冲拳是擒拿或南北武术或南北少林拳常用的代表性拳法。

架拳，是一种衍生出来的防御性拳法，以绕转拳臂如同轮旋般上架旋挡，是擒拿或南北少林或南北武术常用的经典代表手法。

劈拳，可配合马步、弓步或歇步等步型进行练习，是擒拿或南北少林或南北武术常用的代表性手法。

撩拳，发拳如同击打般，是擒拿或南北武术常用的代表性手法。

砸拳，根据其动作可变势正砸拳、侧砸拳或抡砸拳等各式，是擒拿或南北武术常用的代表性手法。

贯拳，可配合马步或弓步等步型动作，是擒拿或南北武术常用的代表性手法。

抄拳，是一种可配合马步或弓步等步型的拳法，是擒拿或南北武术常用的代表性手法。

栽拳，可配合震脚出拳动作，或可变势前栽拳、下栽拳或侧栽各式，是擒拿或南北武术常用的代表性手法。

鞭拳，也可配合马步或弓步等步型出击的拳法，是擒拿或南北武术常用的代表性手法。

（四）技击作用

冲拳，是一种以拳面由内向外直线屈伸冲击性拳法，动作以冲为主，以拳面向正前、侧面或上方冲击对方的胸、肋、头等部位，主力点在拳面，劲贯拳面，出拳要求如放箭般迅速，多用于配合擒拿或解脱或搏击。

架拳，是一种以拳臂自下而上弧环形架挡性的拳法，其技法以架为主，以拳轮和小臂尺骨侧向上，架挡前、侧方向的进攻，多用于配合擒拿或解脱或搏击，并被海外武道武技引用。

劈拳，是一种自上而下直臂弧形劈击性拳法，其技法以劈为主，以拳轮向下劈击头、肩、胸部等为攻击目标或劈打对方进攻的手足为目标，多用于配合擒拿或解脱或搏击。

撩拳，是一种自下而上弧形撩击性拳法，技法以撩击为主，以拳眼或拳轮自下而上向前或后撩击对方的裆或腹部，或撩挡对方下路的进攻，多用于配合擒拿或解脱或搏击。

砸拳，是一种以拳背或拳轮自上而下屈伸砸击性拳法，技法以砸为主，砸击对方身体或对方进攻的手足为目标，多用于配合擒拿或解脱或搏击。

贯拳，是一种以拳眼自下而上斜弧形横或斜击性拳法，技法以贯为主，从侧面攻击对方的耳部或太阳穴要害为目标，多用于配合擒拿或解脱或搏击。

抄拳，是一种以拳面自下而上屈臂弧形抄击性拳法，技法以抄为主，从正向上攻击对方的头、胸、腹等部位为目标，多用于配合擒拿或解脱或搏击。

栽拳，是一种以拳面自上而下屈伸螺旋形栽击性拳法，技法以栽为主，攻击俯身或跌扑在地的对方的头、胸、腹等部位为目标，多用于配合擒拿或解脱或搏击。

鞭拳，是一种以拳面由里向外，屈伸鞭击性拳法，技法以鞭为主，以拳背或拳面攻击对方上身部位为主，多用于配合擒拿或解脱或搏击。

（五）锻炼功效

拳法，使手以各种角度或各种不同路线的出击，以及不同劲力的出击来锻炼手与腕或前臂配合的技巧，使拳或上肢得到较好的锻炼，增强拳击的爆发力、渗透劲、猛烈性，并锻炼用拳进行攻击和防御的能力。

八、其他手法

除了以上常用通用的擒拿和武术基本手型手法，还有诸如亮掌、穿掌、推掌、撩掌、挑掌、劈掌、削掌、按掌、插掌、云掌、搂勾、撩勾、掏爪、点指、戳指、插指等，有兴趣的修习者可以参阅相关的武术基本功内容加以了解。

第七节　腰部功法

擒拿或武术中，腰部功夫占有着重要的地位。有拳谚说"练武不活腰，终究艺不高"，因此对腰部有着严格的技法要求。擒拿或武术中的各种身法动作变化，都要以腰为轴，形成各式各样的擒拿解脱反擒拿技法或武术技法。如果没有腰部动作的配合，擒拿或武术的动作就会显得呆板僵硬；实施擒拿或武术动作时，就会行势走架，形不合意，意不合气，气不合力；动作上就显得飘浮、松散、缺乏生气；劲力运行也不顺达。所以擒拿（或武术）讲究腰部的锻炼和运用，特别是腰部配合发力的运用得法，可以提高擒拿（或武术）动作的速度和爆发力，更好地调动劲力集中于一点或技法中发挥。

一、俯腰法

（一）标准动作

前俯腰。两脚并拢站立，头正身直，两手垂于两腿侧，此为预备势。接着，两手五指交叉，直臂上举，手心朝上。眼视前方。动作不停，上身向前下俯屈，两手掌尽量按贴于脚面或脚前地面，眼视两手背（图4-7-1）。随即，两手松开向后抱住两脚跟腱部，使胸部、面部尽量贴近、贴紧腿部，然后持续片刻再直起（图4-7-2）。

侧俯腰。由图4-7-1动作接着上身向左（或向右）拧转约90°，再向前侧下俯屈，两手掌尽量按贴脚外侧地面，眼视两手背（图4-7-3）。

图4-7-1

图4-7-2

图4-7-3

练习时，左右交替进行。

（二）动作要领

前俯腰时，并腿、挺膝、挺胸、松腰、收胯（髋），上身尽量向前下俯探。

侧俯腰时，并腿、拧腰、转体，侧向俯屈。

（三）功法说明

前俯腰、侧俯腰法是流传数年以来的武林中人以及今日中华南北武术馆或校，或传承武术常用标准的基本功法，也是世界其他各种武道引用的功法。

（四）技击作用

俯腰法，在擒拿或搏击中可以加大腰胯屈展、拧转等活动幅度，为练习擒拿或搏击或武术打好身法基础。

（五）锻炼功效

俯腰法，可以锻炼提高背部骶棘肌、背短肌、肋间肌、腹直肌、腹斜肌、腹横肌，以及腰部的柔韧性、灵活性和协调性。

二、拧腰法

（一）标准动作

侧拧腰。两脚左右分开约同肩宽站立，头正身直，两手垂于两腿侧，此为预备势（图4-7-4）。接着，上身向右拧转，左脚向右脚后侧向横插一步，成左倒插步。同时两手变掌，向左、向上、向右环绕抡摆成侧立掌。右臂摆平直，高与肩平；左掌屈肘，摆于右上臂内侧。头同时向右转，眼视右掌（图4-7-5）。如果做向左拧转腰，动作

图4-7-4

图4-7-5

相反。

拧转腰。两脚并拢站立，头正身直，两手垂于两腿侧，此为预备势（图4-7-6）。身体向左转约90°，右脚向后撤一步，挺膝蹬直；左腿屈膝前弓，成左弓步。同时右掌随拧转腰体，直臂由下向体前抡摆，虎口朝上，指尖朝前，掌高与鼻平；左掌同时随拧转腰体，直臂向体后抡摆，虎口朝下，指尖朝后，掌高与腰平，眼视右掌（图4-7-7）。如果做向右拧转腰，动作相反（图4-7-8）。

图4-7-6　　　　　　　　　　图4-7-7　　　　　　　　　　图4-7-8

练习时，左右交替进行。

（二）动作要领

侧拧腰时，上身直，胸要挺，腰要拧，胯要合，裆要夹，步要插，掌要摆，头要转，整个动作连贯、协调、快速、有力。

拧转腰时，以腰为轴，夹裆、合胯、立腰、挺胸、松肩、环臂，动作连贯、协调、圆活。

（三）功法说明

拧腰法，是中国南北武术通用的代表性腰部练习方法，也是具有中国武术特色的腰部练习功法，适用于武术或搏击。

（四）技击作用

拧腰法，多用于擒拿或搏击中加大腰胯的活动幅度，使擒拿或搏击的动作更加动迅静定，势正招圆。

（五）锻炼功效

拧腰法，主要锻炼肋间肌、腹直肌、腹横肌以及腰部的腰方肌的柔韧性、灵活性和协调性。

三、甩腰法

（一）标准动作

由图4-7-4预备势开始，两手直臂平行上举，掌心朝前，指尖朝上（图4-7-9）。以腰、髋关节为轴，上身先向前屈俯，再向后仰甩，两手臂随甩腰前后配合甩动（图4-7-10）。

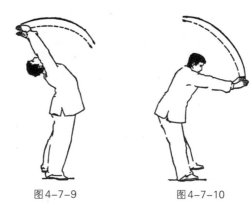

图4-7-9   图4-7-10

（二）动作要领

甩腰时，站立稳定，臂、腿伸直，甩动速度可由慢到快，幅度由小到大，动作要富有弹性。

（三）功法说明

甩腰法，是中国南北武术通用的代表性腰部练习方法，也是具有中国武术特色的腰部练习功法，适用于武术或搏击。

（四）技击作用

甩腰，提高在擒拿或搏击中腾挪、起伏、吞吐等技法的技巧配合。

（五）锻炼功效

甩腰法，锻炼腰腹背肌的弹性与力量，同时加大腰胯屈展的活动幅度。

四、涮腰法

（一）标准动作

由图4-7-4预备势开始，上身先向左前俯屈约90°，两臂同时向左前下方伸出，掌心朝下，眼视手掌（图4-7-11）。动作不停，以腰为轴，上身和两臂向下、向右、向后、向左翻转一圈成涮腰（图4-7-12）。如果做向右涮腰，动作相反。

练习时，左右交替进行。

（二）动作要领

涮腰时，以腰为转动轴心，幅

图4-7-11   图4-7-12

度由小到大，速度由慢到快，动作圆活、和顺。

（三）功法说明

涮腰法，是中国南北武术特色风格的腰部功法练习，适用于擒拿或搏击。在练习涮腰后，如果头晕发生可稍蹲片刻恢复正常状态。

（四）技击作用

涮腰法，在擒拿或搏击中起到闪展、腾挪、起伏、吞吐、开合的身法技巧。

（五）锻炼功效

涮腰法，进一步锻炼骶棘肌、肋间肌、腹直肌、腹斜肌，以及腰胯的屈展、拧转活动幅度。

五、下腰法

（一）标准动作

手下腰。两脚左右分开约同肩宽站立，头正身直，两手垂于两腿侧，此为预备势。接着，两手直臂平行上举，掌心朝前，掌指朝上，眼视前方（图4-7-13）。动作不停，上身以腰为轴，向后下翻弯，两手顺势向身后落下，撑地呈桥形，两手指相对两脚跟。抬头，眼视地面（图4-7-14）。

肘下腰。在手下腰的基础上，两臂屈肘向下撑地成桥形。抬头，眼视地面或脚跟（图4-7-15）。

跪腿下腰。在手下腰的基础上，两腿屈膝向下跪撑地面成桥形。抬头，眼视地面（图4-7-16）。

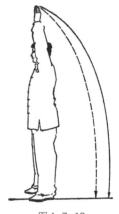

图4-7-13

图4-7-14

图4-7-15

图4-7-16

（二）动作要领

手下腰时，两腿稳定身体，下腰要弓，腰胯要挺，腿膝要撑，呼吸要匀，不要憋气，两脚着地不提脚跟。

肘下腰时，撑地肘、手、臂与脚跟在地面上成一直线，其他与手下腰要领相同。

跪腿下腰时，跪地膝、腿、脚与手在地面上形成一直线，其他与手下腰要领基本相同。

（三）功法说明

下腰法，是中国南北武术或南北少林武术常用通用的功法，适用于擒拿或搏击。

（四）技击作用

下腰法，多用于擒拿或搏击中的起伏、吞吐、开合、折叠等身法动作。

（五）锻炼功效

腰部各功法锻炼，提高背部的骶棘肌、背短肌、肋间肌、腹直肌、腹斜肌、腹横肌，以及腰方肌的柔韧性、灵活性和协调性，同时提高腰、腹、背部肌肉、背肌的弹性和力量，并可加大腰胯屈展、拧转等活动幅度，为练习擒拿或武术或搏击打好身法基础。除此，腰部功法锻炼还可以达到腰壮、肾健、精充、气足、神沛，能够强健体质。

第八节　腿部功法

腿，为下肢三节的主体，在武术中又称为全身的根节，其主管下肢一切活动。腿形成的动作技术技法多、活动范围大，能做多种方位的屈伸、踢蹬、跳跃等动作，甚至髋胯部的环摆度可达360°。擒拿或搏击，对于腿的技法要求极高，要求经过严格的腿部功法训练，使出腿迅速、有力；并锻炼下盘坚实稳固，动似龙腾虎跃，静如泰山般功效。

擒拿中，腿居下方，离对方视线远，攻守技法隐蔽；且腿比上肢长，长则攻击的距离就远。但腿法的运用有利就有弊。一腿进攻对方，另一腿支撑体重时，稳定性就差，不易维持自身的平衡，容易被对方抄抱搂拖拿制。因此，在擒拿或搏击中，就要求平时加强腿的灵活性、协调性和稳定性等基本训练。

一、压腿法

（一）标准动作

正压腿。正压腿分正低压腿、正中压腿和正高压腿3种。正低压腿，以左（右）腿屈蹲，脚尖朝前，右（左）脚向前，直腿伸约一步，以脚跟着地，脚尖上翘。上身随即向前倾俯，两手抓抱右（左）脚掌，眼视脚尖（图4-8-1）；动作不停，上身尽量向前下俯压，两手屈肘用力往回勒（图4-8-2）。正中压腿，以并步站立势开始，右（左）腿直立地面支撑身体，左（右）脚提起向前直腿伸出，脚跟置放在器物上，脚尖上翘并内勾。两手五指交叉按压于左（右）腿膝上；接着，上身向前倾压（图

图4-8-1　　　　　　　　图4-8-2

4-8-3)，或两手抱握脚掌，用力往回勒（图4-8-4~图4-8-7）。正高压腿，是以右（左）腿直立地面支撑身体，脚尖朝前；左（右）脚屈膝上提将脚跟置于高于肩部以上的器物上，两手抱握上置的脚，眼平视（图4-8-8）；然后上身向前俯压（图4-8-9）；或者两手用力回勒拉上置的腿脚（图4-8-10、图4-8-11）。

图4-8-3   图4-8-4   图4-8-5

图4-8-6   图4-8-7

图4-8-8   图4-8-9   图4-8-10   图4-8-11

斜压腿。斜压腿分正低斜压、正中斜压和高斜压3种。正低斜压腿时,和正低压腿动作过程相似,唯上身拧转约90°动作(图4-8-12、图4-8-13)。正中斜压腿和正中压腿相似,同样以向前斜身探伸压腿(图4-8-14~图4-8-16)。高斜压腿也是相似做法。

图4-8-12   图4-8-13

图4-8-14   图4-8-15   图4-8-16

侧压腿。侧压腿分低侧压腿、中侧压腿和高侧压腿3种。低侧压腿时,右(左)腿屈蹲,左(右)脚向左(右)侧直腿横出一步,以脚跟着地,脚尖上翘;右(左)手屈肘向上伸举头顶上,左(右)手屈肘扶抱右(左)腋下;眼视左(右)脚尖(图4-8-17);然后,上身做侧倾压(图4-8-18)。中侧压腿时,左(右)脚跟侧置于器物上,两手五指交叉,屈肘上举反抱头颈部;眼平视前方(图4-8-19);上身以肩领先向左(右)内侧倒压,胸挺,背直(图4-8-20、图4-8-21)。高侧压腿,与中侧压腿相同,唯不同的是脚置位高些(图4-8-22~图4-8-24)。

图4-8-17   图4-8-18

后压腿。背对器物，并步叉腰站立，右（左）腿直立地面支撑身体，左（右）腿向背后直腿反向伸举起置于器物上，脚面绷直；眼视前方。然后，上身向后仰屈、振压，头同时配合向后仰（图4-8-25）。

练习时，左右腿交替进行。

图4-8-19　　　　　　　图4-8-20　　　　　　　图4-8-21

图4-8-22　　　图4-8-23　　　图4-8-24　　　图4-8-25

（二）动作要领

正压腿时，低正压腿挺胸、直背、塌腰、坐胯、探身。正中压腿时，脚置位置同腰部高度。正高压腿时，两腿要挺直，上身正直。

斜压腿时，低斜压腿要斜身倾压，腰胯随势拧转。斜中压腿和斜高压腿要求与斜低压腿要求基本相同。

侧压腿时，侧低压腿，侧身卧压，腰、背要直。侧中压腿和侧高压腿与侧低压腿要求基本相同。

后压腿时，两腿要直，胸要挺，胯要松，支撑脚五趾抓地。

（三）功法说明

正压腿、斜压腿、侧压腿、后压腿，是中国南北武术或南北少林武术馆或校通用的压腿法，适用于擒拿或搏击训练。

正低压腿又称为吻靴、扳腿法。

斜压腿又称为斜扳脚或斜卧靴。

侧低压腿又称为侧扳腿或侧卧靴。

（四）技击作用

正压腿、斜压腿、侧压腿、后压腿，提高擒拿或搏击所必需的腿胯的柔韧性、灵活性。

（五）锻炼功效

正压腿锻炼股二头肌、半腱肌、半膜肌的肌腱和小腿三头肌的肌腱，增强肌腱的伸展机能，并锻炼膝关节内外侧的韧带，增强韧带的坚韧性，为日后的踢腿打基础。

斜压和侧压腿加大了开胯的幅度，更进一步增强了髋关节外展的机能，锻炼髂股韧带、腹股沟韧带、股阔筋膜、梨状肌、长收肌的伸长和外展能力，以及间接锻炼了腹外斜肌、腰肌和腰背部的筋膜等，为日后的外摆、侧踢、侧蹬等踢法创造伸缩自如的基础条件。

后压腿，锻炼髋关节向后反转的灵活性，加强大小腿前面的股直肌、股四头肌、缝匠肌、髂腰肌和腹股沟韧带的伸展能力，并促使阔筋膜的扩张性加大。

二、扳腿法

（一）标准动作

正扳腿。两脚并拢站立，头正身直，两手垂于两腿侧，此为预备势。接着，右（左）腿直立地面支撑身体，左（右）腿屈膝上提起。左（右）手屈肘搂抱膝节胫骨部，右（左）手抱握左（右）脚背或脚掌，眼视前方（图4-8-26）。动作不停，左（右）脚向前上方挺膝蹬直，脚底朝上。右（左）手用力将左（右）脚向额前上方拉扳，脚尖对着右（左）额，左（右）手可收回叉腰部。眼视前方（图4-8-27）。或在同伴配合下托握脚跟向上扳腿练习（图4-8-28）。

图4-8-26　　　　　图4-8-27　　　　　　　图4-8-28

侧扳腿。两脚并拢站立，头正身直，两手垂于两腿侧，此为预备势。接着，左（右）腿直立地面支撑身体，右（左）腿屈膝上提起，右（左）手从右（左）小腿内侧反抓右（左）脚跟部，左（右）手可叉腰，眼视前方（图4-8-29）。动作不停，右（左）手将右（左）脚向右（左）侧上方扳举蹬直，右（左）脚底朝上，脚尖对向右（左）头顶，左（右）手上举成亮掌，眼视前方（图4-8-30）。或在同伴配合下进行侧扳腿练习（图4-8-31）。或在有条件下用高悬的滑轮绳牵拉练习（图4-8-32）。

后扳腿。面对合适的训练器物，两脚并拢站立，头正身直，两手直臂扶器物。然后，左（右）脚直腿支撑身体，右（左）腿向后伸直，由同伴配合向身后上方扳举腿练习（图4-8-33）。上身与头尽量向后抬仰，眼视前方。

练习时，左右腿交替进行。

图4-8-29   图4-8-30   图4-8-31

图4-8-32   图4-8-33

（二）动作要领

正扳腿时，挺胸、直背、立腰、收胯，支撑脚五趾抓地稳定身体。

侧扳腿与正扳腿要领基本相同，唯由侧扳腿动作。

后扳腿时，胸要挺，胯要松，支撑腿稳定。

（三）功法说明

扳腿法又称为蹬靴，是擒拿或搏击提高水平通用的功法，也是南北武术通用的训练方法，或是中国武术代表性功法。

（四）技击作用

扳腿法，在擒拿或搏击中，进一步提高擒拿或搏击所需的柔韧性、灵活性、稳固性、协调性和力量。

（五）锻炼功效

扳腿法，锻炼小腿后部的腓肠肌、比目鱼肌、跟腱的伸长性，以及小腿前部的胫骨前肌和肌腱的收缩性，扩大髋关节的运动面，锻炼前庭器官平衡感官的性能。

三、控腿法

（一）标准动作

前控腿。面对合适的训练器物，两脚并拢站立，头正身直，右（左）手叉腰，左（右）手扶握左（右）侧训练物。右（左）腿屈膝上提，膝高与腰平，小腿同时内收，脚面绷直，脚尖下垂，眼视前方（图4-8-34）。接着，右（左）大腿保持不动，以小腿向身前挺直伸平成一直线，脚面绷直，控制片刻不动，眼视前方（图4-8-35）。

侧控腿。面对合适的训练器物，两脚并拢站立，头正身直，右（左）手叉腰，左（右）手扶握左（右）侧训练物。右（左）腿髋、胯外展约90°，屈膝侧向上提，膝高与腰平，小腿同时内收，脚面绷直，脚尖下垂。随即，右（左）大腿保持不动，以小腿向身右（左）侧挺直伸平成一直线，脚面绷直，控制片刻不动，眼视前方（图4-8-36）。

图4-8-34　　　　　　　　图4-8-35　　　　　　　　图4-8-36

后控腿。面对合适的训练器物，两脚并拢站立，头正身直，右（左）手叉腰，左（右）手扶握左（右）侧训练物。接着，右（左）腿向身后或斜后方挺直伸平，脚面绷直向下，脚尖朝后，控制片刻保持不动，眼视前方（图4-8-37）。

高控腿。高控腿是在控制的基础上进一步提高控腿高度的练习，动作过程和前面的控制过程相同，只是控出的腿高度提升。正高控腿（图4-8-38）、侧高控腿（图4-8-39）。

练习时，左右腿交替进行。

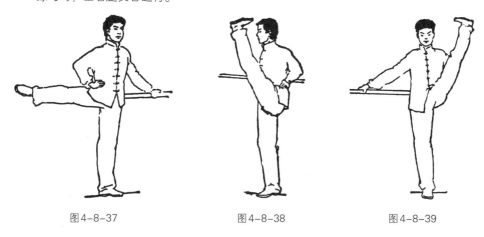

图4-8-37   图4-8-38   图4-8-39

（二）动作要领

前控腿时，身正、体直、挺胸、直背、立腰，控腿要平直；控腿的时间以最大酸胀忍受度为限。

侧控腿时，除了和前控腿要求相同，唯注意髋、胯要松。

后控腿时，身正体直，保持身体稳定，不可前倾，难度由低到高进行练习。

（三）功法说明

控腿法是中国南北武术馆或武校通用的功法，也是中国武术特点风格的代表性练习方法，并被后来的其他海外各种武术武道引用。

（四）技击作用

控腿法，在擒拿或搏击中，为擒拿或解脱或反擒拿或搏击中的踢、蹬、变换踢法技巧奠定基础。

（五）锻炼功效

前控腿锻炼腿部前面肌腱的收缩机能和控制能力，为静止性的蹬腿、举腿定型动作奠定基础。

侧控腿和后控腿锻炼腿部肌肉的外展、伸张和控制能力。

高控腿锻炼要困难些，这些功法更增强腿部肌肉和髋关节收缩、伸展、柔韧、灵活、外张等性能。

四、劈腿法

（一）标准动作

竖劈叉。两脚并拢站立，头正身直，两手垂于两腿侧，此为预备势。接着，左（右）

脚尖上翘，以脚跟轻贴住地面，向前劈腿伸出，以腿后侧贴地；右（左）脚面绷直，贴地面向身后劈腿伸直，以腿面贴地，两腿前后劈分形成一直线。两手撑扶身体两侧地面（图4-8-40）。或者两臂侧平举（图4-8-41），或者两手抓勒前脚掌，向前俯压，眼视前方（图4-8-42）。

横劈叉。两脚并拢站立，头正身直，两手垂于两腿侧，此为预备势。接着，上身向前屈俯，两手同时在身前扶撑地面。两腿以脚跟贴地向左右两侧劈叉分开成直线，以两腿后侧贴地，脚尖上翘或内勾或侧贴地均可。两手撑地或侧平举均可，眼视前方（图4-8-43）。接着，向一侧成侧卧叉（图4-8-44）。或者向前俯身贴地成俯伏叉（图4-8-45）。

跳叉。两脚并拢站立，头正身直，两手垂于两腿侧或两手叉腰，此为预备势。两腿先稍屈，再纵身向上跳起，左（右）腿伸，脚尖上翘，右（左）腿屈膝，小腿内扣，两手直臂侧平举出，随即向下跌叉坐于地面，眼视前方（图4-8-46）。或者纵跳起，两腿前后一字形劈叉，坐于地面上（图4-8-47）。

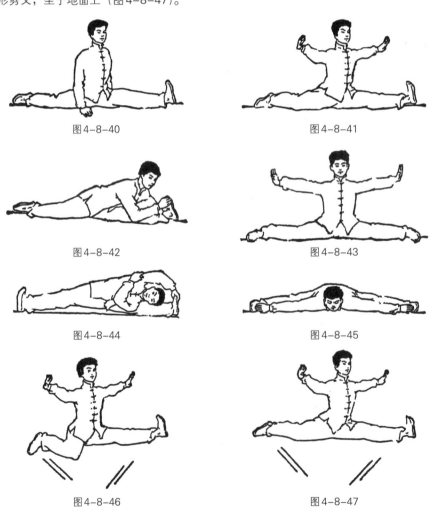

图4-8-40　　　　　　　　　　　　图4-8-41

图4-8-42　　　　　　　　　　　　图4-8-43

图4-8-44　　　　　　　　　　　　图4-8-45

图4-8-46　　　　　　　　　　　　图4-8-47

（二）动作要领

竖劈叉时，两腿伸直，胯髋松开。

横劈叉时，胯髋下坐，上身正直，胯裆横开；卧叉时，上身侧平卧；俯叉时，全身贴地。

跳叉时，两脚蹬地纵跳高度要适宜，纵跳瞬间提气，落地要轻。

（三）功法说明

劈腿法是中国南北武术各拳种通用的功法，其他海外武道武技也引用此类练法。

初习劈腿时，要根据自己腿部肌肉、韧带的柔韧性情况进行，调整劈叉高低程度。训练中，不能过猛过狠劈叉，以防急于求成，撕裂或撕伤韧带或拉伤腿肌。

（四）技击作用

劈腿法，在擒拿或搏击中，使腿胯髋得到充分伸展，利于擒拿或搏击时各种踢击攻防的发挥。

（五）锻炼功效

竖劈叉，锻炼髋关节前后屈展的柔韧性。

横劈叉，使髋关节处的韧带和筋膜达到极度柔韧，促使髋关节的外展幅度增强。

跳叉，使劈叉后的筋膜、肌肉等得到活动性锻炼。

五、踢腿法

（一）标准动作

正踢腿。两脚并拢站立，头正身直，两手抱拳于两腰侧，此为预备势。接着，左脚向前上半步并踏实，重心同时移于左腿。右脚跟稍提起，两拳变掌，向上交叉在腹前（左外、右内），向上经胸、面前向左右圆弧形分开成侧平直立掌势。眼视前方（图4-8-48）。动作不停，右脚绷直，同时脚尖上勾，随即用力向上前额处迅速踢起，脚尖似触前额，眼视前方（图4-8-49）。动作不停，右脚顺势一落地就要踏实，重心移于右腿，再换左腿上踢。

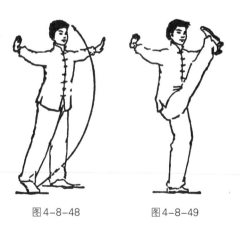

图4-8-48   图4-8-49

斜踢腿。两脚并拢站立，头正身直，两手抱拳于两腰侧，此为预备势。斜踢起脚与正踢腿动作相似，唯直腿斜上踢起动作（图4-8-50）。

侧踢腿。两脚并拢站立，头正身直，两手抱拳于两腰侧，此为预备势。接着，右脚向前上半步，脚尖外撇45°，身体重心移于右腿。上身向右拧转约90°，左脚跟踮起成侧身后点步；两臂配合侧平举，眼视左掌（图4-8-51）。动作不停，左腿挺直，脚尖上勾用力向左侧上头后或耳侧迅速踢起。右手同时屈肘上举成亮掌；左掌内摆右胸腋前或直臂垂于裆前。眼视前方（图4-8-52）。左脚顺势下落于右脚前半步成侧身后点步，再换右脚侧踢动作。

图4-8-50　　　　　　　　图4-8-51　　　　　　　　图4-8-52

后踢腿。两脚并拢站立，头正身直，两手抱拳于两腰侧，此为预备势。右腿挺直，脚尖上勾，同时前摆踢过腰（图4-8-53），再顺下落势，向后踢起，头与上身顺势配合向后抬仰，两手侧平举，眼仰视前上方（图4-8-54）。

外摆腿。两脚并拢站立，头正身直，两手抱拳于两腰侧，此为预备势。接着，右（左）脚向前上半步并踏实支撑体重；两手向前向上经胸前向左右两侧平分成侧立掌。左（右）脚尖勾紧向右前上方摆踢起（图4-8-55），经面前向左侧外扇形摆动，并顺势向下直腿摆落于右（左）腿旁，或摆落于右（左）脚后，眼视前方（图4-8-56）。

图4-8-53　　　　　　　　图4-8-54　　　　　　　　图4-8-55

里合腿。两脚并拢站立，头正身直，两手抱拳于两腰侧，此为预备势。接着，右（左）脚向前上半步并踏实支撑体重；两手向前向上经胸前向左右两侧平分成侧立掌。左（右）脚尖勾紧内扣，向左（右）斜上方摆踢起（图4-8-57），经面前向右（左）侧扇形摆动，并顺势向下直腿摆落于右（左）脚外侧，或摆落于右（左）脚内侧旁，眼视前方（图4-8-58）。

图4-8-56   图4-8-57   图4-8-58

拍脚。两脚并拢站立，头正身直，两手抱拳于两腰侧，此为预备势。接着，左脚向左前上半步，身体重心同时移于左腿直立支撑站稳；右脚脚跟跷起用脚尖点地。同时左掌上举头顶，右掌也同时上举以掌背击左手掌心（图4-8-59）。动作不停，右脚向前上方直腿踢摆，脚面绷平，同时以右掌心击拍右脚面，左掌上举于头上方，或平落左侧方均可。眼视击响点（图4-8-60）。

图4-8-59   图4-8-60

弹腿。两脚并拢站立，头正身直，两手叉腰，此为预备势（图4-8-61）。左脚向前上半步直腿支撑站稳；右腿屈膝上提，大腿面与腰平，脚面绷直，脚尖下垂（图4-8-62），随即迅速挺膝，以脚面向前水平方向弹踢出，脚面与胯高，眼视前方（图4-8-63）。

图4-8-61   图4-8-62   图4-8-63

蹬腿。两脚并拢站立，头正身直，两手叉腰，此为预备势。接着，左脚向前上半步直腿支撑站稳；右脚尖上勾，以脚跟向前水平方向用力平直蹬踢出，脚跟与胯平，眼视前方（图4-8-64）。

踹腿。两脚并拢站立，头正身直，两手叉腰，此为预备势。上身不动，以右脚向左脚前横出一步，膝节稍屈，成交叉步，眼视前方（图4-8-65）。上身稍向右侧斜倾，右腿直立支撑；左腿屈膝提起，脚尖与掌内扣同时以脚跟用力向左侧上方踹蹬踢出，脚高与肩平，眼视左侧方（图4-8-66）。或者也可以上身侧倾倒，两臂配合平直撑开做踹踢（图4-8-67）。

铲腿。两脚并拢站立，头正身直，两手叉腰，此为预备势。以右腿直立支撑站稳；左腿屈膝提起，小腿内收，脚面绷直内扣，脚背向前外（图4-8-68），以外侧向前猛铲踢出，脚面高与胯平，眼视前方（图4-8-69）。

图4-8-64　　　　　　　图4-8-65　　　　　　　图4-8-66

图4-8-67　　　　　　　图4-8-68　　　　　　　图4-8-69

扫腿。扫腿分前扫腿和后扫腿两种。前扫腿时，以两脚左右分开约同肩宽站立，头正身直，两手分别垂于两腿侧，此为预备势（图4-8-70）。左脚向右腿后直腿横插出一步，以脚前掌着地；右腿稍屈成倒插步。两掌同时向左、向上、向右圆弧形绕摆成侧立掌；头同时右转，眼视右掌（图4-8-71）。动作不停，两脚以前脚掌为轴向左后转180°，左掌顺势向左后方弧形平摆至体左侧稍高于肩部，掌指朝上；右掌同时顺势向左弧形摆体右侧与腰齐，掌指斜朝下（图4-8-72）。以前脚掌为轴，向左拧转腰向；右腿平仆伸直，脚尖内扣，脚全掌擦地迅速向前（左）转扫踢一周。左右两掌配合转动，右掌成反勾手，左掌成亮掌（图4-8-73）。后扫腿时，与前扫腿稍有不同（图4-8-74~图4-8-77）。

图4-8-70   图4-8-71   图4-8-72

图4-8-73   图4-8-74   图4-8-75

图4-8-76   图4-8-77

（二）动作要领

正踢腿时，头正身直，不可摇晃，不能弓驼，髋胯开合适度。上步不宜过大，两腿挺直，踢腿力量由小到大，高度由低到高。大腿肌群随踢收腿松紧错落有致。即上踢时腿肌紧，下落脚要松要轻，避免重落击伤脚跟。

斜踢腿时，注意直腿斜上踢动作，其他和正踢腿要领基本相同。

侧踢腿时，髋胯同样开合适度。

后踢腿时，腿部先前摆，再后踢，抬头、仰身、后仰腰、身腿尽量成环状。

外摆腿时，挺胸、直背、立腰，髋胯外展，摆踢的幅度不要过大，速度则要快，摆踢的路线形似扇面。

里合腿时，内摆腿要从身体外侧向上、向里合，髋胯关节由外展转为里合自然圆活。

拍脚时，支撑腿要稳定，击拍脚要准确、及时、迅猛，声音要清脆、响亮。

弹腿时，上体正直，支撑腿挺直站稳，以寸劲发力弹踢腿脚。

蹬腿时，头项正直，胸要挺，腰要立，胯要收，腿要直，蹬踢击力要透达脚跟，勾尖蹬跟。

踹腿时，胸要挺，腰要直，胯要展，支撑腿稳，整个动作要快速有力。

铲腿时，头要顶，胸要挺，腰要立，支撑腿要稳，铲击脚面要绷而扣，劲力脆猛，力透脚掌外缘。

扫腿时，注意前后扫腿区别，头正身直，拧腰、甩胯、转体等动作细节，上下配合要一气呵成。

（三）功法说明

踢腿法各式是具中国武术特色风格的踢腿功法，也是南北武术或南北少林武术或其他衍生拳种拳术常用通用的练习法，其他武道武技引用这些踢腿法作为基本功稍作改动形成了不同的练法。

正踢腿，又称为前踢腿或直踢腿。斜踢腿，又称为十字腿、斜挂腿。后踢腿，又称为倒踢腿。里合腿，又称为内合腿。

（四）技击作用

踢腿法，在擒拿或搏击中，分为进攻性腿法和防御性腿法两大类。进攻性腿法，以下踩小腿、脚面等部位为目标，称为踩法；以脚背或脚尖向上、向前踢腹、裆部或攻击而来的腿为目标，称为踢法；以脚掌外侧脚沿或脚底部踹击身体为目标，称为踹法；以脚跟蹬击胸、腹为目标，称为蹬法；以脚背弹击裆或腹部为目标，称为弹法；以脚尖点击腰或肋为目标，称为点法；以腿脚平面扫击对方腿部根基，称为扫法。防御性腿法，以屈膝上提，用膝节撞击对方的腹、裆部，并有护裆作用，称为膝法；以脚掌平直，平膝提腿，以脚内侧向上勾拨对方攻击的腿，称为提法；以屈膝提腿，用脚和小腿部由里向外缠搅对方的腿，称为缠法；以腿脚扣拦对方腿的根基，称为抖法。

（五）锻炼功效

以上各式踢腿法，都可以在腿部肌肉、韧带和关节经过压、扳、撕、劈、控等静止性练习之后的活动性锻炼。这种活动性训练的目的，可使那些肌腱和韧带直接地投入运动，训练这些腿脚部位的运动性能，锻炼腿脚各部位的弹性、柔软、伸展、振幅和力量。这些功法可为练习擒拿或搏击或武术，提高技术水平打下坚实的基础。

腿功功力扎实，在擒拿或搏击中使抬腿用脚轻若鸿毛，落地稳如泰山；起腿快若惊鸿，停腿坚若磐石。

第九节　步型和步法

步型和步法是擒拿或搏击技法变化的基础。脚，是步型和步法的根基。根基不稳，擒拿施技时，步法必乱，全身动作进退无根，立定无形。步型和步法是擒拿技术技法的变化基础，因而在基本功训练中要求步型工整、准确；步法快速、稳健、明快、利落。

中华武术衍生流派众多，各流派均有各自的步型和步法，但最常用通用的主要步型仍是以弓步、马步、虚步、仆步、歇步五种为主。最常用通用的步法也是以行步、踏步、击步、跳步、跃步等步法为主。

一、站立步型

（一）标准动作

并立步。身体自然站立，两腿、脚并拢，两臂分别自然下垂于两大腿外侧，掌心贴近大腿。眼平视前方。此为并立步（图4-9-1）。在此基础上，并步两手叉腰，称为并步叉腰势（图4-9-2）。并步两拳抱腰时，称为并步抱腰势（图4-9-3）。

图4-9-1　　　　　　　图4-9-2　　　　　　　图4-9-3

开立步。身体自然站立，两脚左、右平行分开站立，两臂分别自然下垂于两大腿外侧，掌心贴近大腿，眼平视前方。两脚平行分立间距为一横脚间距长度，称为小开立步（图4-9-4）。两脚平行分立间距为二横脚间距长度，称为中开立步（图4-9-5）。两脚平行分立间距为三横脚长度，称为大开立步（图4-9-6）。

点步。身体自然站立，两手叉腰。两脚前、后分开站立时，一脚全掌着地支撑身体，另一脚以前脚掌尖点地，称为前点步（图4-9-7）。如果是以前脚全脚掌着地支撑体重，后脚跟跷起，脚掌尖点地，称为后点步（图4-9-8）。

错步。身体自然站立，两手叉腰。两脚前后交错站立，身体重心落于两脚中间，眼视前方（图4-9-9）。如果是以左腿在前时，称为左错步；以右腿在前时，称为右错步。

交叉步。身体自然站立，两手叉腰。以两腿左右交叉站立，两脚尖向前，眼视前方（图4-9-10）。

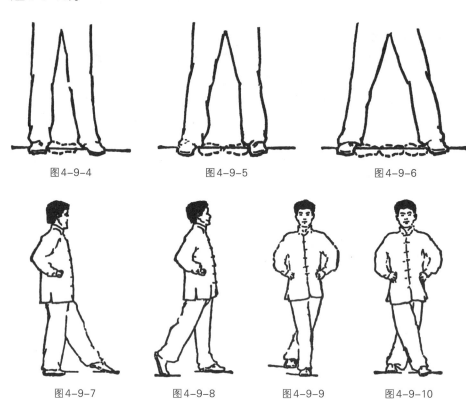

图4-9-4   图4-9-5   图4-9-6

图4-9-7   图4-9-8   图4-9-9   图4-9-10

（二）动作要领

并立步时，头正颈直、沉肩、垂肘，挺胸直背，立腰收腹，敛臀收胯，并腿挺膝，自然呼吸。

开立步时，其要领与并立步基本相同，唯垂臂、叉腰、抱拳三势区别。

点步时，身正体直，挺胸立腰，支撑脚五趾抓地，点地脚挺膝跷跟。

错步时，两腿伸直交错，身体重心落于两腿。

交叉步时，两腿同样伸直交错，身体重心落于两腿。

（三）功法说明

站立步型各式功法是中国南北武术馆或校常用通用中国武术风格的简洁步型功法练习法。

（四）技击作用

并立步、开立步、点步、错步、交叉步几式简单的步型变化，为擒拿或搏击最基本的步型变化奠定基础。

（五）锻炼功效

站立步型，为后面的各步型步法做简单基本的练习，锻炼大小腿和脚的基本稳健、轻灵和敏捷性。

二、屈蹲步型

（一）标准动作

弓步。两脚并拢站立，头正身直，两手叉腰或两拳抱腰，此为预备势。接着，上身左转90°，左（右）脚向左前上一大步，脚尖朝向左前方稍内扣，屈膝前弓90°，膝与脚尖齐，以全脚掌着地。右（左）腿挺膝蹬直，脚尖内扣约45°，眼视前方（图4-9-11）。动作时，左腿弓，称为左弓步；右腿弓，称为右弓步。

马步。两手叉腰或两拳抱腰，上身体位不变，左（右）脚向左（右）横出一步，两脚内侧平行间距为三脚长，两脚尖稍内扣正对前方。两腿屈膝坐蹲，大腿面平正，两膝平对脚尖，两脚踏实，五趾抓地，身体重心落于两腿中间，势如骑马状，眼视前方（图4-9-12）。

虚步。两手叉腰，上身体位不变。右（左）脚向外撇45°，屈膝坐蹲约90°。左（右）脚向前探伸，脚面同时绷直，以脚跟踮起稍外撇，大趾侧虚点地面。膝节稍屈，身体重心几乎全落于坐蹲腿上。前后脚左右间距约一脚宽，眼视前方（图4-9-13）。左脚在前虚点地时，称为左虚步；右脚在前虚点地时，称为右虚步。

图4-9-11　　　　　　　图4-9-12　　　　　　　图4-9-13

仆步。两手叉腰或两拳抱腰。右（左）腿屈膝全蹲，臀部尽量贴紧小腿部，膝与脚稍外展（或不外展），上下相对。左（右）腿挺直，侧向平仆伸直，脚尖同时内扣，以两脚全掌着地。同时，头向左转，眼视左脚（图4-9-14）。或者在仆步的基础上，上身前倾，两手分别抓握脚背（图4-9-15）。左腿仆时，称左仆步；右腿仆时，称为右仆步。

歇步。两脚并拢站立，头正身直，两手叉腰或两拳抱腰，此为预备势。接着，左脚经右脚前向右侧横出一步（或者右脚向左脚后左侧横出一步），两腿交叉，同时屈蹲迭拢全蹲，以左脚全掌着地，脚尖外展；右脚前脚掌着地，脚跟提起，屈膝跪贴于左小腿外侧，膝腿部位不可落地。右大腿贴紧左小腿部，臀部坐蹲在右小腿跟踝部。两手变拳抱腰（图4-9-16），或上举左手变勾手，右手架成亮掌（图4-9-17）。

坐盘步。两脚并拢站立，头正身直，两手叉腰或两拳抱腰，此为预备势。接着，右腿屈膝盘坐于地面，脚面与脚面贴地，左腿屈膝跨于右腿上。两手变拳抱腰或勾手亮掌。头左转，眼视左前方（图4-9-18）。

丁步。两脚并拢站立，头正身直，两手叉腰或两拳抱腰，此为预备势。接着，两腿屈膝半蹲，右（左）脚全掌踏地，支撑身体；左（右）腿悬提，脚面绷直下垂，以脚尖虚点于右（左）脚弓旁侧地面上，两手抱拳于腰侧，眼视前方（图4-9-19）。左脚尖点地，称为左丁步；右脚尖点地，称为右丁步。

图4-9-14   图4-9-15   图4-9-16

图4-9-17   图4-9-18   图4-9-19

横弓步。两脚并拢站立，头正身直，两手叉腰或两拳抱腰，此为预备势。接着，两手叉腰或两拳抱腰，身体重心偏移右（左）腿，右（左）腿屈膝半蹲90°；左（右）脚向左侧横出一大步，挺膝横蹬伸直，两脚尖平行向前。头向左（右）转，眼视左（右）前方（图4-9-20）。左腿横出时，称为左横裆部；右腿横出时，称为右横裆步。

半马步。两脚并拢站立，头正身直，两手叉腰或两拳抱腰，此为预备势。接着，两手叉腰或两拳抱腰，身体重心偏移右（左）腿。右（左）腿屈膝坐蹲90°；左（右）脚向左侧横出一步，屈膝横蹬，以脚尖外撇约45°。头向左转，眼视左前方（图4-9-21）。

蹲步。两脚并拢站立，头正身直，两手叉腰或两拳抱腰，此为预备势。接着，上身左转90°，左脚向左侧前上半步，同时以全脚掌着地屈膝下蹲，膝与脚尖相对；右腿屈膝跪贴在左腿脚跟后，膝部跪落在地面，以前脚掌着地，脚跟踮起，臀部坐落于右小腿肚上，眼视左前方（图4-9-22）。左腿屈蹲在前，称为左蹲步；右腿屈蹲在前，称为右蹲步。

图4-9-20　　　　　　　　图4-9-21　　　　　　　　图4-9-22

（二）动作要领

弓步时，上身稍前倾，挺胸直背、塌腰、合胯、落臀，前后脚左右间距约一脚宽。两脚全掌踏实，以五趾抓地。两肩横成直线。

马步时，头要悬顶，胸要立挺，腰要竖塌，胯要虚合，裆要圆撑，膝要内扣，跟要外蹬。上身保持正直，不可前倾或后仰。

虚步时，挺胸、立腰、合胯、落臀，两腿虚实要分明。

仆步时，挺胸、塌腰、沉胯、落臀，屈蹲脚全掌踏实，不可有跪膝或拔跟的多余动作。平仆腿要伸直，不能掀掌。

歇步时，挺胸、塌腰，两腿贴紧。

坐盘步时，挺胸、塌腰，腿部贴紧。

丁步时，挺胸、立背、塌腰、合胯、落臀。

横弓步时，两脚要平行，屈蹲腿和蹬绷腿的膝与各自脚相对，五趾要抓地。

半马步时，前腿为重心的3/10，后腿为重心的7/10。

蹲步时，挺胸、直背、立腰、坐臀，两肩与两胯相对。

（三）功法说明

屈蹲步型各式功法是中国南北武术馆或校常用通用的练习方法，也是中国武术特色的练功法，并在流传千年来被其他海外武道武技引用部分内容。

弓步，又称为登山步或夺门步。

马步，又称为马裆或骑马势。

横弓步，又称为横裆步或侧弓步。

半马步，又称为弓马步、弓蹬步或三七步。

蹲步，又称为跪步或藏虎步。

（四）技击作用

武术擒拿，大部分技术技法姿势都是建立在马步、弓步、虚步、丁步、仆步等步型基础上的，步型形成了动力定型之后，各种擒拿或搏击的姿势或动作就有了根底，下盘就显得四平八稳，施技时就不至于轻飘浮动。因此，屈蹲步型基本适合中国武术风格的擒拿或搏击。

（五）锻炼功效

弓步和仆步类步型，主要锻炼股直肌、腓肠肌、比目鱼肌、胫骨前肌、腓骨长肌等肌腱的力量。

马步类步型，主要锻炼股直肌、缝匠肌、内外侧肌、胫骨肌、腓骨肌、比目鱼肌等肌腱的力量。

虚步类和丁步类步型，主要锻炼臀大肌、股二头肌、缝匠肌、腓肠肌、胫骨前肌、胫骨肌腱等肌群的力量。

三、步法

（一）标准动作

上步。身体自然站立，两腿、脚并拢，两臂分别自然下垂于两大腿外侧（图4-9-23）。随即，一脚向前上半步或一步，两手同时抱拳于腰侧（图4-9-24）。如果是两脚依次上步，称为进步。诸如基本功中上步弹腿冲拳动作就是此例。

跟步。身体自然站立，两腿、脚并拢，两臂分别自然下垂于两大腿外侧。随即，一脚向前上一步，另一脚随之跟上半步，落于前脚后侧（或近前脚位置）；两手可握拳随势交换摆于胸前中线（图4-9-25、图4-9-26）。

提步。身体自然站立，两腿、脚并拢，两臂分别自然下垂于两大腿外侧。随即，后脚提起向前经支撑腿内侧踝关节处轻磨稍停，再向前迈出；两手可握拳随势交换摆于胸前中线（图4-9-27、图4-9-28）。

退步。身体自然站立，两腿、脚并拢，两臂分别自然下垂于两大腿外侧。随即，一脚向后退半步或一步，或两脚依次后退；两手可随势成掌分别叉于腰侧（图4-9-29、图4-9-30）。

图4-9-23   图4-9-24   图4-9-25

撤步。身体自然站立，两腿、脚并拢，两臂分别自然下垂于两大腿外侧。随即，左（右）脚向后退半步或一步，右（左）脚随之向后撤半步停落于左（右）脚前；两手可随势握拳由架打防护化为护腹式（图4-9-31、图4-9-32）。

平行步。身体自然站立，两腿、脚并拢，两手可随势由拳变掌分别叉于腹侧。随即，两脚平行，连续依次侧向直线迈步。眼视正前方（图4-9-33、图4-9-34）。

图4-9-26　　　　　　　图4-9-27　　　　　　　图4-9-28

图4-9-29　　　　　　　图4-9-30　　　　　　　图4-9-31

图4-9-32　　　　　　　图4-9-33　　　　　　　图4-9-34

交叉步。身体自然站立，两腿、脚并拢，两手分别叉于腰侧。随即，两腿交叉侧向走步。一腿向另一腿前面交叉侧向迈步，称迈步走（图4-9-35～图4-9-37）。一腿向另一腿后面交叉侧向插步，称偷步走（图4-9-38、图4-9-39）。

　　倒插步。身体自然站立，两脚左、右平行分开站立，两手叉腰（图4-9-40）；上身不动，重心偏移于右（左）腿。左（右）腿经右（左）脚后向右（左）倒插一步，脚尖同时外撇，膝部屈弓，脚掌着地，脚跟跷起，头、手同时右（左）转，眼视右方（图4-9-41）。

　　行步。身体自然站立，两腿、脚并拢，两臂分别自然下垂于两大腿外侧或两手叉腰。随即，两腿稍屈或半蹲，迅速、连续向侧前方弧形行步。顺时针右弧形上步，左脚尖稍内扣，右脚尖稍外撇。逆时针弧形上步，则以右脚尖内扣，左脚尖外撇（图4-9-42、图4-9-43）。

图4-9-35　　　　　　　　图4-9-36　　　　　　　　图4-9-37

图4-9-38　　　　　　　　图4-9-39　　　　　　　　图4-9-40

图4-9-41　　　　　　　　图4-9-42　　　　　　　　图4-9-43

八卦步。身体自然站立,两腿、脚并拢,两臂分别自然下垂于两大腿外侧。随即,两脚沿一圆圈行走,里脚直,外脚扣,行步如蹚水般。上身含胸拔背,拧腰坐胯。里手心对圆心,外手心随里肘,眼视里手指(图4-9-44、图4-9-45)。

三角步。身体自然站立,两腿、脚并拢,两手抱拳于两腰侧。随即,左(右)脚向右(左)前方上一步,脚尖外撇,膝稍屈;右(左)腿屈膝稍前跪,脚跟同时踮起。眼视前方(图4-9-46)。动作不停,上身左(右)转;右(左)脚由后经左(右)脚前向左(右)前方绕上一步,脚尖同时内扣,膝稍屈;左(右)腿屈膝下跪,脚跟仍踮起(图4-9-47);以右(左)脚为轴,身体迅速左(右)转360°,同时左(右)脚向前迈一步成左(右)弓步,眼视前方(图4-9-48、图4-9-49)。

图4-9-44　　　　　　　　图4-9-45　　　　　　　　图4-9-46

图4-9-47　　　　　　　　图4-9-48　　　　　　　　图4-9-49

摆步。身体自然站立,两腿、脚分开,两臂分别自然下垂于两大腿外侧或叉腰(图4-9-50)。随即,身体重心前移,左(右)脚向右(左)脚前上步,膝节稍屈,脚尖外撇约90°;右(左)腿屈跪于左(右)腿后,膝不着地,脚跟踮起,眼视前方(图4-9-51)。

踏步。身体自然站立,两腿、脚分开,两臂分别自然下垂于两大腿外侧或叉腰。随即,上身向左(右)转约45°,左(右)脚向左上半步,以前脚掌着地,成左(右)侧点步。眼视左(右)前方(图4-9-52)。动作不停,身体重心移于左(右)腿;右(左)脚屈膝上提离地，并迅速以全脚掌向下踩踏于左（右）脚后地面踏实。左（右）脚同时随势向前上半步，以前脚掌着地，眼视左（右）前方（图4-9-53）。

其他还有击步、垫步、跃步等，有兴趣者可参阅武术基本功类的内容。

图4-9-50

图4-9-51

图4-9-52

图4-9-53

（二）动作要领

上步时，身正体直，上步轻灵、敏捷、稳健。

跟步时，前脚上一步，后脚跟上半步。

提步时，上身正直，轻提微磨，停而后出。

退步时，身正体直，步法轻灵、敏捷、稳健。

撤步时，同样身正体直，撤步轻灵、敏捷、稳健。

平行步时，上身正直，两脚左、右平行侧行一直线，步法要轻灵、敏捷。

交叉步时，两脚交叉侧向平行一直线。

倒插步时，身要拧，胸要挺，腰要塌，胯要合；两脚交叉，虚实分明，前弓腿为实，后腿为虚。

行步时，挺胸立背，拧腰裹胯，行步平稳、轻快，步幅均匀，脚趾抓无起伏。

八卦步时，行步圈要圆，步要顺，腿要内裹，膝要内扣，脚心虚空，五趾要抓。

三角步时，两脚配合紧凑、协调、敏捷。

摆步时，身正体直，胸挺背拔，腹收腰塌，胯合臀敛。

踏步时，踏脚跺地，劲力要沉，五趾抓地，腿稍屈。

（三）功法说明

步法各式是中国南北武术基本常用通用的基本功法，并具有中国武术的风格特色，在全国各地的武术馆或校被经常使用教学和训练。

（四）技击作用

上步，又称为进步，前进步法。

跟步，又称赶步，助攻性步法。

提步，又称为磨胫步，进攻性步法。

退步，退守性步法。

撤步，退守性步法，加强退后距离，退可防守，进可进攻。

平行步，闪避性步法，闪避对方正面的攻击，并从侧面进攻或擒拿。

交叉步，与平行步技击作用相似。

倒插步，也与平行步技击作用相似。

行步，佯攻性步法，避实就虚，边线进攻或擒拿。

八卦步，佯攻性步法，避实就虚，寻找对方的死角，乘虚擒拿或攻击。

三角步，与八卦步技击作用相似。

摆步，也与八卦步技击作用相似。

踏步，攻守性步法，踩踏对方的脚面或中裆进势或拿取。

（五）锻炼功效

步法各式，可以锻炼提高腿部、足部肌肉、韧带的运动速度、力量和弹性，增强两腿脚的进退转换、腾跃起落、虚实变化等动作的灵活性、协调性和稳定性。这对于擒拿或搏击或武术运动都有着重要的意义。在擒拿中，一切擒拿解脱和反擒拿等技术技法的施展，要想得机得势，都离不开步型和步法的配合。诸如进攻擒拿多为进，则须上步；守多为退，则须退步；躲多为闪，则须横步；追多为跳，则须跃步；佯多为转，则须弧形八卦步等。也只有在步型步法稳健灵活的基础上，才能在擒拿中敌进我退，敌退我追，动急则急应，动缓则缓随，虚实相间，进退得法，得机得势，出击擒伏控制准确。

第十节　平衡功法

平衡功法，是以一腿支撑体重，另一腿悬起，独立静止姿势的功法。武术中平衡功法的干净、利落，稳健优美的平衡动作，不只是可以提高武术运动的形体美，还能给人以力与美的启迪，并能增添武术动作的活力与神韵。

武术中将平衡功法分为持久性平衡和非持久性平衡两类。持久性平衡，是指平衡动作时间保持在2秒以上的静止状态。非持久性平衡，是指平衡动作时间没有具体要求的静止状态。

擒拿或搏击或武术技击中，平衡动作起到一腿支撑身体稳定重心，另一腿提起以膝、脚等部位进行防御和进攻的作用。

一、直立式平衡

（一）标准动作

前提膝平衡。身体自然站立，两脚并拢，两臂分别自然下垂于两大腿外侧，此为预备势。接着，上身稍左转，右脚向右侧后横撤一步；同时两掌外旋、向内，经腹前向上交叉于胸前，眼平视前方（图4-10-1）。动作不停，身体重心移于右腿支撑；左腿屈膝上提高过腰,小腿内扣并斜垂,脚面绷直。同时两手成亮掌分别摆于两侧,成平衡姿势(图4-10-2、图4-10-3)。

偏提膝平衡。身体自然站立,两脚并拢,两臂分别自然下垂于两大腿外侧,此为预备势(图4-10-4)。接着,身体重心移于左腿支撑,上身同时向右倾斜;右腿屈膝上提,小腿内扣,脚面绷直,脚掌贴近大腿部。左手成拳向上摆于胸腋前,拳心朝下;右拳向斜上方弧形反扣,臂伸直,拳心朝上。同时头右转,眼视右拳(图4-10-5)。动作不停,上身向右侧倾探,右脚向右落地踏实支撑;左腿屈膝在左前侧提起。左拳屈肘上架头左斜上方,拳心朝上;右拳向右侧前下栽击,拳眼斜朝上,眼视右拳(图4-10-6)。

侧蹬平衡。身体自然站立,两脚并拢,两臂分别自然下垂于两大腿外侧,此为预备势。接着,右(左)腿直立支撑;左(右)腿向同侧体上方直腿蹬直靠近身体,脚面绷直或脚尖内勾。右(左)手向侧上方直臂上举成掌。左(右)手屈肘摆于右(左)胸腋前,或直臂按压于右(左)胯裆前均可,眼视前方(图4-10-7、图4-10-8)。

图4-10-1　　　　图4-10-2　　　　图4-10-3　　　　图4-10-4

图4-10-5　　　　图4-10-6　　　　图4-10-7　　　　图4-10-8

(二)动作要领

前提膝平衡时,身正体直,项拔肩沉,腰立腹收,气沉丹田,两脚五趾抓地。整个提膝、亮掌、摆掌上下协调、连贯。

偏提膝平衡时,上身倾向俯斜一侧,支撑一脚要五趾抓地,屈膝提髋胯,前提时要内合，侧提时要外展；肩节配合松沉，气沉丹田。

侧蹬平衡时，要拔项、挺胸、收腹、立腰。

（三）功法说明

直立式平衡各式功法，是中国南北武术风格特色的通用练习法。

像侧蹬平衡，在中国武术和一些流派中又称为朝天蹬或朝天一炷香。

（四）技击作用

直立式平衡功法，在擒拿或搏击用于技击，多是提高腿的直立平衡能力，对于施技擒拿或解脱或反擒拿或搏击都有着重要的作用。

（五）锻炼功效

直立式平衡功法，锻炼腿的直立平衡功能，也锻炼前庭器官和运动器官的机能。

二、屈蹬式平衡

（一）标准动作

扣腿平衡。身体自然站立，两脚并拢，两臂分别自然下垂于两大腿外侧，此为预备势。接着，身体向右（左）转，右（左）脚向右（左）前方上一步；同时左（右）手内旋，随转体向右（左）斜上弧形直臂推摆在右（左）胸前成横伏掌；右（左）手变拳抱于右（左）腰侧（图4-10-9）。随即，右（左）腿屈膝半蹲约90°；左（右）脚同时屈膝以踝关节前部扣提在右（左）膝窝后。左（右）掌随势屈肘回收在左（右）肩前，拳心朝下；右（左）向右（左）前冲出，拳眼朝上。眼视右（左）拳（图4-10-10）。或也可两手叉腰配合动作（图4-10-11）。

图4-10-9　　　　　　　　　图4-10-10　　　　　　　　图4-10-11

盘腿平衡。身体自然站立，两脚并拢，两臂分别自然下垂于两大腿外侧，此为预备势。接着，两腿屈膝半蹲，两手向上成十字交叉在胸前（图4-10-12）。身体重心移于右（左）侧，腿稍伸直，左（右）脚向前直腿摆伸并屈膝内扣盘附于右（左）膝上，踝关节脚尖上勾，脚掌斜朝上方。同时两掌分别向下、向左右两侧弧形摆出呈展翅状，两臂稍伸直，两掌稍高于肩，掌心朝斜下，眼视左前方（图4-10-13）。或原地盘膝平衡动作（图

4-10-14）。

卧云平衡。身体自然站立，两脚并拢，两臂分别自然下垂于两大腿外侧，此为预备势。接着，上身稍左（右）转，左（右）脚向左（右）侧横出一步并屈膝向下蹲坐；右（左）脚经左（右）小腿后，向左（右）伸直，同时绷直脚面。右（左）手握拳撑于右（左）耳侧；左（右）手握拳屈肘横置于右胸腋前（图4-10-15）。此过程为卧云平衡动作。如果是做后卧云动作如图（图4-10-16）。

图4-10-12　　　　　　　图4-10-13　　　　　　　图4-10-14

图4-10-15　　　　　　　图4-10-16

（二）动作要领

扣腿平衡时，挺胸、收腹、塌腰、落臀、沉肩、垂肘；支撑腿屈蹲，五趾抓地。

盘腿平衡时，挺胸、收腹、塌腰、落臀、沉肩、舒臂，上身配合稍前倾；支撑腿屈蹲，五趾抓地。

卧云平衡时，注意前、后卧云区别，动作中不可弓腰驼背。

（三）功法说明

屈蹲式平衡法是中国南北武术通用风格特色的练习法。像卧云平衡，又称为美人卧云。

（四）技击作用

屈蹲式平衡法，在擒拿或搏击技击中提高腿屈蹲能力。

（五）锻炼功效

屈蹲式平衡法，锻炼前庭器官和运动器官的机能，强化腿蹲时的支撑能力。

三、俯仰式平衡

（一）标准动作

俯身平衡。身体自然站立，两脚并拢，两臂分别自然下垂于两大腿外侧，此为预备势。接着，两腿屈膝半蹲，两手向上成十字交叉在胸前（图4-10-17）。上身前俯约90°，身体重心移于左（右）腿直立支撑；右（左）腿向后上伸举出，同时绷直脚面，高过腰部。两掌同时向左右两侧弧形分摆亮掌呈燕翅形，两臂伸直，高与肩平，两掌心朝外，眼视前方（图4-10-18）。

图4-10-17

仰身平衡。身体自然站立，两脚并拢，两臂分别自然下垂于两大腿外侧，此为预备势。接着，上身向后仰卧，左腿五趾抓地直立支撑身体；右脚向前直腿平伸出，同时绷直脚面。两掌或成拳向身体左右两侧直臂平分摆出（图4-10-19）。

侧身平衡。身体自然站立，两脚并拢，两臂分别自然下垂于两大腿外侧，此为预备势。接着，左（右）腿直立支撑体重，上身向右（左）侧平卧；右（左）腿向右（左）侧平举成与身体水平状。左（右）手握拳抱在左（右）腰侧；右（左）手握拳屈肘置于右耳侧，眼视前方（图4-10-20）。

| 图4-10-18 | 图4-10-19 | 图4-10-20 |

（二）动作要领

俯身平衡时，支撑腿伸直，五趾抓地，后腿挺膝，绷直脚面。上身前倾、抬头、挺胸和腰脊尽量呈反弓形。

仰身平衡时，身体与平伸的腿成一直线水平位，胸要挺，腰要直，肩要松，自然呼吸。

侧身平衡时，头部、侧卧身与平伸腿成一直线水平位，胸腹挺，腰要伸。

（三）功法说明

俯仰式平衡功法是中国南北武术特有风格的练法，在全国武馆或校通用这类功法。

武术擒拿通用基本功

第四章

（四）技击作用

俯仰式平衡功法，在擒拿或搏击中，可使单腿直立配合形成各式不同的身法以利擒拿或解脱或反擒拿或搏击。

（五）锻炼功效

俯仰式平衡功法也是锻炼腿直立俯仰平衡能力。

四、拧身式平衡

（一）标准动作

望月平衡。身体自然站立，两脚并拢，两臂分别自然下垂于两大腿外侧，此为预备势。接着，上身稍前倾，右（左）脚向前一步，两腿弯曲，身体重心下降；左（右）脚踮起。两手同时向前上挑起成十字形交叉于胸前（图4-10-21）。随即，上身前倾右（左）拧，以右腿直立支撑身体；左（右）腿屈膝向后上摆起，同时屈收小腿，绷直脚面，脚尖斜朝上。两掌随势向左右分摆出（图4-10-22）。

探海平衡。身体自然站立，两脚并拢，两臂分别自然下垂于两大腿外侧，此为预备势。接着，上身向右（左）前下斜倾低于水平位。右（左）腿五趾抓地直立支撑身体；左（右）腿向后斜上方摆伸出，腿伸直，同时绷直脚面。两手随势向两侧分摆出（图4-10-23）。

图4-10-21   图4-10-22   图4-10-23

（二）动作要领

望月平衡时，挺胸、塌腰、展胯、背腿、倾身、拧翻。

探海平衡时，上身前倾与支撑腿稳定协调。

（三）功法说明

探身式平衡法是中国南北武术通用的练习法，也是中国武术特有风格功法。像探海平衡，又称为夜叉探海。

（四）技击作用

探身式平衡法，在擒拿或搏击中，以利单腿控制平衡变势攻守的作用。

（五）锻炼功效

平衡功法各式训练的目的，是锻炼前庭器官、神经系统和运动器官的机能，这些功法各式包括了腿的直立、半蹲、全蹲三种支持方法，身体的直、斜、横三种不同的轴，仰、俯、侧三种不同的面，从不同的支持、轴、面来训练平衡感官的性能，这些流传千年以来的功法说明传统武术训练方法具有一定的科学性、系统性和合理性。

第十一节　跳跃功法

跳跃功法，是借助腿部弹跳力量向上跳跃或腾翻的动作技法，这类功法对于提高腰、腿部肌肉以及韧带的灵活性、协调性、力量和弹跳能力都起着重要的作用。

在擒拿或搏击中，有时可能用得上跳跃动作做摧毁性攻击或反击，或击溃对方的意志。当然，跳跃功法动作复杂些，难度也高，但其造型优美，姿态秀丽，使很多武者肯下大功夫增强身体素质，然后追求跳跃功法练习，以使跳跃动作跳得高、腾得起、跃得远，落步轻；才可以收到步活、身轻、虎跃、龙腾之功效。

一、跃腾法

（一）标准动作

腾空蹬脚。身体自然站立，两脚并拢，两臂分别自然下垂于两大腿外侧，此为预备势（图4-11-1）。接着，左脚提起前伸以脚尖点成高虚步；左右两手向前上方摆起，右脚同时向前上一步，蹬地跳起（图4-11-2）。身体在腾空瞬间，右脚迅速向前蹬踢出，脚尖同时内勾；左脚屈膝收控于右大腿内侧，两手分摆于两侧成侧立掌。上身前倾，眼视前方（图4-11-3）。下落时，以先左后右两脚依次着落地面。

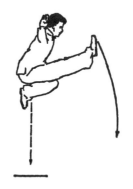

图4-11-1　　　　　　　图4-11-2　　　　　　　图4-11-3

腾空弹踢。身体自然站立，两脚并拢，两臂分别自然下垂于两大腿外侧，此为预备势。接着，左脚提起前伸以脚尖点成高虚步；左右两手向前上方摆起，右脚同时向前上一步，蹬地跳起。身体在腾空瞬间，右脚迅速向前弹踢出，脚面绷直；左脚屈膝收控于右大腿内侧，两手分摆于两侧成侧立掌。上身前倾，眼视前方（图4-11-4）。下落时，以先左后右前两脚依次着落地面。

腾空飞脚。身体自然站立，两脚并拢，两臂分别自然下垂于两大腿外侧，此为预备势。接着，左脚提起前伸以脚尖点成高虚步；左右两手向前上方摆起，右脚同时向前上一步，蹬地跳起。身体在腾空瞬间，右脚迅速向前上弹踢出，脚面绷直；左脚屈膝收控于右大腿内侧；同时右手以掌心迎击右脚面；左手向左侧分摆出成立掌或勾手均可。上身前倾，眼视前方（图4-11-5）。下落时，以先左后右两脚依次着落地面。

腾空双飞脚。身体自然站立，两脚并拢，两臂分别自然下垂于两大腿外侧，此为预备势。接着，两腿屈膝稍蹲，脚跟跷起，以两脚掌着地。两手平行直臂上举。随即，两脚蹬地向上跳起，两脚并拢向前踢击出，腿与脚面绷直，身体腾空，两手同时向下拍击两脚面，眼视脚手（图4-11-6）。

图4-11-4　　　　　图4-11-5　　　　　图4-11-6

腾空侧踹。身体自然站立，两脚并拢，两臂分别自然下垂于两大腿外侧，此为预备势。接着，左手向左弧形直臂摆推出成侧立掌，右手变拳抱腰间（图4-11-7）。动作不停，身体稍左转，同时身体重心前移，右脚蹬地跳起屈膝向上收提（图4-11-8）；左脚屈膝上提，身体腾空。左掌屈肘回收于胸前，右掌屈肘合抱于左手臂外侧。上身向右侧稍倾，左腿挺膝，向左侧迅速踹踢。同时右掌变拳后拉右胸前，左掌向左直臂横掌推出，眼视左掌（图4-11-9）。下落时，右脚先着地，膝节稍屈，在落脚着地瞬间成横弓步。

图4-11-7　　　　　图4-11-8　　　　　图4-11-9

（二）动作要领

腾空蹬脚时，蹬跳要高，落地要轻，以脚掌跳、落。腾空瞬间身体正直，稍前倾，腹胯内收，不可坐臀。踢蹬腿要高过腰部，蹬踢要有力。蹬地、跳起要提气，落地气微沉。整个动作要一气呵成，连贯迅速。

腾空弹踢时，脚面要绷直，劲力达脚面。其他与腾空蹬脚相同。

腾空飞脚时，腾空要高，拍击要响，声音要清脆。其他与腾空蹬脚相同。

腾空侧踹时，提顶、挺胸、收腹、提气，腾跳要高，侧踹要快，落地要轻，整个动作要连贯、协调。

（三）功法说明

跃腾法为中国南北武术通用的功法，是具有中国武术特色的练习方法，在全国各武术馆或校被经常使用训练，也被海外武道武技引用演变各式各样的腾空腿法。

其中，腾空飞脚，又称为二起脚。

跃腾法各式腾空起脚动作的运动幅度大，需要跳得高，并使身体腾空，同时要求在腾空中结合其他动作，这就要求肌肉有较好的收缩功能。

（四）技击作用

跃腾法，在擒拿或搏击中，可作为摧毁或爆发攻击或踢时，对身体腾空在空中的方位，保持身体的平衡都有一定的技击作用。

（五）锻炼功效

跃腾法，锻炼腿脚的弹跳力量，以及向上跳跃腾空的能力。

二、旋摆法

（一）标准动作

旋风脚。两脚左右分开约同肩宽站立，两手分别垂于两大腿侧（图4-11-10）。接着，身体向左倾转；左脚向左上半步踏实屈膝；右脚向左脚前上一步以脚掌着地。随即顺势左掌屈肘摆于右腋前；右掌向左上方弧形摆起，眼视随体转（图4-11-11、图4-11-12）。身体重心前移，右脚蹬地跳起，左腿屈膝向左后上方提摆，身体顺势向左后上方腾翻旋转一周。两臂同时向下、向左、向上抡摆起，左手在面前迎击向里直腿摆合的右脚掌，左腿自然下垂，眼视前方（图4-11-13、图4-11-14）。

腾空摆莲。身体自然站立，两脚并拢，两臂分别自然下垂于两大腿外侧，此为预备势。接着，右脚向后撤一步成左弓步；同时右手直臂向前上斜挑起，左手直臂斜摆于身后（图4-11-15）。动作不停，身体右转；左脚随即向右脚前上一步，脚跟着地。同时左臂向前摆于腰前，右臂向下向右后上弧形摆出（图4-11-16）。右脚蹬地跳起，身体腾空；左脚向上方摆起。同时两掌向头上方摆起，右掌背击响左掌心；右脚随势先向左上方合摆起，再迅疾向右弧形外摆，左腿屈膝扣控于右腿内侧。两掌在面前依次拍击右脚面，眼视两掌（图4-11-17）。腾空摆莲时，左腿向左直腿摆出（图4-11-18）。

图4-11-10　　　　　图4-11-11　　　　　图4-11-12

图4-11-13　　　　　图4-11-14　　　　　图4-11-15

图4-11-16

图4-11-17

图4-11-18

（二）动作要领

旋风脚时，蹬地腾空要高，身体翻腾要迅速，两臂抡摆环绕立圆要圆活，外摆腿要开胯，头要上顶，气要提。

腾空摆莲时，蹬跳、拧腰、转体、击掌、内合、外摆、拍脚等动作要一气呵成，连贯协调。

（三）功法说明

旋摆法是中国南北武术常用的练习法，也是全国各武术馆或校常用的训练方法，同时也是中国武术代表性功法。

（四）技击作用

旋摆法，在擒拿或搏击或武术技击中，可以躲闪对方的进攻，并迅速以腿法攻击对方头、胸部。

（五）锻炼功效

跳跃功法，包括单脚跳跃、双脚跳跃、空中半转体和全转体等功法各式，这些动作的强度都是较大的，对确定在空中的方位、保持身体的平衡、阻止转身的惯性力量，都要求前庭器官提高性能才可以做得到。

跳跃功法，也是全身性的运动功法，因此通过锻炼可以提高全身动作的灵活性、协调性，以及腰、腿等部位肌肉、韧带的柔韧性与控制能力，发展跑、跳、腾、转等专项技能，对提高武术擒拿水平有着一定的帮助。

第十二节　跌扑滚翻功法

跌扑滚翻功法是武术基础功法中难度稍大的功法，这类功法对于提高习武者前庭器官的稳定性，发展灵敏、协调、速度和力量等身体素质与增强体魄、强壮筋骨、健实内脏等方面都起着积极的作用。在擒拿中，跌扑滚翻动作同样重要，特别是在地蹚情况下的擒拿解脱或反擒拿就更为重要了。

一、跌扑法

（一）标准动作

栽碑。两腿并拢直体站立，两手握拳外旋屈肘竖抱于胸前，拳心朝内，高与口平（图4-12-1）。身体挺直，同时以两脚跟拔起向前倾倒，平直倾跌于地，以两小臂外侧俯撑于地，两脚以脚尖撑地，整个身体俯撑平直（图4-12-2、图4-12-3）。身体向前跌时，或者屈肘以两掌俯撑地均可。

图4-12-1　　　　　　　　图4-12-2　　　　　　　　图4-12-3

扑虎。两腿并拢直体站立，两腿屈膝稍蹲，两臂向身后摆起（图4-12-4）。两脚蹬地向前鱼跃般跳起，两臂由身后向体前摆出，身体向前上腾跃（图4-12-5）。落地时，以两臂屈肘，用手、胸、腹、腿、膝依次着地，两腿挺膝并拢反翘起，同时绷直脚面或稍分均可（图4-12-6）。

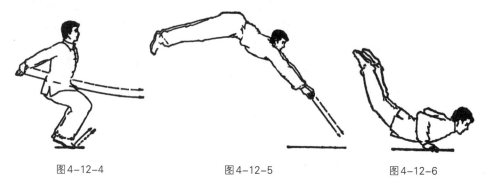

图4-12-4　　　　　　　　　图4-12-5　　　　　　　　　图4-12-6

翻身扑虎。两腿并拢直体站立，上身先向前稍倾，两掌顺势向前摆起，两腿稍屈蹲（图4-12-7）。动作不停，两掌随即向上、向后振臂摆动，身体后仰，两脚蹬地跳起（图4-12-8）。身体继续向后仰翻，下落时，先以两掌落地，然后使胸、腹、腿部等依次着地（图4-12-9、图4-12-10）。

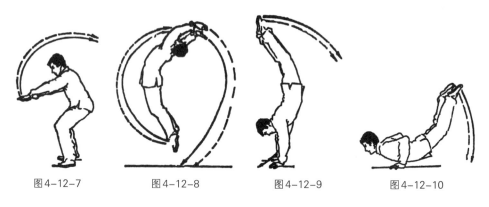

图4-12-7　　　　　图4-12-8　　　　　图4-12-9　　　　　图4-12-10

侧跌扑。两腿并拢直体站立，两手握端杯拳状交叉于胸前（图4-12-11）。随即，身体稍后转后仰，以左腿屈膝半蹲支撑体重，脚跟同时跷起；右腿挺膝向前伸出，同时绷直脚面，以脚前掌着地。动作不停，左手向左侧屈肘顶撑；右手向右斜后上方直臂斜伸，拳眼朝上。头右转（图4-12-12）。身体继续向右转约90°，并向地面侧倾倒。左腿随势深屈挺髋，以脚前掌撑地；右脚掌外侧向前擦地滑伸，挺膝展髋以脚外侧与小腿外侧撑地。右手在接触地面的瞬间擦地伸直。眼视右手（图4-12-13）。

后仰跌。两腿并拢直体站立，两腿屈膝半蹲，上身稍前倾。同时两手变拳屈肘于胸前，拳眼朝上（图4-12-14）。身体重心移于右腿屈膝支撑；左腿向前上抬起弹踢出，绷直脚面。上身胸缩紧，同时稍内收两拳（图4-12-15）。动作不停，下颌内收，上身迅速向后跌倒以肩背部着地。左脚向前直腿挺伸；右腿屈膝，脚跟踮起，以脚前掌支撑于地面上，两拳同时屈夹于胸前（图4-12-16）。

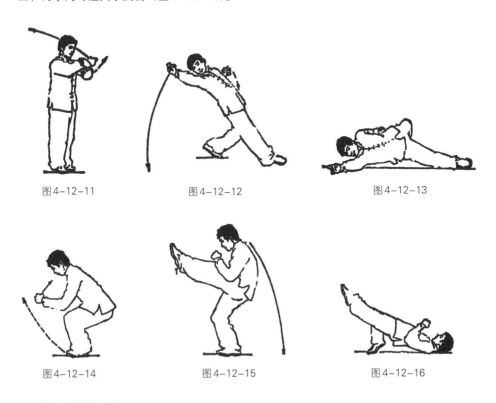

图4-12-11　　　　　　图4-12-12　　　　　　图4-12-13

图4-12-14　　　　　　图4-12-15　　　　　　图4-12-16

（二）动作要领

栽碑时，前倒、平跌和支撑均需身体绷直、两腿夹紧配合，同时头颈要顶直，肛门缩提，胸腹含蓄，腰背肌裹紧，不可用身体触地，臀部同样不可上翘。

扑虎时，要腾高跃远，落地时要轻，身体反翘呈弓状。

翻身扑虎时，向后翻身瞬间两脚蹬地须在两手着地前完成，同样落地要轻，身体反弓绷紧。

侧跌扑时，滑动步时膝要挺伸，绷直脚面，两脚支撑，髋胯要送，腰腹要挺。

后仰跌时，全身要缩紧，下颌内收要紧，上身收缩要裹，肩背倒地瞬间迅速舒胸、挺髋，挺伸要直，绷平脚面，切忌头和腰触地。

（三）功法说明

跌扑法是中国南北武术通用的练习法，全国武术馆或校或海外中华武术训练场地都通用的功法。

（四）技击作用

擒拿或搏击有各式站立攻守法，因为可能随时会出现倒地或地蹚擒拿或搏击状况，所以这时跌扑法就派上了用场。

（五）锻炼功效

跌扑法，锻炼身体和四肢配合的跌扑能力，在提高身体和四肢配合的灵活性的同时，锻炼了身体四肢和内脏的抗击能力。

二、滚翻法

（一）标准动作

前滚翻。两腿并拢直体站立，两手分别垂于两大腿侧。接着，上身向前倾俯，右脚向前上一步同时稍屈膝；左脚跟同时提起；右手顺势前摆；左手自然垂于左腿侧（图4-12-17）。动作不停，上身继续向前倾倒蜷曲，下颌内收紧，以肩、背、腰、臀顺序依次着地向前滚翻。两手配合依次撑地或不撑地均可（图4-12-18、图4-12-19）。头向上顶起，两腿顺势直立起（图4-12-20）。

后滚翻。两腿并拢直体站立，两手分别垂于两大腿侧。接着，两腿屈膝成全蹲，两手垂于两膝旁（图4-12-21）。上身蜷曲，两臂和腿屈收紧，向后倒翻，以臀、腰、背、肩顺序依次着地（图4-12-22）；两手向后撑地，两腿后伸再落地立起（图4-12-23）。

前手翻。两腿并拢直体站立，两手分别垂于两大腿侧。接着，左脚向前上步同时屈膝；右脚后跟稍提起。两手直臂向前上举起，手心朝前（图4-12-24）。动作不停，上身向前倾俯，同时两手直臂撑地。右脚直腿向后上摆起，左腿随势同时离地，抬头目视地面（图4-12-25）。身体瞬间呈倒立拿顶状，抬头，挑腰向前翻。两脚顺势向前下方摆落着地。两手推撑地向上摆起，上身向前挺立同时站直（图4-12-26、图4-12-27）。

图4-12-17

图4-12-18

图4-12-19

图4-12-20

图4-12-21

图4-12-22

后手翻。两腿并拢直体站立，两手分别垂于两大腿侧。接着，两手臂向前上方摆出，手心朝前。同时上身迅速向后弯腰屈倒，两手臂顺势向后下甩摆，两脚紧接蹬地跳起使身体悬空向后翻转（图4-12-28、图4-12-29）。两手瞬间着地支撑，同时身体呈屈体倒立状，两腿迅速下摆落地，直体站起（图4-12-30、图4-12-31）。

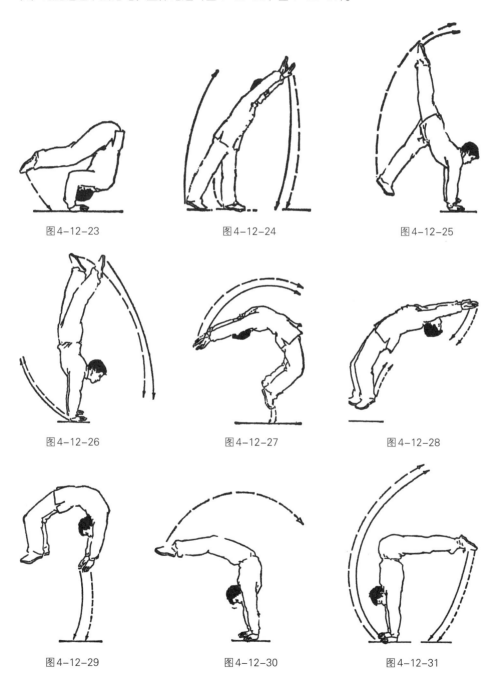

图4-12-23

图4-12-24

图4-12-25

图4-12-26

图4-12-27

图4-12-28

图4-12-29

图4-12-30

图4-12-31

侧手翻。两腿并拢直体站立，两手分别垂于两大腿侧。接着，左脚先向左侧提起；右腿直立。左臂举起，右臂侧平举。同时上身向前侧倾倒，左手先着地支撑；右腿顺势向上摆起（图4-12-32）。左脚蹬地向上摆起，右手顺势向左手前着地支撑（图4-12-33）。两脚先右、后左依次落地，两手分别先左、后右依次推地上摆，使身体立身站起（图4-12-34）。

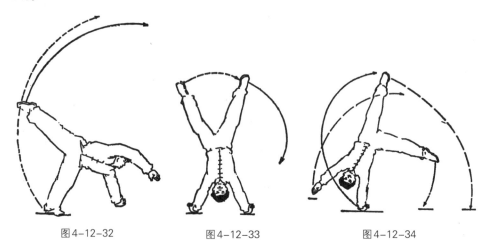

图4-12-32　　　　　　图4-12-33　　　　　　图4-12-34

侧空翻。两腿并拢直体站立，两手分别垂于两大腿侧。接着，左脚向前出半步，同时脚尖点地成左虚高步。两臂侧平举，掌指朝上（图4-12-35）。动作不停，右腿快速用力向后上方蹬跳摆起；左脚顺势蹬地向后上方跳摆起。同时两臂顺势向下、向后迅速屈肘摆收。低头、收腹，身体瞬间腾起（图4-12-36）。身体腾在空中瞬间借助腰力和两腿顺势向前继续摆动向左翻转（图4-12-37）。随势右腿向下摆落屈膝踏地，左脚顺势自然摆落于地。抬头、挺胸、立腰，成右弓步站稳身体。

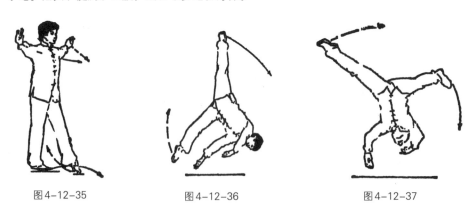

图4-12-35　　　　　　图4-12-36　　　　　　图4-12-37

旋子。两腿并拢直体站立，两手分别垂于两大腿侧。接着，身体左转90°，左脚向左侧上一步同时稍屈膝；右腿稍挺直。随身体转势，右掌向左平摆于胸前，掌心朝下；左掌置于右腋下，掌心朝前（图4-12-38）。动作不停，身体向上腾旋，同时左腿迅速向右腿上方摆起并拢，瞬间两腿伸直，绷直脚面，同时头与身体迅速向左拧转（图4-12-39）。身体继续腾空向左翻转，两手内收合抱于腹前。瞬间身体在空中向左翻转，右腿转在上，左腿转在下（图4-12-40）。身体顺势继续向左翻转下落，两臂逐渐伸直，左脚前掌先着地再踏实稍屈膝；右脚随势自然下落于左腿后侧站立好身势（图4-12-41）。

图4-12-38

鲤鱼打挺。身体先平直仰卧在地面上。两腿并拢挺直，向上收腹摆收约135°在体上方，呈半圆形。两手分别摆按放在两大腿近膝部，头稍上抬，眼视两脚（图4-12-42）。动作不停，两手用力推腿，两腿同时迅速向前下摆压，两脚着地。同时向前上昂头。挺胸收腹，弹性立身站起，两手顺势自然垂落于体侧（图4-12-43、图4-12-44）。

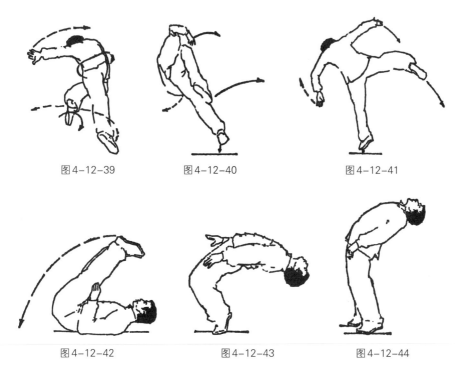

图4-12-39　　　　　图4-12-40　　　　　图4-12-41

图4-12-42　　　　　图4-12-43　　　　　图4-12-44

乌龙绞柱。先平坐在地面，上身端正，两腿自然分开，两臂垂于身体两侧。随即，两腿向左上迅速绞转、分开，脚掌朝上；臀、腰部向上翻转起离地，两肩与臂着地，呈肩臂倒立状（图4-12-45）。动作不停，身体继续向左、向上翻转倒起。顺势以右前臂与肩支撑地面，手掌贴地；左手迅速屈肘撑扶于头额前地，瞬间呈右肩臂倒立状（图4-12-46）。随即两手推地向上直臂撑起，使头、肩离地上顶呈倒立状（图4-12-47）。动作不停，以右脚向左下落地；左脚再向左下落地站稳。同时上身直体站起，两手离地自然垂臂（图4-12-48）。

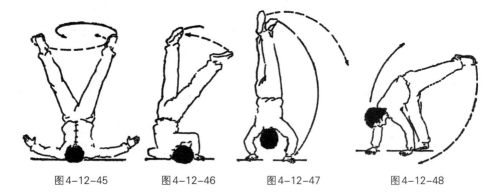

图4-12-45　　　　图4-12-46　　　　图4-12-47　　　　图4-12-48

（二）动作要领

前滚翻时，头低、收颔、含胸、拱背、缩腹、团身。翻滚要圆活，起立要迅速。

后滚翻时，同样注意向后滚翻要圆活、迅速。

前手翻时，直臂撑地，屈腰挺翻，身体如同车轮般摆翻、落、起迅速。

后手翻时，要甩臂甩腰，收腹挑腰，顶髋摆腿，上下配合协调。

侧手翻时，手脚落地成一直线，腾空要高，翻转要快，整个动作要连贯、迅速，落地要轻。

侧空翻时，两脚要蹬，两腿要摆，腰部要甩，落地站立及时，整个腾翻动作速度要快。

旋子时，要抬头、挺胸、甩腰、摆臂、脚绷直，身体成水平势旋转，旋转空中要高，落地要稳。

鲤鱼打挺时，屈身、收腿呈半圆环状，两腿摆压要迅速，起立时借腰腹收挺之力，头要昂起。

乌龙绞柱时，两腿平转要贴身，立绞两腿画圆，两脚蹬顶，身体与脚转圈由大到小，速度要快。

（三）功法说明

跌扑和滚翻法是中国南北武术通用的练习法，也是中国武术风格特色的基本功法。

栽碑，也称为前跌。

前滚翻，也称为抢背。

后滚翻，又称为倒跟头。

前手翻，也称为加冠。

后手翻，有时也称为小翻。

侧空翻，也称虎跳。

旋子，称为鹞子翻身。

（四）技击作用

跌扑和滚翻法，在擒拿或搏击或武术技击中有着一定的攻防意义。在擒拿或搏击中，可以用跌扑、滚翻技法去迷惑对方，以达化险为夷，以守代攻作用。诸如抢背法，可做深蹲状用两手搂抱对方两脚为进一步拿取造势；或以抢背之势形成肩靠击对方膝部，击跌对方；或距离对方远时，可用抢背法前翻滚，以地蹚单脚蹬踹对方小腹或膝盖部。

仰跌法，可以在主动或被动仰跌状态中迷惑对方，或在对方逼近时实施地蹚拿绞或以腿法蹬踢对方头面、胸腹部。

绞剪法，即以乌龙绞柱法，在主动或被动状态，以两腿绞剪对方头部、身躯或腿膝部三路。

（五）锻炼功效

跌扑和滚翻法的内容非常丰富，除了用于武术，还用于戏曲功夫表演或电影表演中等，这里只阐述代表性的常见功法，感兴趣的可参阅相关武术基本功的其他内容了解。

跌扑滚翻法，锻炼各种跌扑、滚翻等基本技巧，在锻炼腰椎关节、腿踝关节、腕关节的柔软性和坚韧性的同时，还增强了在空中确定方位的能力，促使前庭器官和协调机能的发展，并间接锻炼肌肉的伸缩幅度，也锻炼了身体和内脏的抗击能力。因此，跌扑和滚翻法是一种全身性的运动。

第十三节　内壮功法

内壮功法，即强筋骨，健体魄，壮内脏（气血），长劲力的功法。这类功法主要分为内壮功法和外壮功法。本节内容阐述内壮功法。

擒拿或搏击通常采用强壮功法，锻炼周身气血的活畅，肢体外形的抗击能力等。

一、静动功

（一）标准动作

仰卧式。身体仰面卧于床上或合适的练功垫上。头正，鼻对脐，口眼微闭，头枕高低适宜。四肢自然伸直，两手臂放松分别放于身体两侧，或一手叠在另一手背上放在小腹脐部。自然呼吸，意守丹田。（图4-13-1）

侧卧式。身体以侧身卧于床上或合适的练功垫上。腰部稍屈，身体稍呈弓形。头颌稍内收平枕于枕上不动，口眼轻闭。下侧腿自然伸直放松，上侧腿放松弯曲约120°置于下侧腿上。下侧手屈肘平放于枕上，手心朝上。上侧手平放于上屈腿髋胯部。用鼻自然呼吸，意守丹田。（图4-13-2）

单盘坐式。两腿屈盘起，左内、右外或右内、左外均可。两手互相轻握，置于小腹前，或分放于两大腿上均可。头颈正直，唇微闭，齿轻扣，舌尖轻抵上腭，闭目内照视丹田，两肩松沉，两肘尖下垂，两手轻放。含胸拔背，腰部松坚，腹部舒松。用鼻自然呼吸，意守丹田。（图4-13-3）

实用

武术擒拿

训练教程

基础训练和擒拿

图4-13-1

图4-13-2

图4-13-3

双盘坐式。两脚屈膝交叉盘置于异侧大腿下，或翻盘在大腿上。两手互相轻握，置于小腹前，或分放于两大腿上均可。头颈正直，唇微闭，齿轻扣，舌尖轻抵上腭，闭目内照视丹田，两肩松沉，两肘尖下垂，两手轻放。含胸拔背，腰部松坚，腹部舒松。用鼻自然呼吸，意守丹田。（图4-13-4）

混元桩。两脚平行左右分开约同肩宽站立，两腿屈膝稍蹲成高马步状。两臂环抱在胸前，如抱一个大气球般，两手高于乳上，五指自然分开，掌心向内下，中指相对。头正、身直、口目微闭，舌轻抵上腭，精神放松，意念平静，全身放松，用鼻自然呼吸，意守丹田。（图4-13-5）

以上各式为静桩法，也称为静功法。

下面各式为动桩法，即动功法。

预备势。两脚并拢直体站立，两手成掌分别垂于体侧（图4-13-6）。

图4-13-4

图4-13-5

图4-13-6

马步按掌。左脚向左平行横开一大步，成大开立步。两手臂同时向外旋，并向上弧形举起，同时屈肘内合拢于头顶上方，两手心朝下。吸气（图4-13-7）。两腿屈蹲成四平马步。两掌同时由头顶上经面前，沿胸腹中线向下，按压在胯裆前，两掌心朝下，掌指相对。呼气。（图4-13-8）

马步栽拳。接上式，动作不停，两掌外旋屈肘于肩前成拳，拳面朝上。吸气（图4-13-9）。两拳内旋向下，直臂沉栽在两胯侧后方，拳面朝下。呼气。（图4-13-10）

146

弓步插掌。接上式，动作不停，身体左转，左脚向左前方进一步并屈膝前弓；右腿挺膝伸直，成左弓步。右拳变掌向左前平直伸插成立掌，掌高与肩平，掌指朝前。呼气（图4-13-11）。动作不停，随即上身向右后转180°，以左脚跟为轴，脚尖内扣屈蹲；右腿屈膝，脚尖虚立地面，成右虚步。右掌变拳收回抱腰间。吸气。（图4-13-12）。右脚再向右前方上一步屈膝前弓；左腿挺膝伸直，成右弓步。左拳变掌向右前进平直插成立掌，掌高与肩平，掌指朝前。呼气。（图4-13-13）

马步冲拳。接上式，动作不停，上身左转90°，两脚以跟为轴，左脚尖外撇45°，右脚尖内扣90°，两腿同时屈膝成四平马步，左掌同时变拳收回抱于腰间。吸气。（图4-13-14）。两拳（或变为两掌）内旋向胸前直臂冲拳（或推掌），高与肩平，拳面朝前（或侧立掌）。呼气。（图4-13-15）。动作不停，两拳（掌）冲出后即收回抱腰。吸气。（图4-13-16）。随即，两拳（掌）内旋直臂向体侧外平冲（推）击成一直线，高与肩平，拳面朝外。呼气。（图4-13-17）

马步按掌。接上式，动作不停，两拳外旋变掌同时合举于头顶上方，两掌心朝下。吸气。（图4-13-18）。随即，两掌由头顶上经面前，沿胸腹中线向下按压在胯裆前，掌心朝下。呼气。（图4-13-19）

收势。接上式，动作不停，两腿直立站起，两掌仍按在两胯前。吸气。（图4-13-20）。然后，左脚向右收并于右脚旁，两拳变掌分别垂放在两腿外侧，成开始的站立预备势。呼气。（图4-13-21）

图4-13-7

图4-13-8

图4-13-9

图4-13-10

图4-13-11

图4-13-12

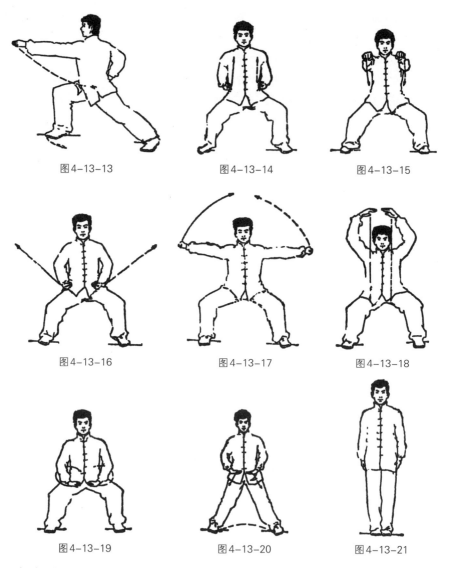

图4-13-13　　　　　　　图4-13-14　　　　　　　图4-13-15

图4-13-16　　　　　　　图4-13-17　　　　　　　图4-13-18

图4-13-19　　　　　　　图4-13-20　　　　　　　图4-13-21

（二）动作要领

仰卧式练功时，心静、体松，调息呼吸，自然。

侧卧式练功时，与仰卧式基本相同，唯姿势不同。

单盘坐式练功时，头顶百会穴与裆部会阴穴要保持上下垂直一条线。其他要领要求与仰卧式相同。

双盘坐式练功时，体位保持中正安舒，其他与单盘坐式练功要领要求相同。

混元桩式练功时，两腿屈蹲自然，松紧适宜，体姿中正安舒，呼吸均匀，心平气和，随练功时间慢慢进入静寂之境。

以上各式为静桩法练功法要领。

动桩法练功要领，动作过程中，悬顶竖项、含神正视、含胸沉气、直背立腰、松肩垂肘、落胯圆裆、扣膝抓趾。

（三）功法说明

静动功各式功法是中国南北武术通用的内功练法，并因各流派的传承改变了少许的动作，然后仍按此标准通用的功法为准则流传着，且成为个别拳术流派的不传内功之秘法。有甚者被其他个人的擒拿技术引用成为内功练法。静动各式功法，也有专门演化成的静坐功法用作健身疗疾。

（四）技击作用

静动功法各式，在擒拿或搏击中，使招式技击达到疏通气血，充沛精神，调节性情，坚固筋骨，壮实力气的作用，并同时能提高内脏器官机能。

（五）锻炼功效

静功法是以静卧或静站桩各练功法，锻炼气息和内脏器官的方法。动桩法是锻炼气的鼓荡，使气在运招发式紧张之中仍能沉着，仍能平和，去其浮躁，并锻炼周身内外的整劲，使劲与气合，气与力合，内与外合。

二、鼎桩法

（一）标准动作

肘鼎法。先将两腿屈膝下蹲，然后上身向前屈俯。以两臂屈肘约成90°，用手掌与小臂平行撑地，两手间距约同肩宽，两手心贴地。两脚用力摆腿向上竖起并伸直，绷直脚面，脚尖可朝上，使身体成倒立势。抬头，眼视地面（图4-13-22）。

肩鼎法。先将两腿屈膝下蹲，然后上身向前屈俯。然后，头偏向左（右）肩，以右（左）肩臂贴地支撑，右（左）臂伸直，掌心朝上。左手屈肘在右（左）大腿前撑地，两脚用力摆腿向上竖起，使身体成倒立势（图4-13-23）。

头手鼎法。先将两腿屈膝下蹲，然后上身向前屈俯。两手间距约同肩宽，同时屈肘撑地，头同时以头顶撑地。两脚用力打摆腿向上竖起，使身体成倒立势（图4-13-24）。

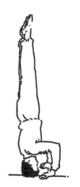

图4-13-22　　　　　　　图4-13-23　　　　　　　图4-13-24

手鼎法。两脚并拢直体站立，两手垂于体侧。接着，左脚向前上半步以脚前掌着地，两臂随即前平举，手与肩平。然后，上身前倾，身体重心移于左腿；右脚向后上摆起。两手（或两手成拳）直臂向前倾撑于地。左脚顺势蹬地与右腿同时向上摆竖，使身体成倒立势。抬头，眼视手前地面（图4-13-25）。或者以拳撑鼎倒立均可（图4-13-26）。

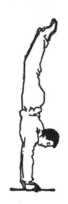
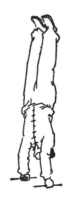

图4-13-25 图4-13-26

（二）动作要领

肘鼎法时，两大腿撑直，身体倒立稳定，脚、腿、身体倒立成一直线与地面垂直。自然呼吸。

肩鼎法时，地面、肩臂、头与支撑手成三角支撑点，重心落在三角中间，脚、腿、身体倒立成一直线，同样与地面垂直。自然呼吸。

头手鼎法时，头、身、腿脚直竖成一直线与地面垂直，两手与头构成等腰三角形支撑地面。自然呼吸。

手鼎法时，两手臂支撑要直，重心落在两手掌间，身体倒立竖直，自然呼吸。

（三）功法说明

鼎桩法是中国南北武术通用的练习法，也是中国武术特色的基本功法。

练习鼎桩法时，要注意运动量的安排，可根据自身情况来决定具体练习。

（四）技击作用

鼎桩法，可强筋骨、健体魄、壮内脏、长劲力，这些都是擒拿或搏击必备的基础功夫。

（五）锻炼功效

肘鼎法，锻炼三角肌、肱三头肌、肱二头肌和肱前肌等肌肉的力量。

肩鼎法，锻炼斜方肌、大圆肌、冈下肌等肌肉的力量。

头手鼎法，锻炼前臂肌肉和颈部肌肉的力量。

手鼎法，锻炼三角肌、冈上肌、大圆肌、肱二头肌、肱三头肌、肱前肌、旋前肌、旋后肌、指伸肌和腕屈肌的力量。

第十四节 外壮功法

外壮功法，即练外的功法，以强筋、健骨，增长劲力为主的练习方法。强筋，即强壮肌腱和韧带，俗称的强壮肌肉。健骨，坚固骨骼和关节。长劲力，增长擒拿或搏击所特有的各种活力，即武术中常说的"劲"，这种劲是从人体固有的"拙力"或"僵劲"中提炼出来的。

通过外壮功的锻炼，还可以改善皮肤的血液循环，使营养物质和氧气供应更为充分，体内新陈代谢加强，皮肤的角化层增厚，而使得皮肤的功能得到改善，皮肤的抗御能力同时也得到了提高，经得起各种打击或撞击等。

一、指掌功

（一）标准动作

鹰爪法。先以马步站桩势站好。两臂向前平举出，两肘稍屈有下垂感，两手五指分张开，腕节上翘，指尖朝上，掌心朝前（图4-14-1）。接着，两掌五指指节逐节用力向手心抓扣数十次。眼视前方。然后，两拳内旋随屈肘收抱于腰间（图4-14-2）。

梅花指法。先准备好装入适量绿豆和花椒混合的沙袋，置于凳子或其他合适高度的器物上。然后，两腿脚屈蹲成马步，两手以肘关节为轴，将五指尖撮拢或分开成梅花状。两手交替向沙袋戳插或戳点（图4-14-3、图4-14-4）。

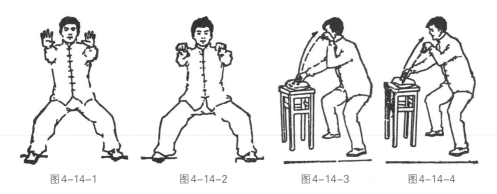

图4-14-1　　　　图4-14-2　　　　图4-14-3　　　　图4-14-4

抓袋法。先准备好装有清洁黄沙或铁砂，或装绿豆和花椒混合物的沙袋，将其平放在凳子上或其他合适高度器物上。两腿脚屈蹲成步。先用单手或两手分别抓捏沙袋，然后将沙袋抓提起，高过胸肩部，立即松手，当沙袋向下掉落至腰腹高时抓提手迅速向下再将沙袋抓提起。如此一抓、一提，反复进行动作（图4-14-5）。

抓坛法。先准备好合适小口的坛子一只，内装适量沙子或清水。坛子大小、装物重量要根据本人手型、指力等实际情况设置，量力而定。然后，以单手或双手指端分别抓扣住坛口四周，将其用力提起，抓离地面，高与肩平，静力控制片刻（图4-14-6、图4-14-7）。稍待力乏或手指抓不住时，将坛子放下，休息片刻，再进行练习。

图4-14-5　　　　　图4-14-6　　　　　图4-14-7

　　抓球法。先准备好铁球或石球2只，球的大小、重量均要根据自己的力量、手型来量力而定，灵活掌握。然后，以两腿脚屈膝蹲成马步。单手或两手分别用力抓握一球，上提与肩平，静力控制片刻，待力乏或手指抓不住时，将球放下，休息片刻，再进行练习。（图4-14-8、图4-14-9）。

　　拧棒法。先准备好一根硬质圆木，制作成长约30厘米、粗约6厘米的表面光滑的圆形手把，外层再套上一层细帆布。然后，两手手心朝下正握，或手心向上反握均可，手把两节，同时用力互相对抗性反向拧转，如同拧绞毛巾状。在拧转至手指酸胀、力乏时，休息片刻，再进行练习。此为定位拧棒法。活位拧棒法，即以马步站桩势，两手反握把，垂臂平行横置在裆前（图4-14-10）。两臂屈肘，将手把上握提于胸前与喉平。眼视前方（图4-14-11），接着，以左手为主动手向内、向下用力拧转；右手同时握把顺势向内旋转。同时，两手握把交叉向下压置在裆前。眼视手把。（图4-14-12）。动作不停，左手仍为主动手，双手由下向上、向外拧翻至胸前，使手心朝内（图4-14-13）。再以右手为主动手，向内、向下用力拧转；左手握把顺势向外旋转；同时两手握把交叉向下压置于裆前（图4-14-14）。眼视手把。

图4-14-8　　　　　图4-14-9　　　　　图4-14-10

图4-14-11 　　　　图4-14-12 　　　　图4-14-13 　　　　图4-14-14

卷棒。先准备好一根木质圆棒，长约40厘米，粗约4厘米，在木棒中央钻个孔眼，系一根细绳，绳下端系一坛子、铁铃或石锁之物。然后两脚左右分开约同肩宽直体站立，两手正握把，抓握圆棒两侧端，抬臂在前平举高与肩平，系坠物垂于体前。眼视前方（图4-14-15）。接着，两手交替向前用力正拧转圆棒，使绳索卷绕于圆棒上，将坠物逐渐向上卷提至近木棒（图4-14-16）。动作不停，两手再交替向后用力倒拧转木棒，使坠物逐渐下降。眼视前方。

壮力掌。先以马步站桩势，两拳屈肘抱腰。眼视前方，深吸气（图4-14-17）。接着，两拳变掌由腰间向体前用力平行推出成侧立掌。两掌间距约同肩宽，高与肩平，掌指朝上，劲力贯注掌外缘，透达指尖。眼视前方，深呼气（图4-14-18）。动作不停，两掌同时屈肘平收于两肩前，掌心朝前稍内含，掌指朝上，掌根高与肩平。眼视前方，深呼气（图4-14-19）。动作不停，两掌同时平行向身体两侧用力推出，成侧立掌。两掌高与肩平，掌外缘朝外，掌指朝上，劲力贯注掌外缘和掌根，透达指尖。眼视前方，深吸气（图4-14-20）。

铁砂掌。先准备好用一长45厘米，宽33厘米的内装铁砂或绿豆与花椒混合物的方形沙袋，置于合适高度的凳子或其他器物上。然后，以马步站桩势，两手轮换以掌心或掌背或掌外缘或掌根自上而下反复拍击、摔击、切击沙袋（图4-14-21、图4-14-22）。

打沙袋。先准备好一长约1米、直径50厘米沙袋，将沙袋吊起合适高度。面对沙袋，两脚左右分开约同肩宽站立。眼平视沙袋（图4-14-23）。然后，右（左）脚向前上一步，成右（左）弓步。右（左）手变成正立掌或侧立掌向前推击或切击沙袋。眼平视沙袋

图4-14-15 　　　　　　图4-14-16 　　　　　　图4-14-17

（图4-14-24）。如此反复交替进行。再以坐腕势，用掌心或掌根抖震之劲力震击沙袋练习。

　　撞击掌。先准备好将石柱或树干或木桩，在其外层裹帆布或鬃草之物，或在墙面上贴上千层纸。面对桩或墙约一臂间距马步站桩势（图4-14-25）。左（右）手变成正立掌或侧立掌，以掌心或掌外缘向前推、冲、撞桩或墙面千层纸，掌指朝上，高与眼平。眼视手（图4-14-26、图4-14-27）。

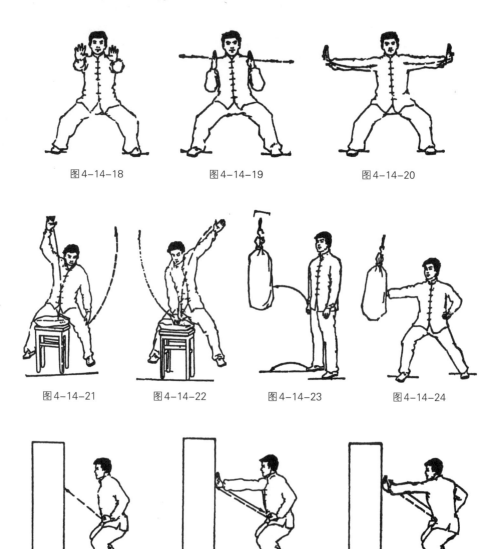

图4-14-18　　　　　　　图4-14-19　　　　　　　图4-14-20

图4-14-21　　　　图4-14-22　　　　图4-14-23　　　　图4-14-24

图4-14-25　　　　　　　图4-14-26　　　　　　　图4-14-27

（二）动作要领

鹰爪法时，练功心平气和，气沉丹田，松肩垂肘，劲贯十指，力透指尖，屈抓要扣，卷曲要紧。

梅花指时，劲贯全指，力透指尖，五指戳插要快，精神集中练习。

抓袋法时，抓捏要紧，抓提要快，或由慢到快，精神集中练习。

抓坛法时，可五指抓握，日后功夫进步可用四指、三指或二指抓扣坛口练习。

抓球法时，静力控制时间要随练功进步逐步延长，精神集中练习。

拧棒法时，两手拧绞要圆活、有力、协调，抓把的手紧而不僵，活而不滑。手把拧转不离胸腹中线，但也不能触及身体。

卷棒时，上下拧转指腕要灵活、有力、协调，拧转速度的快慢根据情况决定量力而行。自然呼吸练习。

壮力掌时，马步平稳，精神集中，动作沉着，劲力浑厚，贯透全掌，呼吸与动作密切配合，整个动作柔缓深长。

铁砂掌时，精神集中，心静体松，虚领顶劲，含胸敛臀，气沉丹田，呼吸均匀。动作中肩、肘、腕、指节放松，腰、胯松沉，内劲运行顺畅、沉着，透达掌指。

打沙袋时，两掌推击或抖震要沉肩垂肘，腕关节要挫，发劲要弹抖。

撞击掌时，送肩、顺肘，以腰力相助。

（三）功法说明

指掌功是擒拿或中国南北武术通用的练功法，并因个别流派的传承在名称上有所区别，具体练功法基本相同，甚至是有些流派的不外传秘密练功法。

（四）技击作用

指掌功，在擒拿或搏击中，增强指掌的擒拿解脱或反擒拿技击威力，使指掌功在技击中起到功夫基础作用，使指掌更具有攻守的外壮功夫效果。

（五）锻炼功效

指掌功，各式功法练习锻炼指掌部位的力量，改善指掌骨骼机能。锻炼指掌内功和外功的结合修习之法。

二、臂力功

（一）标准动作

双手俯卧撑。先以两手掌心朝下平撑地面，两掌间距约同肩宽，掌指朝前；两臂撑直；两腿并拢伸直与身体绷直成斜直线；两脚内勾同时以脚前掌趾着地。眼视地面。然后，两臂屈肘，使身体平直下伏，尽量与地面贴近，但不可接触地面（图4-14-28）。动作不停，两臂再用力撑直（图4-14-29）。如此反复起伏做动作。在此基础上，也可以用两拳面平撑地面做俯卧撑，或以五指撑地做俯卧撑均可。

单手俯卧撑。先用右（左）手拳支撑地面；左（右）臂上举。两腿并拢伸直，以右

（左）脚外侧着地；左（右）脚搁在右（左）脚内侧上，全身绷直呈侧卧状。眼平视前方（图4-14-30）。接着，以右（左）臂屈肘，臀部后收，身体下伏，尽量与地面贴近，但不可接触地面（图4-14-31）。动作不停，右（左）臂用力撑直，再将身体下伏，如此反复做动作。

图4-14-28　　　　　　　　　　　　　　　图4-14-29

图4-14-30　　　　　　　　　　　　　　　图4-14-31

猫形功。先将两手间距约与肩宽直撑地面，掌指朝前，两腿并拢伸直，身体俯撑，头至脚成一直线（图4-14-32）。接着，两手直臂向后上推撑，同时腹部内收，臀部向后上凸起。头置于两手内侧微抬，眼视前下方（图4-14-33）。动作不停，臀部先向后上弓起，上身稍向后上移动，同时两臂屈肘，使上身向下、向前以面部沿地而过；两脚顺势助力前蹬。眼视地面（图4-14-34）。上身继续以胸、腹、胯等部位再沿地面前移；同时昂头、挺胸、伸腰、送胯，两腿挺直，两臂顺势用力撑直，将身体由俯卧再撑起。抬头，眼视前方（图4-14-35）。

图4-14-32　　　　　　　　　　　　　　　图4-14-33

图4-14-34　　　　　　　　　　　　　　　图4-14-35

（二）动作要领

双手俯卧撑时，身和腿保持一直线，不可塌腰或撅臀，整个动作要连贯、协调、有力；起伏的速度由慢到快，次数由少到多，逐渐增加。

单手俯卧撑时，其要领和双手俯卧撑是基本相同的，唯用单手做动作。

猫形功时，脚要固定，动作的屈伸、起伏幅度尽量要大；上弓要收腹凸臀，下弓要抬头、挺胸、伸腰，沿地而行。整个动作起伏连贯、协调、有力。

（三）功法说明

臂力功，在擒拿中特别强调此类基础练习，这类功法也是中华南北武术特有的功法，并因中华南北地理环境的不同称呼有些区别。

（四）技击作用

臂力功，在擒拿中使上肢在技击中增强了肌肉局部力量与整体力量的结合，这样可在擒拿时解脱或反擒拿，上肢施技更具有功力。在搏击或武术技击中的作用也是相似的。

（五）锻炼功效

臂力功，除了锻炼三角肌、肱三头肌、肱二头肌，还锻炼肱桡肌、腕屈肌，以及腰椎的活力，也更强化臂肌腱的力量。

三、腰腹功

（一）标准动作

仰卧起坐。先将身体平直仰卧好，然后两手直臂伸直在头顶上方，两手心朝上。眼视上空。动作不停，随即上身向上屈坐起同时向前俯压，两手顺势向上、向前俯压，并尽量触及到两脚尖，使下颔尽量接近膝部（图4-14-36）。上身再复向后下平直仰卧。或者两手抱头后做仰卧起坐（图4-14-37）。或者在有基础的情况下，可提高臀部高度仰卧起坐（图4-14-38）。

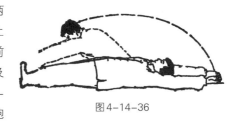

图4-14-36

图4-14-37

图4-14-38

仰卧举腿。先将身体平直仰卧好，然后上身和两腿同时迅速向上屈举起，两手直臂与两脚在腹上空接触，稍停片刻，复原开始的姿势，再接着重复做（图4-14-39）。

俯卧屈仰。先将身体平直俯卧好，然后两手抱在头后，或两手负重器物诸如哑铃等，挺胸、抬头，上身向后上抬仰。眼视前方（图4-14-40）。或者在有基础的情况下，可抬高俯卧体位，做俯卧屈伸（图4-14-41）。

倒挂仰卧。先将身体垂直倒挂在器具上，两脚在上，头朝下，两手向下垂直（图4-14-42）。然后，收腹，屈体，上身向上仰抬，两手向上接触脚尖，稍停片刻，复原再重复做（图4-14-43）。

图4-14-39

图4-14-40

图4-14-41

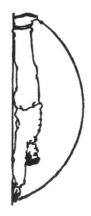

图4-14-42

图4-14-43

（二）动作要领

仰卧起坐时，起坐灵活，两腿要并拢伸直挺直，两脚不可抬离地面，全身配合协调。

仰卧举腿时，手和脚向上屈举要收腹，动作快速、有力，手脚接触同时静停数秒。

俯卧屈仰时，抬头、挺胸，抬仰后要稍停片刻，下落要慢，抬仰要快。

倒挂仰卧时，仰起要快，下落要慢。

（三）功法说明

腰腹功是中国南北武术通用的练习方法，也是擒拿或搏击的必备功法。

（四）技击作用

腰腹功，在擒拿或搏击中，灵活有力的腰腹可以促使腰椎关节和腹部或肋等部位肌肉的活动范围加大，攻守施技的擒拿或搏击的动作就不会受到一定的限制。

（五）锻炼功效

腰腹部，锻炼腰椎和腹部及肋部关节、软骨、韧带的柔软性与力量，使腰腹能够在擒拿中做不同轴的运动。

四、腿力功法

（一）标准动作

负重屈蹲。两腿左右分开约同肩宽站立，两手抓握杠铃横杠或石担等器物均可。眼视前方（图4-14-44）。接着，两腿屈膝向下深蹲，两脚蹲实，脚跟不可跷起（图4-14-45）。动作不停，两腿再直膝站立，还原开始的动作。如此重复进行。

脚蹬负重。先仰面平卧好，两腿垂直抬起，两脚掌朝上。两臂平放在身体两侧。接着，两腿屈膝用力一上、一下蹬举杠铃或石担或沙袋等器物，重量根据自身情况而定。眼视两脚（图4-14-46）。

其他还可以采取原地蹬跳、立定跳远、跳踹等方法进行练习。

图4-14-44　　　　　　　　图4-14-45　　　　　　　　图4-14-46

（二）动作要领

负重屈蹲时，胸要挺，背要直，腰要竖，脚要稳，下蹲时吸气，起立时呼气。

脚蹬负重时，上、下屈蹬，以膝关节屈伸为主，两脚蹬举重物要放稳，防止滑落。

（三）功法说明

腿力功法各式是中华南北武术常用的练习方法，也是擒拿常用的功法。

（四）技击作用

腿力功法，在擒拿或搏击中，可施技踢踹时使腿、膝、脚威力大增。

（五）锻炼功效

腿力功法，以锻炼腿部肌肉的力量为主，特别是发展大腿内外侧的肌肉。

五、排打功法

（一）标准动作

先准备制作好用细帆布或皮革做成长50~60厘米、直径8~10厘米的长筒排把或长袋。内装细砂或锯木屑或绿豆与花椒等。然后，以马步桩势站立，右（左）手抓握排把（图4-14-47）。排击顺序：

头颈部，即头部和颈部（图4-14-48、图4-14-49）。

图4-14-47　　　　　　图4-14-48　　　　　　图4-14-49

肩臂部，即肩头和手臂部（图4-14-50、图4-14-51）。

胸肋部，即胸至胃部和肋至腰部（图4-14-52）。

图4-14-50　　　　　　图4-14-51　　　　　　图4-14-52

背腰部，即背部和后腰部（图4-14-53）。

腹胯部，即小腹部和髋胯部（图4-14-54、图4-14-55）。

腿足部，即大腿、小腿和膝、胫、脚部（图4-14-56~图4-14-59）。

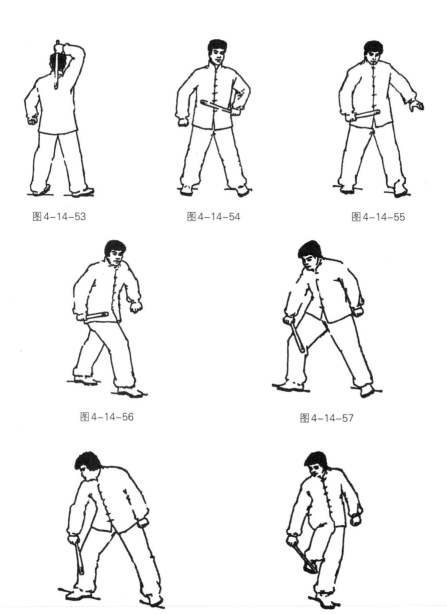

图4-14-53　　　　　　图4-14-54　　　　　　图4-14-55

图4-14-56　　　　　　图4-14-57

图4-14-58　　　　　　图4-14-59

（二）动作要领

　　排打的过程要遵循先上后下、先左后右、先前再后、先轻后重、先慢后快、先面后点等顺序原则，排击点要密集、均匀，以排击部位有热、胀等肌体感为度。排击时，精神集中，神不外溢，意不旁弛，发劲整齐，气劲合一。

（三）功法说明

　　排打功法是中国南北武术独有风格的练习方法，且被各种海外武技武道引用着。这类练习方法适合擒拿或搏击应用。

排打练习时，在饱餐或饥饿时不宜练功，特别是不能针对胃部进行排打。排击练习后，可用热水擦洗，以助气血运行，切忌用凉水或冷水洗身。对于身体某些要害或脆弱部位，诸如咽喉、腋下、裆部、后脑等部位，排击时一定要根据自己的承受能力和体质具体情况，先较轻、较慢排击练习，之后逐步适应了，才可以加密排打。练功时，切不可过急而蛮击蛮打，以防给自己造成伤害。

具体练习时，还可和同伴配合互相排击练功。

（四）技击作用

排打功法，在擒拿或搏击时，使身体和四肢的抗打能力提高，在遭到对方踢打或拿制时，能有效地抗击或解脱或反击对方。

（五）锻炼功效

排打功法，锻炼身体内外的抗击能力。

第五章
擒拿与格斗

擒拿与格斗，是将擒拿与格斗术结合起来运作的格斗技术。擒拿融会格斗术的法理，结合其踢、打、摔等技法为一体，引用一些拳功锻炼法则于一炉，因此使擒拿与格斗在技术技法上更显攻守严密、打顾结合、招式毒辣、阴阳相兼、化打结合等之妙。

擒拿与格斗是依据擒拿的特点，根据教学与训练的经验实践，对于擒拿技术的基础理论，技术、训练方法等进行一些研究和探索，现根据格斗实用的原则，将擒拿与格斗合理地结合成一章内容，是为适应格斗时将擒拿更好地运用和发挥，也是为格斗时弥补格斗中擒拿技术运用的不足。

擒拿与格斗中，擒拿，是捕捉、捉拿、用各种方法使对方无法反抗的技法。格斗，是打；击；激烈地搏斗。将擒拿与格斗术相结合，可以说，擒拿与格斗术可直接称为擒拿格斗，意为擒拿可与格斗术融合运用，而格斗术亦可与擒拿术融合运用，形成格斗之术。

擒拿与格斗是根据擒拿和格斗的技术特点，运用不同的手法、腿法、摔法、拿法等技术进行实际的格斗应用，以利在擒拿格斗中，可打可拿，可拿可打，打拿结合，在格斗中更好地击打要害，反拿关节，锁抠命门等。

第一节　擒拿与格斗的特点

擒拿与格斗的结合，最终是成为擒拿格斗的全面综拿实战的格斗技术，其攻防兼备，立体作战，招法简捷，无论擒拿与格斗的手法、腿法、肘法、膝法、摔法如何结合，其目的都是以经济实用为主，进攻要求发挥最大的威力，防守讲究严密，格斗时手足并用，自由发挥，其决胜对手的擒拿格斗水平是将技艺、体能、战术和精神力量完美的统一。

擒拿格斗是利用人体的各个部位的功能、力量，去灵活地运用一定的方法、战术，达到制服对方的一种擒拿格斗综合性的攻防技击术。因此，擒拿格斗具有以下一些特点。

第
五
章

擒
拿
与
格
斗

一、擒拿格斗实用性强

擒拿格斗与其他武技一样，不仅技术实战性强，习练者经常练习，还可以提高身体的各项机能素质，将健身与格斗技艺有效地融合。

实用性强方面，擒拿格斗是充分地利用人体关节和要害部位的生理弱点，以打、踢、摔、拿等动作去控制对方的身体关节，击打要害，制服对手。

二、擒拿格斗运用实效

擒拿格斗的训练和掌握，可以帮助人们在实际的格斗中，能够运用擒拿与格斗结合的技术，对抗暴徒的侵害，并可以用格斗技术打击对方，用擒拿的技术制服对方。

实际的擒拿格斗中，擒拿可与格斗的任何一技法进行结合使用，例如，打法即利用各种拳法、肘法、掌法的击法，结合擒拿法。

三、技术简单，便于习练

擒拿格斗术讲究技术实用，在技术动作上，其一招一式都有一定的用途和目的，且每一动作中都可攻可防，攻防兼备，不求花招。

与对方格斗时，可动手非打即拿，非踢即摔，每一动作均为技术而用。如此，技术动作的简单更利于人们习练和掌握，因此，人们在习练时可不受场所的限制，可在原地进行习练，可在与同伴配合下进行习练。

四、技术多变，以备攻防

擒拿格斗术的技术招法多变，其技术动作多，习练的方法较为丰富，这些也是根据擒拿格斗在实际运用时，以对手或暴徒的身体姿态、站立位置、运动形式所决定的擒拿格斗技巧。

为了更好地达到擒拿格斗术的运用实效性，其制敌格斗的技术招法也就多种多样。这些技术招法并以攻和防有机地结合，方可有直接的进攻和积极的防守，以及以退为进，解脱后的进攻等技术。

五、巧拿妙打，不斗拙力

单独的格斗术，一般以直接的激烈搏斗，欲取胜或制服对方，而结合了擒拿术，可于格斗中以助善于用巧劲取胜。即在格斗中，待机而动，顺势应招，轻取关节，巧旋拿制。

与对方交手，要顺对方的劲力趋势，或明或暗，要善于变化，使对方无机可乘，善使听劲、懂劲、化劲的功夫。

第二节　擒拿与格斗基本要素

擒拿格斗汲取了中华武林技击数门派的精华，从法各虽一，到宗派合一，在其基本要素上都有着共性。擒拿格斗的基本要素，即擒拿格斗必备的基本素质和要求。这些主要体现在擒拿格斗的身体素质、攻防技术、战术意识、反应能力、距离感、时机感、意志品质几个方面上。

一、身体素质

身体素质是强健体质，改善人体机能，为掌握擒拿格斗各项技术的基础。身体素质主要有力量、速度、灵敏、耐力、柔韧、协调等。因擒拿格斗技术的特殊性，在身体素质训练上显得非常重要。身体素质的训练，不仅能增强自身的拳脚力量，提高攻防的速度，增强格斗的耐久力和反应灵敏度，还能增大肺活量和自身各个器官的功能。在擒拿格斗中，习练者在身体素质训练上，应多侧重于拳脚力量在攻防招法上的爆发力和身体协调配合能力练习，同时加强擒拿所需的基础功夫练习。

二、攻防技术

攻防技术，即进攻与防守的技术。这些技术是擒拿格斗的主要方法和手段，是训练的重点。进攻技术有打法、踢法、摔法、拿法；防守有闪、躲、挡、格、防守反击等。攻防技术是与身体素质、技术规格、攻防意识在一定条件下的综合反应。习练者要在训练时加强这方面的练习，以提高攻防技术的水平，利于在激烈的擒拿格斗中攻其不备，制人而不制于人。

三、战术意识

战术是根据与对方的情况下正确地分配力量，充分发挥技术的特长，限制对方的特长，取胜对手的格斗技术。战术是在一定的身体条件和技术的基础上，根据格斗的需要形成的，战术的发展会对身体条件和技术上不断地提出新的更高的要求，并在一定程度上影响着习练者的身体素质和技术的发挥与运用。习练者必须要增强战术的灵活性、连续性、实用性练习，达到在擒拿格斗中，能够合理安排，变换战术。

四、反应能力

反应能力在擒拿格斗中，一般分为接受能力和变换能力两种情况。反应能力的强弱，直接体现习练者擒拿格斗水平的高低，也是取胜对手的关键。接受能力是指在对方进攻时，能否及时做出反应的能力。变换能力是指在接受能力之后，能否及时进行自身变换动作的能力。

五、距离感

距离感是指在擒拿格斗中的进攻或防守中，与对方的空间距离的自我感觉。这种感觉直接影响着进攻与防守的实际效果，因此是擒拿格斗中不可忽视的要素。距离感在擒拿格斗中分为有效距离和无效距离两种。有效距离是进攻时的一拳一脚即可击着对方的距离，称之为有效距离。无效距离是拳脚在擒拿格斗中击不着的距离，称之为无效距离。这两种距离感的把握与判断，是提高擒拿格斗水平不可忽视的要素。

六、时机感

擒拿格斗中，把握时机进行攻、防的感觉称之为时机感（时间感），也称为时间差。时机感分为进攻时机感和防守时机感。进攻时机感是能否及时进行进攻或佯攻的时间感。防守时机感是能否做到及时防守的时间感觉。介于两者后，还有一种为反击时机感。反击时机感是指防守后到反击前的时间感觉，此又称为空档。

七、承受能力

承受能力是擒拿格斗中忍受对方打击和打击时对反作用力的耐受能力。擒拿格斗的激烈性，技术水平掌握得再好，也有可能被对方击打着，此时若没有经承受能力的训练，可能会因这一时的失手而被战败或失败。因此，习练者在训练时，就要运用一些通过自我击打、他人击打或物体击打来提高自己的承受能力。

八、意志品质

擒拿格斗中，整个身体在做动作时要产生位移，身体的各个环节产生相对运动，这些运动是在人的意识支配下，靠肌肉收缩带动骨骼绕其关节的活动来完成的。因此，这些活动受意识的支配、影响和制约。这就涉及人的意志和品质在格斗中的作用。在擒拿格斗中，是否可以更好地发挥技术与战术水平，主要取决于意志品质是否坚强。

第三节　擒拿与格斗训练和运用原则

擒拿与格斗训练是指认识擒拿格斗客观事物的途径，也是达到预定目的所采用的办法。擒拿格斗训练是要完成对身体形态、身体素质、技术技法等方面的任务，从而达到提高和改善习练者的体能状况目的，为了达到这个目的，就要采用各种具体的途径和办法。为了将擒拿与格斗等较强的技击方法有机地结合起来进行攻、防运用练习和比赛或防暴自卫，习练者就要了解和掌握擒拿格斗的知识和技术训练方法以及运用原则。

一、擒拿与格斗训练

擒拿格斗训练和其他武技训练一样，由身体训练、技术训练和实践等部分组成，且有具体的训练步骤。

（一）擒拿格斗训练步骤

进行擒拿格斗训练时，要先了解训练的步骤，以助更好地、更合理地进行训练。一般情况下，擒拿格斗训练分为三个步骤。第一是熟悉基本理论，即认识擒拿格斗的技术特点、基本理论、基本原则，熟悉一些相关的人体关节与生理要害部位、功能和弱点，掌握常用的擒拿格斗手型和步型等，以利经过训练能够在擒拿格斗中准确进行拿制或打击对手，并可避免自己在训练中出现运动损伤。第二是基础功法训练。这一步骤训练要学会和掌握打、踢、摔、防守、倒地、拿法的技术动作，掌握基本的攻防方法，加强身体关节、柔韧性练习，提高身体运动的灵活性，并牢固扎实地掌握基础功法。第三则是擒拿格斗的技术训练。这一部分主要是学习和掌握相关的擒拿格斗在各种实战和实践中运用擒拿、摔打或甚至夺凶器的技术技法，锻炼擒拿格斗的心理素质和胆量，在训练的进行过程中逐步培养攻防的意识，提高如何及时发现对手破绽和弱点并迅速、准确地进行攻击的拿制的能力，也可以与同伴进行擒拿格斗的实战对抗练习，锻炼和提高运用各种技术技法进行攻防的能力。

（二）训练要有正确的指导思想

擒拿格斗的训练有着严格的科学性。学习和训练时来不得半点花架子和弄虚作假。习练者在训练时，必须一招一式地进行学习和仔细体会，进行反复的操练，循序渐进、持之以恒地练习下去，方可真正掌握擒拿格斗技术。练习擒拿格斗必须要讲文明、讲礼貌，重武德，遵纪守法。

（三）掌握擒拿格斗的攻防规律

擒拿格斗的攻防技术技法灵活多变，但它超不过人体的局限，仔细分析是有规律可循的。为了更好地掌握擒拿格斗术，首先要掌握基本的擒拿格斗攻防知识、技术技法，由基础开始学练，逐步过渡到高级技法，如此由浅入深，由易到难，并广采博收，学练一点，掌握一点，巩固一点，方可使自己有所大悟，有所得。

（四）训练要因人制宜

擒拿格斗术是适应性较为广泛的运动，年长或年少者，或男性，或女性，均可进行练习，并达到强身健体，提高身体素质，达到抗暴自卫。因此，具体训练时，可以根据不同的对象，因人制宜，适当安排训练的方法，以提高实际的训练水平。

二、擒拿格斗运用原则

擒拿格斗的训练和掌握的运用，根据其规律性，并可在运用时遵循这些规格性称为原则。这些运用原则是从无数次的实践中总结出来的方法和经验。为了将掌握的擒拿格斗技术更好地运用于实战中，应当根据擒拿格斗的规律性去遵循以下一些原则，有助于更好地发挥这一技术的威力。

（一）熟练地掌握和灵活地运用

擒拿格斗技术只有经过训练熟练地掌握，才可以使用某种技术方法的多与巧的关系。要做到深入细致、熟练地掌握技术动作，并达到适时而用的水平境界，如此方可达到运用技术的灵敏灵活。

（二）擒拿打跌兼施

擒拿格斗，是擒拿与格斗的结合，在实际的格斗中，要做到远打、近拿、贴身摔的水平。就是在距离稍远的时候，可使用拳打脚踢方法，能展其所长；在逼近贴身之际，使用摔法与跌法易取胜或得手；近身相持时，则易使用擒拿法，巧制关节以擒伏对方。擒拿格斗实战搏斗的两方，都会在激烈的争雄斗技中，各展所长，手脚交加，招式多变，闪展腾挪，进退神速。只要能将打、拿、跌有效地结合，并综合武术技击的各技之长，灵活运用，拿中含打，打中带拿，此已能够轻巧敏捷地制敌于一瞬间。

（三）擒拿格斗动作准确果断

擒拿格斗中，要掌握好动作的快与慢的关系，并要准确地实施攻防动作。与不同的对手格斗，要果断行事，寻机就势，看准对手的身体姿势和招法，去果断地决定所实施的防守或进攻技术，以不给对手防守还击的时间，这样才可更好地保护自身而去制服对手。

（四）掌握好擒拿格斗与谋略的结合

与对方格斗时，临敌制变，贵在预谋。擒拿格斗一道，要以巧见长，以计为首。每与对手交手，要先料其动机，洞察情势，随即就势，善战多变，以奇战或智取等谋略的结合制服对手。

第四节　擒拿与格斗中的踢、打、摔、拿

擒拿格斗作为中国武术既有的搏斗形式运动，它前者为擒拿，后者为格斗，通过这两

种的结合，更使得擒拿格斗直接展现真实的徒手攻防格斗技巧，也更使格斗技术技法完善。

擒拿格斗中的踢、打、摔、拿四大技法，它们之间既有联系，又有区别，各有不同的特点和技术要求与运动规律。

一、踢

踢，即踢法、腿法、脚法，一般指腿法的运用。擒拿格斗中，腿法是一种重要的技击方法之一。在传统武术中有"手是两扇门，全凭腿打人"的说法，这说明腿法在格斗中占有相当重要的地位和作用。不仅是中国武术，美国的自由搏击、日本的空手道、泰国的泰拳、法国的腿拳等技击术均非常重视腿法的运用。因为腿法的运用最为明显的特征是能长善短，远时用脚踢，近时用膝顶。腿法的速度快，动作迅猛，着力准，击踢重，在格斗中被普遍地运用着。腿法当然也有不足之处，即腿法的灵活性不如手法，如起腿不当，可能会被对方接抓住，使己陷入不利的一面。

二、打

打，即打法。它多指手法的运用。擒拿格斗中，手法的运用非常广泛。手法不仅可以用来进攻，还可用作防守。运用手法进攻时，讲究爆发力攻击，并可以配合腰马发力击打。防守时手法的准确性较高，防护的动作又不是太大。因此，手法的运用可以起到灵活自如、虚虚实实、晃上击下等作用。

三、摔

摔，即摔法，摔跌法。摔法在擒拿格斗中占有相当重要的地位。在擒拿格斗中，摔法多结合击打法进行，此法制取对手快速、效果明显而被广泛地运用着。摔法的内容，非常丰富，技术技法较为实用，技击性的特点较突出。擒拿格斗中使用摔法结合其他技术技法，可使擒拿格斗在实战中变化莫测，以巧取胜，以技制人。

四、拿

拿，即拿法，擒拿法。擒拿术是一门技击性很强的技术，它又可以作为一种独特的技击术。其不仅在擒拿格斗中被重视，而在历代的兵家中也被重视。擒拿的技术方法很多，它是针对人体各部分关节和要害，以拿、点、切、挫等技术，去控制对方或化解对方的控制。在格斗中，擒拿与格斗的有效结合，会使擒拿格斗更加高效地发挥技击的作用。擒拿格斗也是将踢、打、摔、拿等较强的技击方法有机地结合起来进行攻防应用。

第五节　擒拿与格斗的基本训练

基本功是学习和掌握擒拿与格斗技术的基础。基本功训练法是增强身体各部位素质（力量、柔韧、速度、灵敏、耐力等）的方法和手段。身体素质能促进擒拿格斗技术的掌握和运用。因此，每一个习练者在学习和掌握擒拿与格斗时，必须进行自觉的基本功训练，并力求精益求精，巩固扎实。

武术各流派在长期的实践中积累了极其丰富的基本功训练经验，练习的方法和手段也是多种多样的，本书中的基本功各式练功法，以供习练者训练借鉴。

基本功训练注意事项。

为了使基本功和基本技术训练得法并收到较好的效果，下面仅就常见的训练注意事项加以叙述，以供参考。

（1）练习要持之以恒

擒拿格斗的训练要经常地坚持锻炼，才可以提高身体素质和机能，以取得明显的锻炼效果。

（2）训练之前坚持做些准备活动

选取一些合适的运动量不大的准备活动动作，以在训练之前提高大脑皮层神经细胞的兴奋性，使人精力充沛，并能预先提高内脏器官的适应能力，增强活动的能力。同时又可以减少和预防运动伤害事故的发生。

（3）养成姿势的正确习惯

初练擒拿格斗基本功或基本技术，必须注意养成用正确的动作姿势，并一丝不苟地去完成每一个动作。否则发生错误定型的动作，会妨碍技术水平的提高，也会影响身体的健康。

（4）由浅入深、循序渐进地进行

人在训练时，体质的增强要有一个过程，只有逐步地适应运动量后，方可以增加运动量。并且运动量要由小到大，动作难度要由易到难，注意循序渐进，量力而行。

（5）运动后做些放松运动

训练后做些放松运动，可以较快地消除身体上的疲劳，增强肌肉的弹性，对以后的爆发力训练都会有益。否则，久而久之的训练，则可能导致肌肉的僵硬、不灵活。

第六节　擒拿与格斗技术

擒拿格斗的技术有踢、打、摔、拿四大类，但更多的是使用擒拿技术和拳、肘、膝、腿等进攻对方。为了能够系统地学习和研究擒拿格斗技术，在将踢、打、摔、拿作以整理，了解基本的攻防技法，为擒拿格斗打好基础。

擒拿格斗技术技法按格斗式、步法、进攻技术、防守技术、摔法、拿法等分别进行介绍。

一、格斗式

图 5-6-1

格斗式是擒拿格斗准备战斗所持的基本姿势，因此又称为实战姿势。合理的格斗式，可以使习练者保持最有利的搏击状态，以便其实现进攻和防守还击的最佳效果。格斗式的特点是机动性好，自我防护较强，又便于进攻、防守，这些姿势是擒拿格斗，以及其他搏击经过不断总结和完善形成的，因此，格斗式是擒拿格斗中不可缺少的技术部分。

擒拿格斗式的姿势，取决于习练者的身体条件及其性格特点。需要注意的是，一般在初学阶段，在未掌握标准的实战格斗式或还未能自如地运用这一规范的动作时，是不允许采用有这个特点的格斗式姿势的。习练者只有在掌握标准的格斗式，并具备了一定的训练实践水平之后，方可根据自己的技术特点和格斗特点，来选择采用符合自己个性的格斗式。

格斗式具体采用什么样的姿势，可根据修习者自己所学拳术拳种习惯，使用钳阳马式（图5-6-1）、问手式（图5-6-2）、截拳道式（图5-6-3）或散打式或自由搏击式均可。

图 5-6-2

图 5-6-3

二、擒拿格斗步法

擒拿格斗步法是根据擒拿格斗运动的特点，并符合其技术要求的一种专门的脚步动作，它是擒拿格斗技术中的重要组成部分。擒拿格斗要求用快速灵活的步法调整与对手的距离，以保证接近和有效地击中对方，同时又能迅速撤离，以确保对方打不着。

步法的锻炼可提高腿部、足部肌肉、韧带的运动速度、力量和弹性，增强两腿脚的进退转换、腾跃起落、虚实变化等动作的灵活性、协调性和稳定性。

步法是支撑和调整身体重心稳定的基础，全身技术技法动作的变化，无不依靠步法来保持身体重心的稳定。

步法的种类较多，本书基本功所介绍的各式步法可结合各式的格斗式运用。

三、擒拿格斗踢打摔拿技法

踢打摔拿技法，是在擒拿格斗中，以踢打摔拿技法体现的动作方法，并可以根据擒拿格斗的具体情况，产生一些变势的打法，以讲究简练实用，自由发挥拿打为主。

四、擒拿格斗防守反击技法

防守是擒拿格斗的基本技法之一，它是采取阻挡、拍挡、搂抓、闪躲等技法去防守对方的进攻的技法。反击则是在对方进攻后的瞬间进行的各种踢、打、摔、拿技术的方法，这些方法均可运用于防守反击中。

擒拿格斗的防守反击，是在对方先攻的情况下的反应，因此反击的动作要及时、准确。防守反击的动作既要使对方攻击失效，又要能够及时反击。也可以说，防守反击是一种更高形式的攻击，它必须在多种防守或攻击技术都能熟练运用的基础上自由地发挥。特别是擒拿与格斗的结合，要有极佳的判断反应力，并要根据对方的体力、技术水平等实际的情况去决定采取何种的技战术。

防守反击运用原则：

（1）所有的踢、打、摔、拿均可运用于反击；

（2）随时严密注视对手，或主动地引诱对方的反应；

（3）特别强调用拿法把握时机控制对方；

（4）反击成熟，要瞬间全力以赴；

（5）善用拿法与其他技法结合反击。

五、擒拿与格斗战术

擒拿格斗和其他技击术一样，作为一种搏击项目都有着它的战术。擒拿格斗的战术讲究简捷实用，以适应变化多端的激烈格斗情况。习练者要想在擒拿格斗中战胜对方，不仅要有高超的擒拿格斗技术、顽强的意志品质，还需要合理地运用战术。因为战术是发挥技术的手段，技术掌握得全面、熟练，战术变化方可运用自如。

擒拿格斗战术是根据擒拿格斗的两方的情况去正确地分配力量，充分发挥自身优势和技术特长，争取战胜对手的技术。擒拿格斗的战术是在一定的身体条件、技术基础上，根据擒拿格斗的需要形成的。战术在擒拿格斗的运用，对擒拿格斗技术的身体素质发展和技术同时提出了新的更高的要求，它也在一定的程度上影响着运动素质和技术的发挥与运用。

战术在擒拿格斗复杂多变的攻防争夺战中，正确地使用和及时地变换战术，是充分发挥习练者的素质、意志、技术和智慧的过程，是克制对手的保证，甚至战术还可以成功地达到以弱胜强的效果。

擒拿格斗战术运用：

（1）观察、了解和分析

与对方准备格斗时，要预先观察、了解对方的体力、技术、战术、性格，以及格斗风格等，并及时对对方的个人特点做出分析，分析其是善用拳法还是腿法或拿法，以备制定擒拿格斗方案。

（2）擒拿格斗中的思维和意识

擒拿格斗中，思维是人的大脑对客观现实的间接的、概括的反应。意识是人们对客观情况所产生的一种反映思维能力，它能支配行动，去改变客观形势。在擒拿格斗中，思维和意识就是在擒拿格斗的快速过程中来思考问题，并刻不容缓，必须去立即付诸行动。

（3）具备良好的心理状态

擒拿格斗中的战术运用是千变万化的，有时可能会因一时的战术使用不当，而遭到对方的进攻或打击，出现了精神紧张的状态，或出现恐惧感。因此，在擒拿格斗中，要正确地、仔细地、客观地分析对手各方面的实际情况，以正确的心理状态取胜对手。

（4）擒拿格斗中以快制慢

在擒拿格斗中，技术和战术突出一个"快"字。与对手交锋时，要有敏锐的视觉，快速准确地判断对手的动向，抓住时机即迅速进行攻击。

（5）要以巧制笨

擒拿格斗中，要具备清醒的头脑、变化莫测的姿态、灵活机动的战术、巧妙有效的招法，以避实就虚，以巧胜对方。

（6）以长制短

擒拿格斗中，要充分发挥自己的长处，去寻隙抓住对方的短处或弱点，进行快速、凶狠的拿打，尽量避免自己的长处与对方的长处进行较量。

（7）进攻、防守与反击

擒拿格斗中，要想取胜对方或把握拿打的主动权，就必须要展开灵活、快速的进攻，进攻的动作要果断，进攻时注意对方的一举一动，要抓住对方的活动时间和动作变化。防守的同时要进行积极的防守，使进攻和防守两者合一，达到攻中有防，防中有攻。反击时，要准确、及时、快速而有力。

第六章
武术擒拿技法

武术作为中国独传之妙术妙法，其中擒拿尤为武术的精髓技艺，其技术法理深奥，招法变幻万千，而且它又是包括在各个拳术拳种之中的一些擒拿动作，因此可称为武术擒拿技法。武术擒拿技法，即擒拿实用技法技术，它是按一定的反关节动作结构和配合其他达到施法控制对方身体的某一部位，使对方丧失反抗能力的擒伏或抓拿方法。

擒拿的实用价值很大，它和武术技击一样，是人们健身和御敌自卫的有效锻炼方法。如经常坚持擒拿功夫的练习，还可以增强体质，振奋精神，提高工作效率。熟练地掌握擒拿技术可以达到防身制敌的作用。但是，擒拿实用技法技术的动作损伤性较大，施技轻则可以控制对方，使其不敢妄动；重则可以使对方的身体要害部位和关节损伤、脱臼、骨折，有甚者导致休克或死亡。因此，在学练和传授此术时，要重视武德的培养，训练中掌握擒拿技法运用的分寸，注意安全，不能故意下狠手，只有在与恶徒生死搏斗中，才可以给予其毁灭性的打击。

擒拿实用技法作为深受人们喜爱之法，为了使更多的人了解和学练此法，本书根据科学实用、系统和简便易学的原则，对中国武术擒拿技法技术进行综合整理且在技法上基本是全面阐述，按擒拿基本形态，擒拿人体的部位和机理分类，辅助基本手法和典型技术来进行示范和说明，其内容已包含了擒拿、擒打、擒踢、擒摔连环等技术技法，因此不再单独列举所谓擒拿、擒打、擒踢或擒摔连环类的内容。

全文示范说明的擒拿实用技法，在参照传统擒拿的口诀试图解释的同时，试求运用人体解剖、生理、力学、运动生物力学、心理学等现代科学对擒拿技术和擒拿机理进行探讨和研究分析，以系统论、控制论的观点来探讨擒拿实用技术的基本规律，以方便广大武术爱好者参照研习。

本文介绍的擒拿技法技术，以擒拿基本技术为基础，以擒拿与格斗并用，着重介绍擒拿施法拿制对方身体的角度，以系统论的观点，对擒拿的机理和典型技法进行探讨，力求使擒拿的技与理结合，并有主动擒拿、被动擒拿和搏击中擒拿等不同的拿法，使习练者易明其理，易懂其术，以更好地掌握擒拿实用技法，使擒拿可以更好地综合与武术的技击法应用，提高擒拿在格斗中的实际应用能力。

擒拿技法有着自己的技术特点和要求，习练者必须以擒拿基本功夫为基础，在身体全

第六章　武术擒拿技法

面锻炼的基础上，着重进行擒拿技法的专项功法练习（具体的训练方法参见相关章节内容），为掌握擒拿技法打下坚实的基础。

第一节　擒拿头部技法

头部作为人体的中枢部分，针对头部的击打、掐拿要害部位与机理，在擒拿技法中，可以掐拿、扳旋眼窝、耳窝、下颌角，或搓插鼻下部，使头部发生旋拧或后仰，以形成擒拿中的旋颈、断颈等技术技法。擒拿头部技法，基本包含了擒拿中出现的头部拿技之法，这些技术技法后来被世界其他各地的柔术、柔道、桑搏、以色列格斗术、印度拳术或综合格斗或自由搏击演化成不同风格形式的技巧。

在接下来各节擒拿技法中，出现了咏春拳的一些手法或脚法，引用这些技术技法是为了使擒拿的动作阐述更加简洁实用；这是因为咏春拳是在进化了中华南北武术的基础上，使拳术拳法的学与练的方式更加简洁，且科学实用。不会像武术擒拿中过去阐述各式各法具体的擒拿动作描述细节那样复杂难懂，也不介绍那些仿生喻义的技法名称，如饿虎扑食、飞鸟投林、蛇鹤缠斗、千斤称出等，因篇幅所限不再详细阐述，以擒拿具体动作形象过程命名名称。

一、揿头扳腮

贴身攻势。甲方与乙方搏击中，甲方欲逼近乙方（图6-1-1）；乙方抢先俯身搂抱住甲方腰部，同时向前逼近欲抵住甲方胸部形成贴身攻势（图6-1-2）。

图6-1-1

图6-1-2

揿头扳腮。甲方迅速移动后脚稳定身势，上体顺势稍向右拧转，两手同时屈肘相合，以右手掌心朝下按乙方头顶偏左部，左手从乙方左颈侧下伸屈腕向上扣住其腮部或下颌处，两手紧紧控制乙方头部（图6-1-3）；未等乙方反应，甲方迅速向左拧腰转体，右手向下按乙方头顶，左手朝上扳扭其腮部或下颌，两手同时交错用力将乙方头部朝左扳转，迫使乙方颈椎关节被扭挫产生疼痛而受到控制（图6-1-4）。

贴身形成缠抱搏斗中，及时以步法或身体稳定身体姿势，同时根据态势变化两手一揿一扳形成擒拿控制。

揿头扳腮是以两手配合进行按头和扳腮控制头、颈椎的技法技术。

二、抠嘴拧头

贴身攻势。甲方以问手变势摆桩准备发动攻势（图6-1-5）；乙方突然贴近甲方，两手抱住甲方右腿，并欲逼近甲方实施攻击（图6-1-6）。

抠嘴拧头。甲方迅速后撤左脚稳定身体重心，同时上体左转俯身，用左右两手控制住乙方头部，随即以右手托抓乙方头部，左手掌心向上抠住乙方嘴角或上颌角向上勾提（图6-1-7），两手上下交错用力拧转乙方头部，迫使乙方被控制（图6-1-8）。

被抱腿时要以步法配合稳定身体姿势，并保持随时的摆桩攻守姿势。托抓头有力，抠腮要预防手指被咬，抠住嘴角形成抠腮，拧头要猛狠。

抠嘴拧头是在拿头部时，以一手托抓头，一手抠嘴腮，两手合力交错拧头形成的擒拿技法，以拿制头部施术。

图6-1-7

图6-1-8

三、掐头揿按

贴身攻势。甲方与乙方互相逼近（图6-1-9）；乙方从前面突然搂抱住甲方腰部形成贴身状态，甲方迅速撤左脚稳定身体（图6-1-10）。

图6-1-9

图6-1-10

掐头揿按。未等乙方变势，甲方左手掐扣住乙方后脑部，右手掐扣乙方面部，右腿同时后击撞乙方腰部，使乙方被迫向后仰身（图6-1-11）。甲方动作不停，两手随即合力掐扣乙方头部向前下推按，使乙方向后跌倒形成擒伏（图6-1-12）。

贴身纠缠中被抱要及时调整桩马稳定身体重心，两手掐扣头部与腿击要有力，上下配合协调，推按头部向后要狠。

掐头揿按，是在两手掐住拿取头面部时，向后推按所拿头部，达到拿制的目的。

图6-1-11　　　　　　　　　　　　图6-1-12

四、别臂扳头

闪避拳攻。甲方以问手摆桩向乙方靠近（图6-1-13）；乙方突发右拳击向甲方胸部，甲方迅速调整桩马向左闪避（图6-1-14）。

图6-1-13　　　　　　　　　　　　图6-1-14

别臂扳头。甲方动作不停，紧接右手变势绕过乙方攻击的右手腕臂，以右前臂向外别住乙方右肘臂部（图6-1-15），同时右转身用左手扒扣住乙方上额向后下扳，使乙方头部过度后仰产生剧痛而被形成拿制（图6-1-16）。

闪避拳击要及时，夹腕臂要准确、牢固，别肘臂有力，扳头猛狠。

别臂扳头是以夹住所拿取的腕臂时进行别臂和扳头配合拿制的技术，主要拿取头部和上肢。

五、挟颈扳头

搬抓腕臂。甲方以问手摆桩与乙方对峙时（图6-1-17），乙方前伸右拳击打甲方胸部

图6-1-15

图6-1-16

或腹部，甲方迅速闪避，同时用右手撅抓乙方右腕臂，左手同时配合托抓其右肘处（图6-1-18）。

挟颈扳头。甲方未等乙方变化，紧接进马绕到乙方身后，右臂屈肘夹住乙方颈喉部，左手松脱随时动作（图6-1-19），左手扒住乙方上额部向后扳拉，髋胯配合同时抵顶乙方臀部，使乙方头颈过度后仰屈产生剧痛而受制（图6-1-20）。

图6-1-17

图6-1-18

图6-1-19

图6-1-20

攏抓腕臂托抓肘臂有力，进马移步要快，挟勒颈要紧，扳头猛狠，髋胯顶抵上下配合协调。

挟颈扳头是在拿取挟颈配合向后扳头控制头部和颈部的拿法，这种拿法运用了手法、步法、身法多种细腻技术。

六、抵臀扒额

移马晃身。甲方与乙方对峙迂回中各准备发动攻势时（图6-1-21），乙方抢先攻击甲方，甲方迅速晃身稳定身势（图6-1-22）。

图6-1-21

图6-1-22

抵臀扒额。未等乙方用力，甲方稳定身势迅速用左手从乙方头后上方扒扣其额部（图6-1-23），并用力向左下拉，右腿同时抵住乙方臀胯部或裆部，使乙方头部过度后仰产生剧痛受制（图6-1-24）。

图6-1-23

图6-1-24

搏斗中被攻击或被抓腕臂遭到施摔时，要迅速调整桩马稳定身体，扒额要牢固，下拉狠而有力，腿抵臀胯上下配合及时，达到损伤头颈的拿制效果。

抵臀扒额是用腿从后顶抵臀部，上路配合扒拉头额形成的拿法，以拿取头部为主。

七、撅腕勾鼻

问手摊挡。甲方以问手摆桩逼近乙方（图6-1-25），乙方被迫做出反应用右手掌插戳甲方上路，甲方迅速以右手摊手摊挡乙方右腕臂（图6-1-26）。

图6-1-25

图6-1-26

撅腕勾鼻。乙方反应紧跟俯身下伸右手欲抓甲方前伸腿脚施摔，甲方右手顺势由摊挡变为撅抓乙方左手腕臂（图6-1-27），及时稳定身体重心，并圈步逼近乙方，左手向前朝下用食指和中指弯勾住乙方两鼻孔，右手撅抓其左腕臂的同时反向后带抓，使乙方头部受制被擒（图6-1-28）。

图6-1-27

图6-1-28

摊挡及时、有力，撅抓腕臂准狠，圈马移步避其锋芒，勾鼻猛狠。

撅腕勾鼻是在一手撅抓腕臂，用另一手勾鼻形成的擒拿技术，以拿腕配合达到勾鼻控制头部。

八、搬腕扒颔

膀手消卸。乙方抢先向甲方逼近，并发出右手掌推击甲方胸部（图6-1-29）；甲方盯住乙方攻击的右手，同时上旋右腕臂成膀手消卸其右手臂（图6-1-30）。

图6-1-29

图6-1-30

搬腕扒颔。甲方动作不停，紧接左手搬抓住乙方右手腕并向左后牵带，右手随势屈肘成掌扒扣乙方脑左侧下颌部（图6-1-31），向下猛左拧拉带，使乙方头部过度左拧产生剧痛受伤被擒制（图6-1-32）。

图6-1-31

图6-1-32

膀手消卸及时，搬抓腕有力，扒颔要猛狠，达到控制头部或颈部目的。
搬腕扒颔是在搬抓手腕时，随势进行扒颔拿法，以拿取手臂配合控制头部为主。

九、扒脑推面

后闪避拳。甲方向乙方逼近（图6-1-33），乙方抢先发出右拳击打甲方面门或头部，甲方迅速后闪上身避闪乙方右拳（图6-1-34）。

图6-1-33　　　　　　　　　图6-1-34

扒脑推面。甲方动作不停，紧接迅速进马贴靠近乙方（图6-1-35），左手从乙方身后扒住其头顶脑壳下拉，右手向前上推乙方面部，使乙方头部过度后仰而受伤被控制（图6-1-36）。

图6-1-35　　　　　　　　　图6-1-36

后闪及时，进马要快，扒头推面紧凑猛狠，达到控制拿取头面的效果。

扒脑推面是在扒住头脑壳配合推面进行拿制头部的技术。

十、攦腕扳头

问手攦腕。甲方以问手摆桩向乙方靠近时（图6-1-37），乙方发出右拳击向甲方胸或肋部，甲方迅速向左闪马移步，同时用右手攦抓住乙方右手腕向右牵带，左臂同时紧接伸向乙方头后侧（图6-1-38）。

攦腕扳头。甲方动作不停，迅速用左手扒住乙方后脑部（图6-1-39），向后下方猛扳拉，右手攦抓住其右手腕臂不放，左腿可顺势抵住乙方腰或臀部，将乙方控制（图6-1-40）。

图 6-1-37

图 6-1-38

图 6-1-39

图 6-1-40

问手摆桩变化及时，撇抓准确、有力，扒头扳拉猛狠，手与身法、步法配合协调。
撇腕扳头是以撇抓手腕时，配合扳头形成的拿制技术。

十一、抠鼻撑推

问手双摊。甲方以问手摆桩与乙方互相逼近（图6-1-41），乙方紧跟伸出两手掌向甲
方胸部推击，甲方迅速用两手向前成双摊手摊挡乙方两手掌（图6-1-42）。

抠鼻撑推。甲方动作不停，未等乙方变势，两手由摊手变双扰手扰压乙方双腕臂（图
6-1-43），随即前逼近乙方用两手拇指抠住乙方两鼻孔用力向前撑推，使乙方被迫向后仰
过度导致鼻部受伤产生剧痛被控制（图6-1-44）。

问手摆桩摊手及时、准确，扰手抠鼻要准，撑推凶狠，配合身法、步法上下协调
动作。

抠鼻撑推，是以两手拇指对准鼻孔发力前撑推的拿法控制技术，以抠鼻达到控制头部
为主。

图 6-1-41

图 6-1-42

图 6-1-43

图 6-1-44

十二、抄肩搬头

抄肩扒托。甲方与乙方在迂回中相峙时（图6-1-45），甲方迅速移马绕至乙方身后，左手从乙方左腋下上抄过肩扒住其头左侧，右手则托住其下颌部（图6-1-46）。

图 6-1-45

图 6-1-46

抄肩揿头。乙方欲动，甲方动作不停，紧接左手向下按乙方头顶同时左臂上抬别其左臂（图6-1-47），右手配合扒住乙方下颌向右上拉，使乙方头部过度向右旋扭受伤被控制（图6-1-48）。

迂回对峙搏斗擒拿，要移马灵活，抄臂揿按快速、有力，拉扳下颌猛狠。

抄肩揿头，抄臂揿按配合控制头部的擒拿技术。

十三、吊马拧头

问手撑脚。甲方问手摆桩突起脚前撑踹乙方胸部或腹部时（图6-1-49），乙方迅速闪避同时用两手接抱住甲方左腿和左脚（图6-1-50）。

吊马拧头。乙方动作不停，变势以左手接抱住甲方左腿和左脚，右手握拳欲砸击甲方左腿膝部；甲方迅速以吊马式稳定身体姿势（图6-1-51），紧接两手配合搂掐住乙方头和面部，并发力用劲猛然拧转其头部，使乙方被迫受制（图6-1-52）。

起腿被接抱时，要设法形成单足吊马势稳定身体姿势，配合手法拿制头部。

吊马拧头是以单足吊马稳定身体重心，拿取头部为目的的擒拿技法。

图6-1-51

图6-1-52

十四、托颌拧头

贴身纠缠。甲方与乙方互相逼近（图6-1-53），乙方突然贴身靠紧甲方，并以两手从前搂抱住甲方腰部形成纠缠态势（图6-1-54）。

图6-1-53

图6-1-54

托颌拧头。甲方迅速调整桩马稳定身势，两手紧跟上抬，左手成托手托住乙方下颌猛推，右手扳住其后脑部（图6-1-55），未等乙方变势，甲方两手合力向右拧转，使乙方头颈受伤产生剧痛被制（图6-1-56）。

贴身形成纠缠被抱腰要及时调整桩马稳定身势利于反击，托颌扳后脑拧转头要猛狠，动作要快速、直接交错用力伤及头颈部，达到拿制的效果。

托颌拧头是在抱腰的近身状态中，以贴身拿取头颈的技术。

图6-1-55

图6-1-56

十五、抵背压头

圈马搋手。甲方以问手与乙方对峙时（图6-1-57），乙方前伸右拳击打甲方面门或头部，甲方向左圈马移步闪避，同时用右手拍挡乙方右手腕臂并顺势搋抓其腕臂（图6-1-58）。

图6-1-57

图6-1-58

抵背压头。甲方动作不停，随即移步绕至乙方身后（图6-1-59），将其击跌前倒地，同时上前用右手按压住乙方脊背，左手扳住其头部，右腿膝跪抵压住其背部，将乙方控制（图6-1-60）。

圈马移步闪避及时，击跌凶猛，扳头要狠，跪抵腰背有力，全身动作要快速、协调。

抵背压头是从身后拿取的技术以控制头部和跪抵压腰为主形成。

图6-1-59

图6-1-60

十六、别臂揿面

拍手扣掌。甲方向乙方逼近时（图6-1-61），乙方突发右拳击打甲方胸部或头面，甲方迅速移马以左手拍挡乙方右拳臂，右手插向乙方胸或腋窝部将其扣拿住（图6-1-62）。

图6-1-61

图6-1-62

别臂揿面。甲方紧跟转马用右脚蹬踹乙方右腿膝部，左手抓住其右腕臂，使乙方受击前跌（图6-1-63），甲方动作不停，左手抓住乙方右手腕向其身后别住，右手按压住乙方面部，将其擒伏（图6-1-64）。

拍挡及时、准确，扣抓牢固，蹬踢猛狠，别臂按面用力。

别臂揿面是以别住手臂揿按头面部进行拿制的技法，需要手法、身法、步法的上下配合，达到拿制的目的。

图 6-1-63

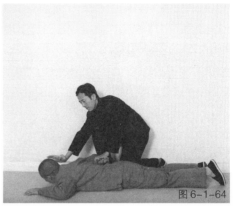

图 6-1-64

十七、搓颌扳面

撅手弹手。乙方抢先突发右拳击打甲方胸部或头面部时（图 6-1-65），甲方闪步避开乙方拳攻，同时用右手挡撅抓其右手腕臂，左手顺势发力弹抽击乙方头面，乙方反应用左手拍挡（图 6-1-66）。

图 6-1-65

图 6-1-66

搓颌扳面。乙方欲动，甲方紧接用左手挡抓乙方左腕臂，右手顺势前伸搓托乙方咽喉部（图 6-1-67）；甲方动作不停，两手变势，右手搓托乙方下颌，左手扳其头面部，两手用力扳拧旋乙方头面部，将其控制（图 6-1-68）。

撅挡及时，弹手冷脆，搓颌扳头用力，动作直接、快速。

搓颌扳面是以托搓面扳头拿取头部的技法。

图6-1-67

图6-1-68

第二节　擒拿颈部技法

　　颈部，由于其在人体所处重要的生理位置，以及其生理作用与结构、运动特点，决定了在擒拿中，针对颈部实施插、掐、抹、扳等不同的擒拿技法。本节内容也是包括了尽可能出现的各种擒拿颈部技法，这些技术技法还被海外武道武技演化成各种柔术柔道或综合格斗技或军事生杀格斗的技法。

一、擸腕锁喉

　　退马闪避。甲方与乙方对峙时，甲方欲接近乙方（图6-2-1）；乙方抢先发动攻势用左拳击向甲方胸部，甲方看准拳势迅速退马闪避其拳攻（图6-2-2）。

图6-2-1

图6-2-2

　　擸腕锁喉。紧跟在乙方拳力刚过，甲方同时调整身势（图6-2-3），上右脚于乙方腿后，用左手迅速擸抓乙方左手腕臂，右手同时从后向前锁住乙方喉颈部，右腿顺势抵住乙方腰髋部将其擒拿控制（图6-2-4）。

退马闪避及时，上步要快，擸腕有力，锁喉颈牢固，整个动作紧凑、连贯。

擸腕锁喉是一手擸抓腕，另一手配合锁喉颈形成的擒拿技法，以拿取喉颈为主。

图6-2-3　　　　　　　　　　　　　　　　图6-2-4

二、擸腕掐喉

退马闪躲。甲方与乙方对峙时（图6-2-5），乙方突发左拳击向甲方头部或面门，甲方迅速退马闪躲（图6-2-6）。

图6-2-5　　　　　　　　　　　　　　　　图6-2-6

擸腕掐喉。乙方紧跟又发右拳，甲方紧接上旋左臂成膀手消卸乙方右拳臂（图6-2-7），未等乙方收拳变势，甲方进左脚，稍左转身，同时用左手顺势擸抓乙方右手腕臂，右手前伸以虎口掐卡乙方喉部两侧动脉，将乙方擒制（图6-2-8）。

退马、膀手消卸及时、准确，抓腕掐喉以掐击两侧颈动脉，掐卡有力。

擸腕掐喉是以移马步法、膀手、擸手配合变化手法进行擒拿的技法，以拿腕掐喉为拿取目的。

图6-2-7　　　　　　　　　　　　　　　　图6-2-8

三、擸腕夹颈

侧闪擸手。甲方以问手摆桩向乙方靠近（图6-2-9），乙方同时向甲方靠近并抢先发出左拳击向甲方胸部或头部，甲方迅速向右侧闪身躲避乙方左拳，紧接上步顺势用左手成擸手擸抓住乙方左手腕臂并向左牵拉（图6-2-10）。

图6-2-9　　　　　　　　　　　　　　　　图6-2-10

擸腕夹颈。未等乙方变势，甲方动作不停，转马靠近乙方身后，右臂屈肘夹住乙方颈部（图6-2-11），同时前挺髋胯抵住乙方腰胯，右臂用力夹紧乙方颈部向后勒，将其擒制（图6-2-12）。

侧闪、擸腕及时，上步快速，夹勒颈喉有力，手、脚、身、法、步快速、协调。

四、缠颈锁喉

擸腕砸背。乙方向甲方靠近并伸出右手拳或掌攻击甲方胸部，甲迅速左闪同时用左手托抓乙方右腕臂（图6-2-13）；乙方反应欲抽脱手，甲方紧跟进右脚逼近乙方，上抬右肘

图 6-2-11　　　　　　　　　　　　　図 6-2-12

下砸乙方肩背，左手成攒手攒抓其右腕臂（图 6-2-14）。

　　缠颈锁喉。未等乙方动作，甲方右手顺势下落沿乙方颈左侧向下向里环抱缠锁其喉颈（图 6-2-15），左手可配合抓握右手用力使乙方被缠锁喉颈呼吸困难被控制（图 6-2-16）。

　　侧闪、托抓及时、准确，缠锁喉颈牢固，手法、身法、步法上下配合一致。

　　缠颈锁喉是以手臂缠锁喉颈部形成的擒拿技法以拿制颈喉为主。

图 6-2-13　　　　　　　　　　　　　图 6-2-14

图 6-2-15　　　　　　　　　　　　　图 6-2-16

五、缠颈蹬膝

缠颈揿头。甲方与乙方纠缠中，甲方由乙方背后屈右肘臂缠锁住乙方前颈，左手抵住其后腰背（图6-2-17）；乙方欲动，甲方紧跟左手屈肘上举揿挡乙方脑后（图6-2-18）。

缠颈蹬膝。甲方动作不停，随即两手配合缠锁捆住乙方颈喉（图6-2-19），并用力向后捋带，使乙方身躯被迫后仰，甲方乘机上提右脚蹬踢乙方膝弯处，将乙方控制（图6-2-20）。

图6-2-17

图6-2-18

图6-2-19

图6-2-20

近距离或贴身纠缠时，从身后袭击缠锁颈喉，动作要直接、干脆，两手与身法、移马上下配合整体协调，蹬膝准狠。

缠颈蹬膝以双手缠锁颈喉形成的拿制颈部的擒拿技法。

六、锁颈揿头

夹颈抵腰。甲方与乙方迂回对峙中，甲方快速移马闪至乙方身后（图6-2-21），随即前踏脚逼近乙方，右臂屈肘夹勒住乙方颈喉，左手同时成掌抵推乙方腰部，欲控制乙方（图6-2-22）。

锁颈揿头。乙方欲挣脱，甲方动作不停，左手上抬揿按乙方后脑勺处（图6-2-23），或以腿脚抵住乙方腿脚，左掌同时向前用力揿推压住乙方头部，使乙方颈喉被封发生呼吸困难而被制（图6-2-24）。

图6-2-21

图6-2-22

图6-2-23

图6-2-24

迂回对峙纠缠，移马要快速、灵活，夹颈形成锁颈手法敏捷、有力。

锁颈揿头是在夹颈同时变换锁颈细腻简洁动作，拿取控制颈部。

七、旋拧头颈

移马拍挡。甲方与乙方互相逼近（图6-2-25），乙方突发右拳击向甲方胸部或面门，甲方迅速向左进马移步，同时左手拍挡乙方右拳臂，右手格挡乙方右拳臂内侧（图6-2-26）。

旋拧头颈。乙方欲动，甲方紧跟右手沿左臂上反手插向乙方，左手翻掌欲向上托扣乙方头部下颌或面部一侧（图6-2-27），同时向后退马，两手合力向左下方旋拧乙方头部，使乙方被旋拧头颈伤及颈椎而受制（图6-2-28）。

拍挡、格挡配合及时，拧旋头部快速、有力，两手动作直接、干脆以达控制效果。

旋拧头颈，是以两手配合步法、身法拿取头颈的技法，以控制颈部为主。

图6-2-25

图6-2-26

图6-2-27

图6-2-28

八、翻背缠颈

近身迂回。甲方与乙方在迂回中，甲方迅速绕至乙方身后（图6-2-29），并迅速贴靠近乙方（图6-2-30）。

翻背缠颈。乙方反应欲动，甲方迅速从乙方颈侧后伸内旋右手腕，屈肘反绕缠住乙方前颈（图6-2-31），左手同时屈肘反扣与右手合抱缠住乙方颈喉部，并用力左转身翻背缠抱乙方，将其控制（图6-2-32）。

迂回近距离移马出手快速、准狠，缠颈牢固有力，翻身背缠连贯。

翻背缠颈是以手法配合身法翻转反背缠颈拿取控制颈部的技法。

图6-2-29 　　　　　　　　　　　　图6-2-30

图6-2-31 　　　　　　　　　　　　图6-2-32

九、挟颈推面

圈马膀手。甲方与乙方互相逼近（图6-2-33），乙方迅速移步欲绕至甲方身后攻击，甲方警觉圈转左右脚，以右膀手左护手对峙乙方（图6-2-34）。

图6-2-33 　　　　　　　　　　　　图6-2-34

挟颈推面。乙方变势突然发动袭击，从后搂抱住甲方腰部，甲方及时调整桩马稳定身势（图6-2-35），紧接右转身，右臂屈肘挟缠住乙方脖颈部，左手同时上伸向右用力猛推击乙方面部，迫使乙方颈部被挟缠发生呼吸困难而受制（图6-2-36）。

图6-2-35

图6-2-36

贴身纠缠被抱腰部时，要快速调整桩马稳定身体重心，挟颈牢固，掌推有力，达到挟勒的擒拿功效。

挟颈推面是以手法配合桩马的调整，达到挟拿颈部的擒拿技法。

十、挑臂扣颈

迂回近身。甲方与乙方在迂回纠缠中，甲方抢先移马绕到乙方身后（图6-2-37），并迅速接近乙方（图6-2-38）。

挑臂扣颈。乙方反应欲移步，甲方两手迅速伸向乙方两腋下再向上挑架其两手臂（图6-2-39），紧接两手用力扣抓住乙方后颈用力下压，使乙方被迫低头被压制（图6-2-40）。

图6-2-37

图6-2-38

移马绕转步法要快、上挑架臂腋疾速，压制后颈要用力，两手与身法、步法上下协调配合。

挑臂扣颈，是从身后实施挑架臂进行压制后颈的拿法，主要以控制颈部为主。

图6-2-39　　　　　　　　　　　　　　　　图6-2-40

十一、扳头拧颈

近身搭肩。甲方抢先移马绕至乙方身后（图6-2-41），用左右手搭在乙方两肩上，乙方反应转身欲发动攻势，甲方迅速前伸左手推挡乙方左肩（图6-2-42）。

扳头拧颈。甲方动作不停，紧接未等乙方有动作，迅速用左手托住乙方右腮，右手掐按住乙方头后部（图6-2-43），两脚换马调整身势靠近乙方，同时用力交错扳拧其腮和头部，使乙方被扳拧头部，伤及颈椎受制（图6-2-44）。

移马绕转要快，一手托扣腮，另一手掐按头后部，配合要快而有力，两手扳拧要交错用力。

扳头拧颈，是从身后拿取头部扳拧伤及颈椎部的拿制技法。

图6-2-41　　　　　　　　　　　　　　　　图6-2-42

图6-2-43

图6-2-44

十二、提尾揿颈

移马侧闪。乙方突发右拳击打甲方胸部或头时（图6-2-45），甲方移马侧闪至乙方右侧（图6-2-46）。

图6-2-45

图6-2-46

提尾揿颈。未等变化动作，甲方左手迅速抓住乙方肩后衣襟下按使其俯身，右手用力扣抓其尾骨下部（图6-2-47），两手配合以左手下按乙方后颈部，右手上提并旋拧其尾骨处，将乙方倒提拿制（图6-2-48）。

移马侧闪及时、快速，两手动作以左右相争用力，达到拿制的效果。

提尾揿颈是一手上提尾骨，一手揿按颈后的拿法技术，搏击中使用奏效可轻易得手。

十三、俯身掐喉

冲捶阻击。甲方与乙方对峙中，乙方向甲方逼近（图6-2-49），并挥手发招攻向甲方，甲方乘机抢中门发冲捶击打乙方面门或胸部（图6-2-50）。

图 6-2-47

图 6-2-48

俯身掐喉。乙方遭到重击跌倒在地（图6-2-51），甲方动作不停，紧跟上步前俯上身，两手向前掐住乙方咽喉部，控制住乙方（图6-2-52）。

冲捶为达到阻击重创效果，出拳要猛击、狠击面门或头部为目标，以利上步进马实施擒拿。

俯身掐喉，两手配合上步迅速、敏捷地动作，以利于形成快速拿控喉颈。

图 6-2-49

图 6-2-50

图 6-2-51

图 6-2-52

第三节 擒拿指部技法

指部是人体上肢的梢节，指掌关节尤为细小脆弱，内收外展，运动幅度狭小，因此，指掌在擒拿或搏击中，既是打击对手的有力武器，也是人体率先易损的部位。也正是如此，由指掌形成了各式各样的擒拿技法。本节内容也包含了所有常见通用的指部擒拿技法。这些擒拿指部的技法被近年来的泰拳以及其他世界武道引用演化为不同的拿技。

一、夹指推颌

进步弹挡。甲方以问手摆桩与乙方对峙时（图6-3-1），乙方发出右手拳击打甲方胸部；甲方反应迅速进马同时上抬左手向外弹挡乙方右拳臂，使其出拳击空（图6-3-2）。

夹指推颌。乙方欲由拳变掌攻击，甲方动作不停，紧接顺势将上抬的左臂向前、向外、向下、向里缠绕住乙方右指掌，并将其右指掌挟于左腋下夹紧，右手成掌同时向前推击乙方下颌处（图6-3-3）；乙方被制欲动，甲方迅速用右手掌发力向左下方推按迫使乙方上体朝后仰倒地，将乙方拿制（图6-3-4）。

弹手弹挡准确、及时，进马灵活，夹手掌要用力夹紧，用掌推击同时发力，两手配合形成擒拿，身势要稳定，以防变化。

挟指推颌是以手进行擒拿指掌和推击头面配合的擒拿技术。

二、绞剪缠指

冲捶突击。甲方在乙方挥拳靠近瞬间，进马发右冲捶击打甲方腹部，左手防护（图6-3-5）；乙方反应迅速移步闪避同时前伸右手欲挡抓甲方右拳臂，甲方紧跟调整桩马（图6-3-6）。

图6-3-1

图6-3-2

图6-3-3

图6-3-4

图6-3-5

图6-3-6

图6-3-7

图6-3-8

　　绞剪缠腕。未等乙方变势，甲方动作不停，左手同时扣抓乙方右手掌背（图6-3-7）；乙方欲动，甲方两手合力成绞剪手将乙方右臂拉直，上左脚向右拧压乙方右指掌，缠绞压住乙方右手形成擒拿（图6-3-8）。

　　冲捶直接、突然袭击，绞剪刁抓准确，五指绞钳有力，整个动作要快速、连贯而有力。

　　绞剪缠指，又类似于常见的小缠指拿法，是一个绞缠指的擒拿动作技术，主要以擒制指掌为主。

三、撅指携背

扣指旋压。甲方与乙方双手相握时（图6-3-9）；甲方在与乙方手接触的瞬间，迅速用右手扣抓住其右手掌指并用力侧下旋压，迫使乙方产生疼痛屈肘俯身（图6-3-10）。

撅指携背。乙方欲动；甲方动作不停，迅速移马向乙方外侧旋拧其右手指，使其右大臂外展，左手同时配合向前扳拉乙方右臂，两手随进左步抓握乙方小臂向其身后推顶（图6-3-11），使乙方右手臂在其背部形成携捆锁动作，将其擒拿（图6-3-12）。

图6-3-9　　　　　　　　　　　　　　　　图6-3-10

图6-3-11　　　　　　　　　　　　　　　　图6-3-12

使用此式擒拿时，可以抓一指或几指同时撅旋，并配合步法、手法或身法动作形成擒拿。撅指携背在擒拿传统中也称为"一指千斤"，主要以撅折指掌为主来造成擒拿。

四、撅指背捆

扣指旋拧。甲方当以右手在与乙方右手相握时（图6-3-13），甲方迅速用右手抓扣住乙方右手指，并使其右手臂向其内侧旋拧，令其右大臂内收，肘部旋内（图6-3-14）。

撅指背捆。未等乙方动作，甲方紧接进左步，用右手指点击乙方头部风池穴或用右手配合打击其头部，在使乙方被击前倒时（图6-3-15），趁势再撅旋乙方右手使其环绕在另一侧肩上扣紧，形成背捆擒拿，右手肘可配合下插砸或压顶乙方背部，使乙方不能做动作（图6-3-16）。

图6-3-13

图6-3-14

图6-3-15

图6-3-16

扣抓撅折手指时要用力，环颈绕肩疾速，身法与步法上下配合协调，整个动作迅速连贯。

此式与上一式撅指携背相反，是从内侧旋绕手臂形成捆绕擒拿动作，主要是擒制手指的擒拿技法。

五、扣掌撅指

定马迎击。甲方与乙方对峙中（图6-3-17）；乙方抢先出左掌推击或击打甲方胸部，甲方迅速稳定桩马屏气迎击（图6-3-18）。

扣掌撅指。甲方紧接反应速以右手扣抓住乙方左指掌（图6-3-19）；乙方欲动；甲方紧跟右手发力向前稍向下撅折乙方左手指，迫使乙方被擒撅指掌就范（图6-3-20）。

迎击要有胆识，准确扣抓手指，撅指顺势用力，方可形成擒拿，产生效果。

扣掌撅指主要以手的扣抓握撅指形成拿指动作，因此也主要是手法擒拿的动作。

图6-3-17

图6-3-18

图6-3-19

图6-3-20

六、扣指背折

揪手扣指。甲方与乙方对峙互相逼近（图6-3-21）；乙方向前伸出右手欲抓或拍击甲方身体，甲方迅速用右手揪手同时扣抓握乙方右手四指，拇指同时扣紧乙方右手手指（图6-3-22）。

扣指背折。甲方动作不停，紧接右手扣抓乙方四指向其腕尺侧端折压，右手拇指同时配合扣压乙方右手食指、中指，使其右手形成反关节背折，左手同时在乙方右手掌另一侧抓握住其四指，拇指扣压住其中指和小指，两手用力使乙方右手成反关节背折（图6-3-23）；两手背折乙方右手掌指时，可双手配合合力内旋或外展折压乙方右手，以此锁定乙方上肢运动链而被擒拿住（图6-3-24）。

这类拿指技法可主动擒拿，也可以被动擒拿，实施擒拿时，两手要紧密配合。

扣指背折主要是以手法拧背折擒拿，它也是以单手撅指后的双手配合擒拿的技巧。

图6-3-21

图6-3-22

图6-3-23

图6-3-24

七、折腕压指

侧闪拍拉。乙方发出右手拳击打甲方头部或胸部时（图6-3-25）；甲方注视乙方拳势进右脚右侧闪，同时以左手臂拍压并拉挡乙方右拳臂，右手腕臂同时挡住乙方右手拳腕小臂处（图6-3-26）。

图6-3-25

图6-3-26

折腕压指。乙方欲动；甲方紧跟左手成扳带动作，右手臂成拳旋压住乙方右手掌，并顺势屈右肘以肘欲横击乙方头部或面部（图6-3-27）；乙方欲挡；甲方乘势稍退步，两手合力，一拉一压旋，使乙方右腕和指掌折屈，并外旋迫使乙方右腕和指掌部极度外旋的效应性锁定规律造成擒拿（图6-3-28）。

图6-3-27　　　　　　　　图6-3-28

　　两手折腕和指掌旋压要配合准确、协调，同时为更好地拿制可适当地移步或变化身法。

　　折腕压指主要是以双手的手法配合旋压折腕指动作，起到拿制的效果，它主要是拿制指掌控制到上肢。

八、撅腕撅指

　　进马冲捶。甲方与乙方对峙时（图6-3-29），甲方突上步发左手冲捶击向乙方，乙方反应迅速用右手抓住甲方左手腕部，迫使甲方左手撑掌（图6-3-30）。

　　撅腕撅指。甲方看到乙方来势，迅速以左手从下翻转向上成撅手抓握住乙方右手腕，使乙方不能挣脱（图6-3-31），两手稍变势同时用力屈肘撅折乙方被抓的右手指，使其被

图6-3-29　　　　　　　　图6-3-30

撅折拿制（图6-3-32）。

撅手变换准备撅折时，要以左手外旋再内收，上托屈肘，右手同时配合拿制。

撅腕撅指主要是以拿制手指控制上肢为主的擒拿技术。

图6-3-31

图6-3-32

九、抠掌撅指

问手进马。甲方以摆桩向前进马与乙方对峙中（图6-3-33）；乙方伸出右手抢抓住甲方左肩部，甲方反应注视乙方动作变化（图6-3-34）。

抠掌撅指。紧接未等乙方用力，甲方随乙方动作迅速用右手从上抠抓乙方右手指或（小指侧），紧跟将乙方手指（小指）抠起（图6-3-35），并用力撅其手指，将乙方拿制（图6-3-36）。

抠扣时要用力，以便发力撅指形成反关节拿制。

抠掌撅指是以拿制手法为主，主要用于抓抠撅指。

图6-3-33

图6-3-34

图6-3-35

图6-3-36

十、截腕掰指

侧闪弹挡。甲方欲向前移动试探乙方反应（图6-3-37），乙方突发左拳击打甲方面部；甲方迅速反应上抬右手成弹手弹挡乙方左腕（图6-3-38）。

截腕掰指。甲方动作不停，看准乙方动作，迅速侧闪身，以右手截挡乙方左手，左手防护（图6-3-39）；未等乙方变化，甲方用右手抓握住乙方左掌拇指，左手则抓握住乙方左掌小指，随即转身两手用力分掰乙方被抓的两手指形成拿制（图6-3-40）。

侧闪弹挡及时，封截要准确，两手分掰手指要用力。

截腕掰指主要是在擒拿施术中拿取手指部位。

图6-3-37

图6-3-38

十一、圈马掰指

进马封腕。甲方与乙方对峙时，乙方发出右手掌推击甲方胸部（图6-3-41）；甲方注视乙方动作，迅速向左进马闪身，紧跟用右手拍拦乙方右掌，左手则拍拦乙方右手腕外

图 6-3-39

图 6-3-40

侧，两手封挡住乙方右手掌腕（图6-3-42）。

圈马掰指。未等乙方反应，甲方动作不停，左右两脚圈马移步变势以右手抓握住乙方右手掌拇指，左手同时抓握住乙方右手掌小指（图6-3-43），两手同时用力分掰，使乙方掌指产生疼痛被控制（图6-3-44）。

进马封腕灵活、快速，圈步及时，分掰手指有力。

图 6-3-41

图 6-3-42

图 6-3-43

图 6-3-44

圈马掰指主要是以手法拿制掌指的擒拿技术，它可以结合其他技术运用。

十二、扣折拇指

进马攧手。甲方向前进马移动时（图6-3-45）；乙方抢先动作并伸出右手掌攻向甲方，甲方乘机用前伸的右手成攧手攧挡乙方右手（图6-3-46）。

扣折拇指。紧接甲方未等乙方动作，以右手掌根下压乙方右手四指，扣抓住乙方拇指做上翘状使虎口朝前推（图6-3-47），紧跟扣紧乙方右手拇指向前下发力推折，使乙方拇指被折产生疼痛受制（图6-3-48）。

图6-3-45

图6-3-46

图6-3-47

图6-3-48

扣抓拇指时要快速、准确、及时、有力。
扣折拇指，主要是以拿制拇指为擒拿目标。

十三、扣掌掰指

圈马扣掌。乙方伸出右手欲抓击甲方左肩部（图6-3-49）；甲方看准乙方动作，迅速向前圈马移步，并迅速用右手扣按住乙方的右手掌背上，同时抓扣住乙方右手小指和无名指（图6-3-50）。

扣掌掰指。未等乙方动作，甲方紧跟随势转身握住其小指和无名指向外旋拧，迫使乙方右掌心反转朝下时（图6-3-51），乘机以左手抓握住乙方右手食指和中指，两手配合用力分掰，使乙方手指产生疼痛被控制（图6-3-52）。

图6-3-49

图6-3-50

图6-3-51

图6-3-52

扣按指掌要牢固，同时可适当配合圈马步法或身法，以利拿制，两手分掰手指要有力，使力的方向相反，达到拿制的效果。

扣掌掰指，在擒拿中可以从不同的格斗角度，来发力分掰一指或几指，达到拿制的目的。

十四、勾臂扳指

摊手撤手。甲方与乙方纠缠中，乙方握住甲方伸出的左腕臂时（图6-3-53）；甲方迅速以左手外翻成撤手撤抓乙方左手，右手从其右臂下前伸出成摊手摊挡乙方欲动的右手臂（图6-3-54）。

第六章 武术擒拿技法

　　勾臂扳指。甲方动作不停，随即变势，以右臂屈肘回勾住乙方左手小指向前下用力牵带（图6-3-55）；乙方欲挣脱；甲方紧跟以右臂将乙方左臂勾回夹紧顺势用力下带，使乙方小指被扳过度背伸产生剧痛被制（图6-3-56）。

图6-3-53

图6-3-54

图6-3-55

图6-3-56

　　摊手撤手配合协调，勾臂回夹要紧，准备拿扳手指时可以变化身势或步法，以利有效地拿取。

　　勾臂扳指主要是在格斗中拿取手指为主，以此形成擒拿，配合不同的姿势变化形成擒拿。

十五、捏肘扳指

　　托腕捏肘。甲方用右手抵住乙方欲攻击的左腕臂（图6-3-57），并迅速以右手托抓乙方左手腕臂，左手前伸捏住乙方左臂肘窝处（图6-3-58）。

　　捏肘扳指。未等乙方变化，甲方紧跟将乙方左肘控制在右臂肘弯上，同时随势屈肘夹紧，左手紧跟按在右手掌背上（图6-3-59），两手合力向下扳折乙方左掌四指，使乙方手指过度背伸产生剧痛被制（图6-3-60）。

图 6-3-57

图 6-3-58

图 6-3-59

图 6-3-60

托抓手臂要紧，捏肘有力，屈肘夹臂要牢固，下扳手指用力。

捏肘扳指，主要是扳折手指和控制上肢的擒拿技法。

第四节　擒拿腕部技法

腕和指都属于人体上肢的梢节，由于腕关节上与掌骨、下与小臂尺骨和桡骨相连，以及腕骨和相关肌肉韧带的生理特性，使腕部较为灵活易损。指或腕部，都可以用大力破小力、合力破分力、螺旋力破直力、杠杆原理与受力面积小压强大的原理形成各式擒拿此部位的技法。擒拿腕部技法基本包括了常见的和罕见的腕部技术技法。

一、折指撅腕

扣指压掌。甲方与乙方对峙中，乙方伸出左手抓住甲方右手腕部（图6-4-1）；甲方紧跟右外旋臂并顺势下压乙方掌指，使乙方左手松握，同时左手从右腕下伸出，扣抓住乙方左手（图6-4-2）。

折指撅腕。乙方欲动，甲方左手乘机稍变抓住乙方左手拇指扣紧并向左扭折（图6-4-3），迫使乙方拇指过度背伸撅伤及腕关节产生剧痛被制（图6-4-4）。

图6-4-1

图6-4-2

图6-4-3

图6-4-4

准备扭折拇指达到控制腕关节时要旋臂、翘腕反抓，折拇指要用力，达到拿制的效果。折指撅腕是以拿取拇指撅伤及腕关节的擒拿技法。

二、扣手撅腕

问手下潜。甲方以问手与乙方对峙时（图6-4-5）；乙方上前伸出右手从正面抓住甲方的头发，甲方欲下潜躲避（图6-4-6）。

扣手撅腕。甲方迅速用两手扣住乙方的右手，使乙方右手不能动作（图6-4-7），紧跟随势前倾上体，身体重心快速下降低头撅折乙方被抓的右手腕，使其手腕被撅产生剧痛被控制（图6-4-8）。

从前面抓手撅腕时，随势屈身低头，向前下撅指，两手扣紧用力一致。

扣手撅腕是由正面扣手撅折腕关节的擒拿技法。

图 6-4-5　　　　　　　　　　　　　　图 6-4-6

图 6-4-7　　　　　　　　　　　　　　图 6-4-8

三、转马撅腕

迂回闪避。甲方与乙方迂回纠缠中，甲方移步欲离开乙方，乙方紧追靠近甲方（图6-4-9），并用右手抓住甲方头发，甲方欲闪避（图6-4-10）。

图 6-4-9　　　　　　　　　　　　　　图 6-4-10

转马撅腕。乙方从身后抓住甲方头发或头顶时，甲方迅速用两手扣抓住乙方右手掌指（图6-4-11），并随势转马转体撅折乙方的手腕部，拿制乙方（图6-4-12）。

图6-4-11

图6-4-12

转身拿制从身后抓发的撅腕，要在转身撅腕时迅速挺身抬头向后用力，达到撅腕的效果。

转马撅腕是从身后拿取手腕撅折的擒拿技术，可根据具体的格斗情况来灵活地从正面或后面拿取。

四、挤指撅腕

定身扣手。甲方被乙方从身后搂抱住，乙方以左臂搂抱住甲方下胸部，右臂则勒住甲方上胸或喉颈部（图6-4-13）；甲方稳定身势，以右手盖扣住乙方右手掌背（图6-4-14）。

挤指撅腕。乙方欲动；甲方用力挤压乙方被抓的右手四指并向右拉带（图6-4-15），左手则同时配合回拉乙方左手腕处撅折，以此加大右手对乙方四指尖的挤压撅折腕关节的劲力，令乙方腕指产生剧痛被制（图6-4-16）。

图6-4-13

图6-4-14

图6-4-15　　　　　　　　　　　　　图6-4-16

抓扣四指时要用力向内挤压手指，两手配合挤撅达到擒拿效果。

挤指撅腕主要以拿取挤压手指撅腕的擒拿机理。

五、扳指拉腕

定马扳指。甲方与乙方纠缠中，乙方从甲方身后施技抱住腰部（图6-4-17）；甲方稳定桩马调整姿势，迅速用右手抓握住乙方右手指向右扳折（图6-4-18）。

扳指拉腕。未等乙方反应，甲方左手同时配合抓住乙方右手腕向右拉，以此加大右手扳折乙方右手指的力量（图6-4-19），使乙方右手指被扳过度，背伸腕关节损伤疼痛被制（图6-4-20）。

动作中扳折手指要有力，拉腕同时配合相反劲力，达到撅腕的拿制效果。

扳指拉腕主要是在纠缠中拿取手指为达到擒控腕关节的目的，也可以在格斗中适当的情况下拿取其他手指扳折。

图6-4-17　　　　　　　　　　　　　图6-4-18

图6-4-19

图6-4-20

六、扣掌撅腕

定马迎击。甲方向前移动时，乙方也前移逼近（图6-4-21）；乙方抢先伸出右手抓握或击打甲方胸部，甲方迅速稳定桩马迎击（图6-4-22）。

图6-4-21

图6-4-22

扣掌撅腕。甲方注视乙方动作，迅速用双手接扣握住乙方右手掌（图6-4-23），紧跟随势前倾上体配合两手下压乙方被抓握的右手，发力向下撅折，使乙方腕部产生剧痛被制（图6-4-24）。

准备接抓手时要准确、快速，撅指腕时身体随前倾用力下压。

扣掌撅腕主要是针对胸部攻击的手和腕进行拿取。

七、撇肘撅腕

侧闪撅手。甲方与乙方对峙中，乙方发出左手拳横击甲方头部或面部，甲方迅速左侧闪避（图6-4-25），乙方紧接又发右拳，甲方迅速用左手迎击并撅抓住乙方击打出的右手

图6-4-23　　　　　　　　　　　　　　图6-4-24

拳腕（图6-4-26）。

　　撤肘撅腕。甲方动作不停，紧接右手从下搂托住乙方右臂肘尖处并回拉（图6-4-27），两手配合以左手外推撅折乙方拳腕部，令其腕关节产生剧痛受制（图6-4-28）。

　　撤肘臂时一手托肘，一手托抓拳腕部，形成两手交错杠杆力，达到擒拿效果。

　　撤肘撅腕主要是以两手的配合形成交错拿取肘和腕关节的擒拿目的。

图6-4-25　　　　　　　　　　　　　　图6-4-26

图6-4-27　　　　　　　　　　　　　　图6-4-28

八、扣臂撅腕

撅臂屈肘。乙方向甲方靠近，抢先伸出左手抓住甲方右肘臂时（图6-4-29）；甲方看准乙方动作，迅速向上屈右肘并以左手撅扣抓住乙方左手腕臂，同时向前进马稳定身势（图6-4-30）。

扣臂撅腕。甲方动作不停，紧跟两腿屈膝降低身势，上体随势稍作前倾配合右肘臂向下压撅乙方左手掌腕处（图6-4-31），左手扣住其腕臂，迫使乙方被擒伏（图6-4-32）。

图6-4-29

图6-4-30

图6-4-31

图6-4-32

扣抓臂准备撅腕时，身法要配合得快速连贯，抓握的手牢固有力，撅腕要狠。

扣臂撅腕主要是在纠缠或格斗中以扣抓擒手臂时进行撅折腕部的擒拿法。

九、撅腕推颏

转马肘击。甲方与乙方纠缠中，乙方搂抱甲方（图6-4-33）；甲方右手抢先撅抓住乙方右手腕，左手屈肘横击乙方头部或颈部；乙方被击缩颈藏头，甲方注视乙方变化（图6-

4-34)。

撇腕推颌。在乙方躲开肘击仰头时，甲方迅速用左手顺势向前直臂推击乙方下颌处（图6-4-35）；乙方欲动；甲方右手撇紧回带，左手发力推击控制住乙方形成擒拿（图6-4-36）。

图6-4-33

图6-4-34

图6-4-35

图6-4-36

动作中身法要配合得灵活、迅速，肘击有力，推颌直接、准确、有力，撇抓手腕回拉及时。

撇腕推颌是打与拿结合的擒拿技术，它主要以抓拿手腕配合掌推击达到控制的目的。

十、压肘卷腕

绞剪缠腕。甲方与乙方混斗中，乙方欲擒住甲方上肢，甲方两手快速成绞剪手，右手在下，左手在上，将乙方右手绞缠住（图6-4-37）；未等乙方变化动作，甲方迅速用左手抓住乙方右手，右手同时配合左手，紧跟上右脚成弓步，缠扣住乙方被抓住的右手腕（图6-4-38）。

压肘卷腕。甲方双手配合卷折乙方右手腕，身体立起同时左转上提左膝从上向下顶压乙方右臂肘关节处（图6-4-39），使乙方被拿制（图6-4-40）。

　　混斗中实施擒拿要胆大心细，绞缠卷腕准确、有力，膝顶压要上提下压，两手为达到拿制的效果可以配合稍向上提指腕部。

　　压肘卷腕主要是以拿取腕部后，配合膝腿的动作形成擒拿技法。

图6-4-37

图6-4-38

图6-4-39

图6-4-40

十一、折腕扣掌

　　拳掌连击。甲方与乙方格斗中，甲方发出右拳击打乙方胸部或面部时，乙方上抬双手欲挡（图6-4-41）；甲方紧接变势发出左掌猛砍击乙方左面侧部或颈部（图6-4-42）。

　　折腕扣掌。乙方被击发出右手欲还击，甲方右手扣夹乙方右手（图6-4-43），并乘机撤步右转身，右手夹住乙方右手，左手扣抓其右手掌指，屈肘，随身体的右转猛折乙方右腕关节处（图6-4-44）。

　　格斗中要注意随时的变化，扣夹要牢固，折腕、扣掌用力，达到控制腕部的擒拿效果。

　　折腕扣掌主要是以拿取夹折腕部达到擒拿的目的，它也主要是针对上肢腕部的擒拿技法。

图6-4-41

图6-4-42

图6-4-43

图6-4-44

十二、拧腕旋臂

绞剪消截。甲方与乙方对峙时，乙方向甲方逼近（图6-4-45），并抢先发出右拳击打甲方头部或胸部，甲方迅速进马左侧闪，上抬双手交叉成绞剪手，沿着乙方右小臂剪截（图6-4-46）。

图6-4-45

图6-4-46

拧腕旋臂。未等乙方有所变化，甲方动作不停，随势屈肘收手之势，左手迅速翻与右手呈掌心相对状合力拿扣乙方右手腕臂（图6-4-47）；乙方欲动，甲方紧跟双手合力从左向右拧旋乙方右腕臂，迫使乙方随势旋拧产生剧痛跌倒在地（图6-4-48）。

图6-4-47

图6-4-48

准备拿取腕臂时要准确、及时，两手绞剪变势用不同的手法，要合力向外拧转腕臂，同时可配合步法稳定身体以助发力。

拧腕旋臂主要针对上肢腕部进行拿取控制，以拧旋腕臂造成以肩关节为圆心抢旋形成擒拿。

十三、旋臂翻腕

进马铲捶。甲方与乙方对峙时，乙方准备攻击甲方（图6-4-49）；甲方随即进右脚，右手成拳铲击乙方头部或面部右侧，乙方上抬左臂格挡，右手按挡甲方左腕臂；甲方右手随势由拳撑掌应对（图6-4-50）。

旋臂翻腕。在乙方闪避或格挡达到转移其注意力瞬间，甲方随势移马由右拳变掌猛力击乙方右腕处，左手扣抓住其右拳（图6-4-51），然后两手合力以左手翻拧，右手挫压，

图6-4-49

图6-4-50

使乙方右手腕部极度外旋，迫使乙方右手屈肘，大臂内收侧身前跌倒，形成擒拿（图6-4-52）。

格斗中运用擒拿，两手要与身法、步法协调配合，拿腕旋翻要达到极度外旋方可形成擒拿控制的效果。

旋臂翻腕主要是以拿取腕臂时，进行合力翻腕旋拧的拿制技法。

图6-4-51　　　　　　　　　　　　　　图6-4-52

十四、折腕盘肘

圈马定势。乙方前伸两手向甲方逼近（图6-4-53），并伸出左手刁抓甲方左手腕臂时，甲方圈马稳定身势（图6-4-54）。

折腕盘肘。甲方迅速上抬右手，同时随上右脚屈肘盘卷住乙方左臂，左手防护（图6-4-55），紧跟甲方屈右肘，发力于肘臂盘折压乙方被拿的左肘，同时使乙方腕关节被折形成上肢运动链被锁定丧失抵抗力造成擒拿（图6-4-56）。

卷指折腕时要用力，盘肘要有盘卷压滚搓的动作，使擒拿的腕部被锁定。

折腕盘肘主要是以拿取上肢的腕臂为主，以两手与肘部的配合进行拿取控制。

图6-4-53　　　　　　　　　　　　　　图6-4-54

图 6-4-55

图 6-4-56

十五、绞剪缠腕

移马摊手。甲方与乙方对峙时，乙方抢先抓住甲方右腕臂（图6-4-57）；甲方随即右脚左闪进马，右手由下向上旋腕成摊手外绕乘势抓住乙方右掌腕背部位，左手防护（图6-4-58）。

绞剪缠腕。甲方动作不停，紧跟在被乙方抓住右腕时，稍稳定身势，迅速用左手掌伸向乙方右手背上，右手随势变掌向外屈腕缠绕，以小指领先四指向下屈勾，用指头扣点在乙方被抓的右手腕尺骨背面（图6-4-59）；乙方欲动，甲方随即降低身体重心同时，两手成绞剪手绞缠住乙方右手腕向下旋拧卷压，使乙方被迫就擒（图6-4-60）。

这是个右手的绞剪缠腕拿法。在传统中国武术擒拿中，此类技术又称为"金丝缠腕"或"小金丝"拿法，在这里只是用了咏春简洁的代表性手法绞剪手，使金丝缠腕一技更加简洁、直接。

绞剪缠腕其主要是用于拿取腕部实施的擒拿技术。

图 6-4-57

图 6-4-58

图 6-4-59

图 6-4-60

十六、绞剪缠腕

移马擸手。甲方与乙方迂回对峙纠缠中（图6-4-61），乙方抢抓甲方右手腕臂，甲方迅速进马调整身势，左手防护（图6-4-62）。

图 6-4-61

图 6-4-62

绞剪缠腕。甲方动作不停，紧接右手由外向内成擸手（图6-4-63），随即擸抓乙方左腕，左手扣抓在乙方左手掌背上成绞剪手缠绞住其左手，随身休重心的降低向前下旋拧卷压其指腕，迫使乙方被擒（图6-4-64）。

左手金丝缠腕拿法手法与右手动作略同，只是将拿法进行灵活的运用。

擸腕绞剪变势，实施擒拿要根据劲力趋势的不同，顺劲顺势拿取，身法、步法灵活地配合进行擒拿。

绞剪缠腕，左式或右式其主要是用于拿取腕部实施的擒拿技法。

图6-4-63

图6-4-64

十七、屈肘撬腕

冲捶挥臂。甲方与乙方对峙时，甲方进马发出右拳欲击打乙方胸部或头部（图6-4-65）；乙方闪身同时伸出左手压挡抓住甲方右手腕，甲方欲挥臂调整身势（图6-4-66）。

屈肘撬腕。甲方紧接沉右肘并里收，左手伸向乙方左手背上（图6-4-67），使左手虎口抓住乙方左手掌背部位，同时用力将乙方被抓的左手腕暗发力向上顶，左右两手相合，牢固擒住乙方左手腕，右肘屈紧同时前移下压住乙方被扭转的左腕臂上，迫使乙方腕关节被撬形成擒伏（图6-4-68）。

抓指掌背有力，旋肘压臂撬腕要暗自发力，两手在动作中交错用力，即可达到重挫腕关节的擒拿效果。

屈肘撬腕是擒拿腕部的技术，它既可以在格斗中拿取左右手腕，同时可配合步法或身法进行不同角度的擒拿，或配合绊跌技术达到重创对方的目的。

图6-4-65

图6-4-66

图 6-4-67   图 6-4-68

十八、裹臂挫腕

转马搋手。甲方与乙方各以右手相互握住时（图6-4-69）；甲方迅速以右手外翻成搋手用力紧扣乙方右手指扳下翻，迫使乙方右手屈肘平托，左手配合托住乙方右手（图6-4-70）。

裹臂挫腕。乙方欲挣脱；甲方紧跟右手抓扣住乙方右手指不放，左手屈肘环臂裹绕乙方下压的右臂朝怀里搂抄（图6-4-71），紧接甲方动左脚横开一步，身体稍左转，左手配合右手反拿住乙方右手掌向上托举并向外旋挫，重挫乙方右腕关节，迫使乙方耸肩悬臂俯首被擒（图6-4-72）。

动作中进行拿取时，接手瞬间先使拿取的手腕向下牵引，以便于另一只手能进行裹缠小臂，拿掌下牵和裹缠小臂要协调配合动作，便于得势擒拿。

裹臂挫腕主要是以两手的配合裹缠控制腕和上肢的技术。

图 6-4-69   图 6-4-70

图6-4-71

图6-4-72

十九、压肘折腕

迂回纠缠。甲方欲伸右手击打乙方胸部（图6-4-73）；乙方反应抢先以左手挡住甲方右手，同时前伸右手掐住甲方喉颈部形成纠缠态势（图6-4-74）。

压肘折腕。甲方迅速用左手屈肘抓住乙方掐喉的右手腕部（图6-4-75），右手抓住乙方右手指随势转身外折将其控制住，左臂屈肘压在乙方右肘处，两手合力迫使乙方屈身下伏不能解脱被制（图6-4-76）。

动作中从抓到折，要准确、及时，两手配合要增强折腕幅度，肩臂下沉要压在肘部，使腕肘交错用力产生剧痛，达到擒拿的目的。

压肘折腕是擒拿术中典型的腕部拿取法，它是由单手抓腕变化的擒拿。

图6-4-73

图6-4-74

二十、挟臂折腕

贴身纠缠。甲方与乙方对峙时，乙方移向甲方身后（图6-4-77），并从甲方背后右腋下准备搂抱腰部形成贴身纠缠态势（图6-4-78）。

图 6-4-75

图 6-4-76

　　挟臂折腕。甲方稳定身势，迅速用右腋挟紧乙方右臂，左手同时抓握住乙方右手指（图6-4-79），抓紧乙方右手指后随左转身用力向右折，使其被折手指过度背伸折到腕关节产生剧痛受制（图6-4-80）。

　　对付身后的袭击纠缠实施擒拿时，在挟住臂时要牢固，折指腕要狠而有力。

　　挟臂折腕，主要是以挟臂进行折指腕的擒拿技术，它是拿取腕部为主的技法。

图 6-4-77

图 6-4-78

图 6-4-79

图 6-4-80

二十一、扣指截腕

问手迎击。甲方以问手向乙方靠近时，乙方前伸右手防护（图6-4-81），紧接乙方抢先用右手抓住甲方左肩部，甲方稳定桩马迎击（图6-4-82）。

扣指截腕。甲方迅速上抬右手扣按住乙方的右手背，左手紧跟上抬从乙方右手腕的外侧上举出（图6-4-83），同时屈左肘向下迅速砸截乙方右手腕部，使乙方右腕过度背伸产生剧痛被制（图6-4-84）。

图6-4-81

图6-4-82

图6-4-83

图6-4-84

扣按手掌背时要牢固有力，以肘压截腕要猛狠。

扣指截腕是以抓住手指背后截击腕关节的擒拿技术，是以控制腕和手为主的拿法。

二十二、拧腕蹬膝

定马迎击。甲方与乙方互相靠近，甲方下落右手引诱乙方（图6-4-85）；乙方突然伸出右手抓住甲方胸襟部，甲方迅速稳定桩马迎击（图6-4-86）。

拧腕蹬膝。甲方动作不停，以两手同时屈肘合于胸前相合抓住乙方的右手掌指，紧跟上体含胸左转顺乙方的右手腕外旋之势向外反拧搓其右腕臂，迫使乙方上体后仰（图6-4-87），在乙方身体后仰失重时，甲方稍提右脚向后朝乙方右腿后膝弯处蹬踏，将乙方控制住（图6-4-88）。

图6-4-85

图6-4-86

图6-4-87

图6-4-88

动作中在抓住指掌拧旋腕时要顺势得法，动作准、狠，重挫腕关节，配合蹬腿可达到重挫的效果。

拧腕蹬膝是在擒住腕臂后配合腿法进行拿取的技术，因此它用上了手与脚的动作达到擒拿的目的。

第五节 擒拿肘部技法

擒拿肘部技法，即以肘关节变化为主的擒拿。擒拿或搏击中，肘关节一旦为人所制，上肩下腕浑然一体，肘肩不能施顶撞技术，转化变通也无着落，擒拿或搏击的战机也将失去。肘部擒拿技法，形式多样，不拘一格，基本涵盖了武术擒拿肘部的技法内容。

一、翻肩截肘

迁回纠缠。甲方与乙方迁回对峙中，乙方移动靠近甲方（图6-5-1），并迅速绕到甲方身后纠缠，伸出右手抓住甲方右肩部（图6-5-2）。

翻肩截肘。甲方迅速稳定身体，迅速用左手扣按乙方右手掌，右臂同时上扬成扬手（图6-5-3），紧跟甲方同时转马转身翻肩屈右肘发力向下压截乙方右手肘关节处，左手抓扣不放，使乙方右肘过度背伸产生剧痛伏身被制（图6-5-4）。

图6-5-1

图6-5-2

图6-5-3

图6-5-4

动作中抓扣手掌要牢固，转身翻肩以臂肘截肘要猛狠有力，达到拿制的效果。

翻肩截肘是对付从身后攻击肩部的擒拿技术，它主要以控制拿取上肢肘部关节为主达到擒拿目的。

二、撅腕揿肘

侧闪撅腕。甲方向乙方靠近时，并发出右拳击打甲方胸部（图6-5-5）；甲方迅速向左侧闪避，同时前伸左右手拍封同时撇抓乙方右腕臂（图6-5-6）。

撇腕揿肘。紧接甲方以右手撇抓乙方右手腕并向外旋拉拧，同时进马（图6-5-7），左手前伸下揿按在乙方被抓的右肘尖处，将乙方擒伏（图6-5-8）。

图6-5-5

图6-5-6

图6-5-7

图6-5-8

闪躲要及时，撇抓手腕快速、准确，进马与揿压肘协调、有力。

撇腕揿肘是以先撇抓手腕进行按肘达到控制目的的擒拿技术，它以拿取上肢肘关节为主。

三、扣掌压肘

贴身纠缠。甲方以问手与乙方在对峙中，乙方移步向甲方逼近（图6-5-9），同时前伸两手交错抓拿住甲方两手并下按准备纠缠擒打（图6-5-10）。

扣掌压肘。甲方用力挣脱乙方两手时，乙方用左手抓住甲方头发或头顶，甲方欲用两手扣抓住乙方的左手掌指（图6-5-11）；未等乙方变化，甲方动作不停，左手扣抓乙方左手，身体稍左转屈膝前俯以右手下压乙方被抓的左手肘处，控制住乙方（图6-5-12）。

扣抓手要牢固，以手压肘时要配合身法和腿脚的移动，灵活地拿取。

扣掌压肘，主要是对付抓发的擒拿控制技术，它针对上肢肘关节实施拿取。

图6-5-9

图6-5-10

图6-5-11

图6-5-12

四、扣肩压肘

近身纠缠。甲方与乙方对峙时，甲方欲靠近乙方（图6-5-13）；乙方前伸左手抓住甲方右肩处纠缠，甲方警觉稳定桩马（图6-5-14）。

扣肩压肘。甲方紧跟迅速用左手抓住乙方左手掌指扣按在右肩处，同时上抬右臂屈肘（图6-5-15），随圈马俯身并猛发力下砸压乙方的左臂肘处，将乙方控制（图6-5-16）。

扣住指掌时要迅速，进行压肘动作猛狠，两手与圈脚配合协调拿取。

扣肩压肘是对付抓肩部的擒拿技术，它主要针对上肢肘关节的拿取。

五、托手揿肘

引诱迎击。甲方向乙方靠近时，并暴露上身引诱乙方（图6-5-17）；乙方伸出左手抓住甲方腹部衣物，甲方稳定桩马迎击（图6-5-18）。

图6-5-13

图6-5-14

图6-5-15

图6-5-16

图6-5-17

图6-5-18

托手揿肘。甲方紧接迅速用左手托抓住乙方左手腕，右手紧跟揿按在乙方左肘尖处下压（图6-5-19），随即俯身两手配合左手托抓，右手下揿按压肘部控制住乙方（图6-5-20）。

托抓腕有力、牢固，揿按压肘要猛狠。

托手揿肘是一种针对腹部被抓击的擒拿技术，它主要是拿取上肢肘关节形成的擒拿。

图6-5-19

图6-5-20

六、截肘锁颈

扣掌截肘。乙方伸右手攻击甲方面门或头部时，甲方移马用右手扣抓乙方右手掌（图6-5-21），紧跟左手截击乙方右肘部（图6-5-22）。

截肘锁颈。乙方欲动，甲方拿扣乙方右掌向下旋拧，乙方反挥左手还击，甲方乘机用左手截按乙方的左肘处（图6-5-23），并顺势左脚前移半步转马别住乙方腰部和腿部，左手朝前箍颈锁住乙方，迫使乙方被擒拿（图6-5-24）。

扣拿掌截肘攻击有力，防护反击及时，锁颈猛狠，腿别腰顶有力，全身上下配合协调，达到擒拿的效果。

拿掌锁颈在格斗中运用了不同的手法，配合身法、步法、腿别法擒拿，它是一种上下齐用的擒拿技术。

图6-5-21

图6-5-22

图 6-5-23   图 6-5-24

七、扳腕别肘

进马扣腕。甲方向乙方靠近时，乙方伸出右掌劈打甲方胸部或头部时（图6-5-25）；甲方进马同时迅速用左手扣拿乙方右掌并朝外卷扭（图6-5-26）。

图 6-5-25   图 6-5-26

扳腕别肘。甲方动作不停，右手前伸从乙方右大臂下朝外抄起并屈肘上勾挎住其右大臂，左手配合扣拿住乙方右掌下压（图6-5-27）；乙方欲动，甲方紧接进右脚，乘势屈右腕下勾，由上向下反扳住乙方右腕骨，左手离开防护，右手肘随势继续上抬反别乙方右肘，手肘交错用力，别住乙方右手肘，迫使乙方后仰被擒（图6-5-28）。

扣拿住手腕时即以杠杆原理实施反腕别肘动作，达到控制住肘关节的效果。

扳腕别肘是一种以手法、脚法的配合进行拿腕别肘的擒拿技法。

八、锁腕别肘

退马摊手。甲方向乙方逼近，并突发右拳攻击甲方上路（图6-5-29）；甲方看准乙方动

图 6-5-27

图 6-5-28

作迅速含胸后退马，右手屈肘前伸成摊手摊挡乙方右拳腕臂外侧，左手防护（图6-5-30）。

锁腕别肘。未等乙方变化，甲方紧跟逼近，左手屈肘环臂横向压住乙方右肘弯处，右手同时架住乙方右腕并抓其下压（图6-5-31），右手掌内旋向下抓住乙方右手腕继续下压手，同时配合左手插别乘势搭在乙方右腕小臂上，以此锁住乙方反折的右腕，压别住乙方右肘，迫使乙方上体后仰形成擒拿（图6-5-32）。

图 6-5-29

图 6-5-30

图 6-5-31

图 6-5-32

抓拿腕时要牢固，锁腕与别肘要顺势得法，两手同时为了更好地擒拿，要灵活地与身法、脚法配合。

锁腕别肘运用得势可锁腕紧，别臂牢，并可以对付击胸击头的拳臂而拿之。

九、挟臂斫肘

近身纠缠。甲方向乙方靠近以试探其反应（图6-5-33），乙方近距离抢先伸出左手拍抓甲方右肩或胸部（图6-5-34）。

挟臂斫肘。甲方迅速用左手扣压锁住乙方左手掌在肩胸部不使其松脱，紧跟右转身合扣左手于右肩并内旋乙方手腕，右臂屈肘由上向下盘斫挟压住乙方左肘（图6-5-35），使乙方左肘臂被锁定擒拿（图6-5-36）。

图 6-5-33

图 6-5-34

图 6-5-35

图 6-5-36

扣抓指掌后即锁牢，以肘盘斫要猛狠，由此造成肘关节以及腕关节的剧痛产生拿制的效果。

挟臂斫肘是以扣压指掌锁定后进行挟臂控制上肢肘关节运动链的擒拿技术，主要用于擒拿上肢。

十、旋臂挫肘

摊伏消解。甲方与乙方对峙时，乙方向甲方逼近（图6-5-37），抢先发出右掌或拳击向甲方上路，甲方反应迅速以左摊手在前，右伏手在后，消解乙方右拳（图6-5-38）。

旋臂挫肘。紧接着未等乙方变化手甲方两手合力扣拿乙方左腕臂（图6-5-39），并使乙方腕臂内旋，随即移马向乙方前下方用力拉带拧挫其左肘臂，使其肘关节内旋极度受挫，产生肘部和腕部的剧痛而被锁定伏身被制（图6-5-40）。

图6-5-37

图6-5-38

图6-5-39

图6-5-40

消解要及时，扣拿腕臂准确、有力，旋拧挫肘腕臂猛狠。

旋臂挫肘主要是拿腕进行挫肘关节的擒拿上肢的技术，迫使被拿的上肢肘部极度地内旋和外展发生暴力性损伤，达到擒伏的目的。

十一、扣掌翻肘

定马迎击。乙方突发右掌推击甲方胸部（图6-5-41）；甲方看准乙方攻势，定马稳定身势迎击（图6-5-42）。

扣掌翻肘。未等乙方变势，就以左手按于乙方右手掌背上，四指紧扣住乙方右手掌指，甲方紧跟用力外翻乙方右掌朝向后时，右手配合扣住乙方右掌（图6-5-43），发力猛外翻乙方右掌使其右肘关节突外翻，迫使乙方被翻拧后倒于地（图6-5-44）。

图6-5-41

图6-5-42

图6-5-43

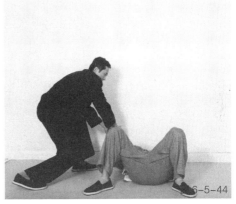

图6-5-44

扣拿指掌要牢，两手配合抓拿时，要快速迅猛，翻拧腕肘要有力。

扣掌翻肘是在拿取手掌外翻使腕、肘部被翻旋至伤的擒拿技术，主要以擒拿肘腕和上肢为主。

十二、扣手折肘

含胸避拳。甲方警觉向乙方靠近时，乙方同时向甲方逼近（图6-5-45）；乙方突发右拳击向甲方胸部，甲方迅速含胸退避乙方右拳（图6-5-46）。

扣手折肘。甲方紧接左侧闪身右手扣抓乙方右腕臂，乙方欲回挣脱（图6-5-47），甲方顺其力前送并发力里折乙方右手腕肘部，使乙方右肘关节内屈超过限度产生剧痛被制（图6-5-48）。

图 6-5-45

图 6-5-46

图 6-5-47

图 6-5-48

含胸闪躲要及时，顺势接抓拳腕要准确、有力，送腕扣折腕肘要猛狠。

扣手折肘是以拿住腕部时向里送劲折腕肘达到擒拿目的的技术，主要是拿取上肢肘和腕部。

十三、挟腕缠肘

后闪扣指。甲方向乙方逼近时，乙方突发右手撩击甲方下颌或面部时（图6-5-49）；甲方头部迅速后闪，左手屈肘环臂向上扣拿乙方右手指掌并内旋，迫使乙方右手掌向外反扭（图6-5-50）。

挟腕缠肘。甲方紧跟进马上右脚于乙方右腿后别住其腿，右手屈肘上举将右肘由上向下压住乙方的右肘弯处使其小臂受到屈肘反折（图6-5-51），左手扣抓乙方右手掌，右手掌则随由压肘经乙方右侧后向下绕动，以右大臂贴紧乙方身躯，挟住乙方反折的右小臂肘部，迫使乙方身躯后仰使其右臂的腕肘肩关节全部受制被擒（图6-5-52）。

迅速连锁带缠，缠肘别臂，配合腿脚的动作，上下协调、灵活地擒拿。

挟腕缠肘主要是拿掌挟腕进行缠折肘的擒拿动作，可对付以拳或掌攻势进行拿取控制。

图 6-5-49

图 6-5-50

图 6-5-51

图 6-5-52

十四、旋腕折肘

问手侧闪。甲方以问手与乙方对峙时，两方互相逼近（图6-5-53）；乙方突发右手插击甲方胸部或腹部，甲方迅速向左侧闪（图6-5-54）。

图 6-5-53

图 6-5-54

旋腕折肘。甲方紧接迅速用右手挡抓住乙方右手掌（图6-5-55），并用力向右旋拧乙方右腕臂，使乙方手掌转向前，同时左手抓扣乙方右掌背，两手合力回勾下压使乙方右腕和肘关节超过极限内折损伤产生剧痛被制（图6-5-56）。

图6-5-55　　　　　　　　　　　　　　　图6-5-56

反抓掌有力，旋拧腕臂折肘猛狠，达到拿制的效果。

旋腕折肘主要是以拿取手掌旋拧腕臂折到肘关节的擒拿技术，它可以用来直接拿取，也可以在防守中拿取。

十五、屈腕推肘

后闪避拳。甲方移马向乙方逼近（图6-5-57）；乙方突发右拳击打甲方胸部，甲方反应迅速后闪避开乙方拳攻（图6-5-58）。

图6-5-57　　　　　　　　　　　　　　　图6-5-58

屈腕推肘。甲方紧接顺势抓住乙方右拳腕（图6-5-59），左手前伸托住乙方右肘处并上推，右手同时下折屈乙方右腕处，迫使乙方右手腕和肘关节超过限度内屈产生剧痛或损伤被擒制（图6-5-60）。

图6-5-59

图6-5-60

顺势抓腕要准确、有力，推肘屈腕连贯迅猛，使拿制的肘腕达到擒制的效果。

屈腕推肘是以拿腕制肘的擒拿技术，主要是针对肘和上肢的擒拿。

十六、锁掌挫肘

近身纠缠。甲方近身挥拳击打乙方头部，乙方上抬左掌抓住甲方右手腕（图6-5-61）；甲方迅速用左手由乙方左腕上方向右抓握住右前臂进行纠缠中（图6-5-62）。

锁掌挫肘。甲方动作不停，右手同时配合抵住乙方左掌，将乙方的左掌指锁于两臂中间（图6-5-63），紧跟两臂迅速向前拧弯乙方右手腕，并随势向左下捋挫乙方肘关节部，使乙方肘部被挫伤受制（图6-5-64）。

两手锁掌要准确、牢固，向前拧弯腕时用力捋挫肘，达到肘部被顿挫的拿制效果。

锁掌挫肘是以两手的手法配合在锁掌后，并进行挫肘的擒拿技术，主要用于拿取肘部。

图6-5-61

图6-5-62

图6-5-63

图6-5-64

十七、扣手牵肘

膀手防护。甲方稳定桩马与乙方对峙时（图6-5-65）；乙方向甲方逼近，并前伸右手掌扑向甲方，甲方下旋右手成膀手防护（图6-5-66）。

扣手牵肘。乙方动作不停，并伸出右手抓住甲方右大臂（图6-5-67）；甲方迅速用左手扣按乙方右手背处，右前臂则从乙方右臂下腕外侧向上靠于左腕上，以助左手扣紧乙方右手掌，紧跟以右手前臂紧顶乙方右腕的外侧，随即撤步向右转体以右肘臂别住乙方右手腕，并牵拉乙方右肘关节使乙方右肘压被牵拉别损受制（图6-5-68）。

抓扣手背时要牢固有力，转体别腕牵拉要随势发力，达到损伤腕肘臂的效果，起到拿制作用。

扣手牵肘是在扣抓手腕时配合转体的动作进行别牵拉肘达到擒拿控制的目的。

图6-5-65

图6-5-66

十八、折腕叠肘

定马握手。甲方向乙方逼近，乙方抢先发出右手扑击甲方上路（图6-5-69）；甲方稳

图6-5-67

图6-5-68

定桩马同时以右手乘机握抓住乙方右手掌（图6-5-70）

折腕叠肘。甲方紧跟左手握住乙方右肘处并向下回拉，同时右手握抓乙方手掌向前上推挫，使乙方右肘臂屈折相叠（图6-5-71），甲方动作不停，右手用力向里折乙方右手腕，迫使乙方右肘顺势超过限度内屈损伤被制（图6-5-72）。

抓握手掌有力，叠肘折腕协调一致，两手要配合灵活，达到拿取的效果。

图6-5-69

图6-5-70

图6-5-71

图6-5-72

折腕叠肘是以抓住手掌后，紧跟实施的折腕叠肘擒拿技术。

十九、缠腕别肘

定马握手。甲方与乙方对峙时，乙方发出右手欲扑抓甲方（图6-5-73），甲方迅速稳定桩马抢先以右手握住乙方右手（图6-5-74）。

缠腕别肘。紧接甲方圈马右转身，用左臂挟住乙方右大臂，前臂向下、向里缠绕并外别住乙方右臂，右手抓握乙方右手不放（图6-5-75），未等乙方反应，甲方紧跟右手抓握乙方右手向下回扳，使乙方右肘过度背伸产生剧痛损伤被制（图6-5-76）。

图6-5-73

图6-5-74

图6-5-75

图6-5-76

抓握手掌牢固、有力，挟臂别肘猛狠，手、身、步上下配合一致。

缠腕别肘是在抓握手掌时进行转体拿制的擒拿技术，主要针对腕和肘实施擒拿。

二十、扳腕托肘

托肘扣手。甲方向乙方逼近；乙方突发左手击打甲方胸部时（图6-5-77），甲方用右手反扣抓乙方左手腕，左手由下向上托抓乙方左肘关节（图6-5-78）。

扳腕托肘。甲方未等乙方动作，紧接上右脚屈右膝，左腿随势挺膝稳定桩马（图6-5-79），同时右手顺手向外猛掰乙方左腕，左手紧跟向左上托拉乙方左肘，使乙方被控制（图6-5-80）。

图6-5-77

图6-5-78

图6-5-79

图6-5-80

抓掌指必须将四指从拇指处扣抓入掌心，托肘时同样扣抓肘内侧有力，两手扣抓部位准确，用力要狠，外掰时两手同时向相反方向用力。

扳腕托肘是以两手配合向相反方向掰腕托扣抓肘的擒拿技术，主要是以两手擒拿肘和腕的拿法。从各种肘部擒拿技法可以看出，既拿制肘部关节，同时也有可能配合其他的手法、脚法，或拿制腕、臂与肘部混合连环形成擒拿。

二十一、扣腕挟肘

贴身纠缠。甲方与乙方纠缠中，乙方发动攻势冲向甲方，甲方缩身闪避（图6-5-81）；乙方突然起身用两手向前搂抱贴身纠缠甲方腰部（图6-5-82）。

扣腕挟肘。甲方被迫迅速稍右转体稳定身体并向后撤步，以右手挥打乙方面门或头部，乙方被击两手不能用力（图6-5-83）；甲方不等乙方反应动作，紧跟左手顺势扣抓乙方右手腕向右拉带，右臂屈肘以肘臂挟住乙方右手肘臂，控制住乙方（图6-5-84）。

图6-5-81

图6-5-82

图6-5-83

图6-5-84

对付突然搂抱纠缠时要看准袭来的动作，要稳定被搂时的身体，随时用各种可以还击的技法进行击打，使自己得到可以变化招数的松脱机会，抓腕挟肘要牢而有力。

扣腕挟肘是以两手配合进行拿取控制肘和腕部。

二十二、掐肘卡喉

进马冲捶。甲方进马冲捶击打乙方上路，乙方突发左脚弹踢甲方腰腹部（图6-5-85）；甲方缩身闪避时，乙方变势发出右拳直击甲方上路（图6-5-86）。

掐肘卡喉。甲方乘机进马，用左手掐住乙方右肘关节处并上举过头部（图6-5-87），紧跟右手由拳变掌向前伸出猛卡乙方咽喉部，控制住乙方（图6-5-88）。

掐肘关节部要准确、及时、有力地上举，卡喉要猛狠，进马要快。

掐肘卡喉是对付拳击或腿击时实施的拿法，它需要两手与步法的配合进行拿取。

图 6-5-85

图 6-5-86

图 6-5-87

图 6-5-88

二十三、捆肘抱腰

交叉撩手。乙方伸出两手欲抓扑甲方时，甲方迅速以右手撩抓乙方右手腕，左手撩抓住乙方左手腕，两手交叉撩抓控制乙方双手（图6-5-89）；乙方欲动，甲方紧跟两手用力抓扣乙方两手腕将其双臂捆住，使乙方双臂相缠住（图6-5-90）。

图 6-5-89

图 6-5-90

捆肘抱腰。甲方紧跟用力将乙方双臂向其左下方捆肘（图6-5-91），并随即进马撒开两手，猛向前抢抱住乙方双臂和腰部，身体紧贴乙方身体困住乙方（图6-5-92）。

图6-5-91　　　　　　　　　　　　　　图6-5-92

两手撒抓时要用力，缠抓捆臂和肘及时，进马与抱臂、腰协调、连贯。

捆肘抱腰是以两手抓缠手腕进行捆缠臂肘，再抱肘、臂、腰的擒拿技法，它主要以手法和身法、步法的配合达到拿取控制的目的。

二十四、固腕推肘

后闪避拳。甲方与乙方对峙并互相逼近（图6-5-93）；乙方突发右拳击打甲方胸部，甲方迅速向后闪避其拳攻（图6-5-94）。

图6-5-93　　　　　　　　　　　　　　图6-5-94

固腕推肘。未等乙方变势，甲方以右手从乙方右拳内侧拍封抓住其右腕，左手从乙方右臂外侧向里横拍其肘部（图6-5-95）；乙方欲动，甲方紧跟转身，以右手握住乙方右腕向外拧并向右后推带，左手则同时下按乙方肘关节上方，使乙方肘关节发生过度背伸而剧痛被制（图6-5-96）。

图6-5-95

图6-5-96

固腕要牢固有力，握腕推肘猛狠，转身、领臂、推肘要一致。

固腕推肘是以先封住手腕，配合身法、手法进行拿取肘和腕的技术。

二十五、攧腕扳肘

侧闪避拳。甲方向乙方逼近保持警觉（图6-5-97）；乙方突发左拳击打甲方胸部，甲方反应迅速左侧闪避乙方拳势（图6-5-98）。

图6-5-97

图6-5-98

攧腕扳肘。甲方看准乙方动作，迅速用右手攧抓住乙方左拳腕（图6-5-99），紧跟左手从乙方左臂下前伸向上扳住乙方左肘处并向左后回拉，右手同时从乙方左腕后前推其腕，迫使乙方左肘发生损伤或脱位而被制（图6-5-100）。

攧腕要及时、准确，扳肘推腕猛狠有力，扳攧肘与推腕的力方向相反。

攧腕扳肘是以攧抓腕进行扳肘推腕控制肘腕关节的拿法。

图 6-5-99

图 6-5-100

二十六、搬腕提肘

侧闪避拳。甲方与乙方互相逼近（图6-5-101）；乙方发出左拳击打甲方胸部，甲方迅速向左侧闪乙方拳攻（图6-5-102）。

图 6-5-101

图 6-5-102

搬腕提肘。未等乙方动作，甲方反应迅速以右手搬挡抓乙方左拳，左手同时从下向上抓住乙方左肘（图6-5-103）；乙方欲动，甲方紧跟右手搬抓住乙方左腕向前下旋拧，左手则抓住乙方左肘发力向后上旋提，使乙方左肘被扭拧损伤产生剧痛被制（图6-5-104）。

搬抓拳腕要准确、及时，托抓肘有力，拧腕和提肘动作一致，两手配合用力将擒拿的手臂进行外旋，起到擒拿控制的效果。

搬腕提肘是以先抓拿住手腕，实施拿取肘关节的技术。

二十七、推臂拉肘

进马膀手。甲方与乙方对峙中，乙方逼近甲方发出右拳攻击（图6-5-105），甲方反

图 6-5-103   图 6-5-104

应迅速进马以左手成膀手向前上消卸乙方右拳（图6-5-106）。

　　推臂拉肘。乙方欲动，甲方紧跟左转体以左手顺势推乙方右小臂，右手从乙方右肘下伸进，并向上扳住乙方右肘关节的外上侧（图6-5-107），再将乙方右肘向右上方回拉，左手成掌抓住乙方右小臂向左前下方猛推折，使乙方右肘臂被控制住不能动弹（图6-5-108）。

图 6-5-105   图 6-5-106

图 6-5-107   图 6-5-108

膀手消挡拳头要注意化力，消卸要及时、准确，推臂拉肘动作一致，两手要同时用力，进行反折肘臂要猛狠。

推臂拉肘是在防守时随势实施的推臂和拉肘形成的拿法。

二十八、控腕端肘

贴身扣手。甲方与乙方形成贴身纠缠的距离，甲方伸出右手抓住乙方的左肩头时，乙方反应迅速用右手反抓住甲方腰部（图6-5-109）；甲方稳定身势，右手同时由抓肩松开防护（图6-5-110）。

控腕端肘。甲方紧跟右手屈肘向上从乙方的右臂下抄过，朝胸前围抱托住乙方的右臂肘（图6-5-111），此时左右两手缠腕抱紧控制住乙方右手腕为支点，截住乙方右肘关节，紧跟挺腹抬肘使乙方右臂向上端起，迫使乙方疼痛耸肩跷足被擒（图6-5-112）。

图6-5-109

图6-5-110

图6-5-111

图6-5-112

扣抓腕要准确、有力，扣抓腕后即贴身施法，并以腕为支点实施端肘动作，配合身躯的上撑，使拿取的肘臂产生挺拔劲和旋转劲，达到重克的擒拿效果。

控腕端肘，可以直接用于拿取，也可以在还击中反抓手腕以克制抓腰或腰部衣服的拿法。

二十九、回身扛肘

迂回纠缠。甲方与乙方在纠缠中，乙方绕至甲方背后，以右手抓住甲方后腰部或后腰带处（图6-5-113）；甲方看准乙方动作，顺势左手成掌朝背后贴于腰部抓扣住乙方右手掌腕处，两腿同时屈膝下蹲稳定姿势（图6-5-114）。

回身扛肘。未等乙方反应，甲方紧跟两手紧抓扣住乙方右手腕于背随俯身朝右手磨转（图6-5-115），在头部回转过乙方右手臂下时停止，紧接着挺身立起，使左肩背扛住乙方的右肘关节处朝上挺顶，配合转身使乙方的腕肘关节被反扭过来形成束手被擒状（图6-5-116）。

图6-5-113

图6-5-114

图6-5-115

图6-5-116

在身后腰部被抓时，迅速以步法、身法来稳定身体，两手要迅速后抄实施抓拿，转身要随手抓牢迅速回转达到扛肘臂制的效果。

回身扛肘是以手法与身法、步法配合进行克制后腰被抓的擒拿技术。

三十、扣腕端肘

拍手挡拳。甲方与乙方对峙时，甲方前伸左手试探乙方（图6-5-117）；乙方突用右手击向甲方胸部，甲方迅速用左手成拍手拍挡乙方右拳臂（图6-5-118）。

扣腕端肘。乙方拳力刚过的同时，甲方迅速用左手按扣于乙方右手背上，右手防护（图6-5-119）；乙方欲挣脱右手，甲方紧跟左手扣抓乙方右腕，右手托住乙方右肘，并用力向上猛托，使乙方被拿制（图6-5-120）。

图 6-5-117

图 6-5-118

图 6-5-119

图 6-5-120

扣按手腕准确、牢固，托肘关节要反制其关节，并用力上托达到反关节控制的效果。扣腕端肘是以扣抓手腕进行反关节制肘的擒拿技术。

三十一、按腕托肘

定马迎击。甲方向乙方逼近迫使乙方做出反应（图6-5-121）；乙方突然伸出右手抢抓甲方左肩，甲方及时稳定桩马迎击（图6-5-122）。

按腕托肘。甲方紧接稳定身体姿势同时迅速以右手下按乙方右手腕，左手同时用力上托乙方右肘处（图6-5-123），使乙方右肘关节过度背伸损伤产生剧痛被拿制（图6-5-124）。

图 6-5-121

图 6-5-122

图 6-5-123

图 6-5-124

稳定桩马身势迎击要及时，按腕和托肘动作要一致，两手用力要相反，达到反制肘关节的效果。

按腕托肘是在搏击格斗中，以拿腕进行按腕起到反制肘关节的擒拿技术。

三十二、锁臂扳肘

膀手消挡。甲方向乙方逼近时，乙方突发右拳击打甲方头部（图6-5-125）；甲方反应迅速以左臂上旋成膀手消挡乙方右拳腕臂，右手防护（图6-5-126）。

锁臂扳肘。待乙方拳力刚过瞬间，甲方紧跟顺其出拳击空欲抽拳时，右臂从乙方右大臂下方的外侧上伸于其右小臂的内侧（图6-5-127），右手再配合左手锁扣住乙方右小臂，猛发力向前下锁扳，使乙方肘部损伤被制（图6-5-128）。

膀消旋挡拳臂要及时、准确，锁臂要有力，实施扳肘要发力猛狠。

锁臂扳肘是以拿取手臂后实施的扳肘擒拿技法。

图 6-5-125

图 6-5-126

图 6-5-127

图 6-5-128

三十三、按腕挎肘

含胸闪避。乙方向甲方逼近，甲方警觉注视乙方动作（图 6-5-129）；乙方突发右拳击向甲方胸腹部，甲方迅速含胸稍后退闪避乙方拳击（图 6-5-130）。

按腕挎肘。未等乙方变势，甲方紧跟移马靠近乙方（图 6-5-131），并屈左肘臂挟挎乙方右肘处，右手同时配合用力向下按乙方右手腕部，使乙方肘关节被挟挎损伤或裂断受制（图 6-5-132）。

闪避拳击要及时，挎肘要快速、有力，按腕与挎肘动作一致，两手同时向相反方向用力，达到拿制肘关节的擒拿效果。

按腕挎肘是以按住拿取的手腕进行挎肘的反关节擒拿法。

三十四、拧臂按肘

侧闪避拳。甲方向前靠近乙方准备发动攻势（图 6-5-133）；乙方警惕甲方的动作变化，未等甲方动作，乙方抢先发出左拳击打甲方胸部，甲方迅速向右侧闪避其拳攻（图

图 6-5-129

图 6-5-130

图 6-5-131

图 6-5-132

6-5-134）。

拧臂按肘。乙方出拳击空；甲方乘机用左手反手刁抓乙方左腕臂（图6-5-135），并用力向外反拧，右手掌同时向下拍按乙方左手肘关节处，使乙方肘关节损伤产生剧痛被制（图6-5-136）。

抓刁要准确、及时，外旋拧臂要有力，迫使拿取的肘关节反转向上，拍按肘关节要猛

图 6-5-133

图 6-5-134

图6-5-135

图6-5-136

狠用力，向下达到拿制的效果。

拧臂按肘是在拿住手腕时，进行拧腕臂配合拍按肘关节拿制的擒拿技法。

三十五、捆臂克肘

进马撤手。乙方上步发出左手掌或拳横击甲方头部右侧或面门，甲方迅速左闪头部避开乙方拳击，随后撤左脚，以右手变掌内旋翻掌屈肘上撤挡乙方的左拳腕，左手防护（图6-5-137）；乙方欲挣脱左手（图6-5-138）。

图6-5-137

图6-5-138

捆臂克肘。甲方右手紧跟抓住乙方左拳腕由下向上向前再向上，拧转乙方左拳腕一小圈将乙方左拳臂反扭强直控制在其左侧身后（图6-5-139），右手同时端住乙方反扭的左手腕捆住，左手配合并朝前别肩反推克制住其肘关节，使乙方肘臂受制疼痛被迫上体弯腰下伏被擒（图6-5-140）。

接手即准备撤抓挡手腕，并随即进行旋腕扭转，动作要灵活，迫使被拿制的腕绕转过程中稍加反扳肘部受制，达到拿取反制的效果。

图 6-5-139

图 6-5-140

　　捆臂克肘是以拿腕扭臂达到克肘甚至是肩的擒拿技术，此式动作看似有些复杂，技法实则简洁巧妙。

三十六、扳腕锁肘

　　刁手折腕。甲方向乙方逼近，乙方突发右掌推击甲方胸部（图6-5-141）；甲方迅速用左手刁抓乙方右手腕，并随即向外旋、向前折（图6-5-142）。

　　扳腕锁肘。乙方欲挣脱被抓拿的右手，甲方紧跟进马上右脚于乙方右腿后方，右手前伸从乙方右大臂下向其外上伸（图6-5-143）；右手向上扣住乙方右手腕部，并用力向前下锁扳，左手变势防护，或两手合力锁住乙方肘臂，扳折乙方右手腕，使其肘腕被锁扳扭伤产生剧痛受制（图6-5-144）。

　　刁抓腕及时，抓握手腕有力，锁肘扳腕猛狠，达到拿制的效果。

　　扳腕锁肘是以刁抓住手腕部，两手配合实施锁扣，再扳腕屈肘达到控制上肢的目的。

图 6-5-141

图 6-5-142

图6-5-143

图6-5-144

三十七、缠肘卡喉

刁手折腕。乙方伸出右手插击甲方上路，甲方警觉（图6-5-145）；甲方进马迅速用左手刁抓乙方右掌，并向前屈折乙方手腕（图6-5-146）。

图6-5-145

图6-5-146

缠肘卡喉。乙方欲动，甲方紧跟进马上右脚于乙方右腿后方，右手屈肘上举将乙方右肘向下压住其右肘弯处，迫使乙方小臂屈肘反折（图6-5-147），右臂变势继续向乙方右臂的外侧、下方，再向其内上侧缠绕住其肘臂，用右手卡住乙方咽喉，或推击乙方胸部，使乙方受制被擒（图6-5-148）。

刁腕用力，屈折其腕要配合缠肘臂牢固，卡喉要狠，达到拿制的效果。

缠肘卡喉是在刁拿住手腕后，进行屈折腕部缠肘臂再卡喉的拿法，是一种手法、身法、步法上下配合的擒拿法。

图6-5-147

图6-5-148

三十八、按肩砸肘

侧闪避攻。甲方与乙方对峙时，甲方前伸左手试探乙方反应（图6-5-149）；乙方突发左拳攻向甲方，甲方欲侧身闪避（图6-5-150）。

图6-5-149

图6-5-150

按肩砸肘。乙方左手紧跟变势抓扣甲方右肩部，甲方准备用左手扣按于乙方的左手背上（图6-5-151），右手同时屈肘从乙方左臂的外侧上举，并向下发力砸击乙方左肘关节处，使乙方左肘损伤被制（图6-5-152）。

扣按手掌要牢固，砸肘要反制其肘关节。

按肩砸肘是对付抓拍肩部的手掌进行拿制的技法。

三十九、转身砸肘

迂回对峙。甲方与乙方格斗中迂回对峙着（图6-5-153）；乙方欲移步绕至甲方身后，甲方警觉（图6-5-154）。

实用

武术擒拿

训练教程

基础训练和擒拿

图6-5-151

图6-5-152

转身砸肘。乙方突然用左手抓住甲方右肩部，甲方随即用左手扣按住乙方右掌背上（图6-5-155），紧跟上举右臂，向右后同时转马转身屈右肘向下砸击乙方左肘关节处，使乙方左肘被砸产生剧痛受制（图6-5-156）。

扣按手背要牢，转马转身举臂砸肘动作一致，砸肘要猛，达到反制关节的效果。

转身砸肘是以扣按手掌，转身进行以肘砸肘的拿法。

图6-5-153

图6-5-154

图6-5-155

图6-5-156

272

四十、转身扛肘

膀手消拳。甲方向乙方逼近，乙方发出右拳击向甲方面部（图6-5-157）；甲方迅速上旋左手成膀手膀消乙方右拳，同时顺势挡抓乙方右腕臂（图6-5-158）。

转身扛肘。甲方同时进右脚，左转身以肘后顶撞乙方（图6-5-159），肘击后紧接右肩穿过乙方右肘下，将乙方右臂搭在右肩上，右手配合左手握住乙方右小臂，两手合力下拉促使右肩上顶扛，使乙方右肘关节损伤或脱位而受制（图6-5-160）。

图 6-5-157

图 6-5-158

图 6-5-159

图 6-5-160

膀消及时，抓腕牢固，转身准备扛肘要达到反制肘关节的效果，动作中，扛肘和拉腕一致同时用力。

转身扛肘是以抓住手腕后，随即就势转身进行扛肘反制关节的拿法。

四十一、挟腕挎肘

迂回对峙。甲方向乙方靠近迂回对峙时（图6-5-161）；乙方迅速绕至甲方身后，甲方警觉注视乙方动向（图6-5-162）。

挟腕挎肘。乙方伸出右手抓住甲方后衣领或肩部；甲方迅速稳定桩马（图6-5-163），紧接回首左后转身，上抬左臂以左腋挟住乙方右手腕，左臂则由下向右上以肘弯处挎住乙方右肘处，同时用力向上挎带损伤乙方肘关节，使其受伤被控制（图6-5-164）。

图6-5-161

图6-5-162

图6-5-163

图6-5-164

回首转身挟腕要快、牢，挎肘猛狠，达到使肘关节被制的效果。

挟腕挎肘是对付从身后袭击时的拿取手腕挎带肘关节的技术。

四十二、转身撞肘

含胸避拳。甲方向乙方逼近并保持警觉（图6-5-165）；乙方突发右拳击向甲方胸部，甲方迅速含胸避躲乙方右拳（图6-5-166）。

转身撞肘。乙方欲收拳，甲方迅速以右手抢抓乙方右拳腕（图6-5-167），乘机将乙方右拳牵贴于胸前，右手顺势按住乙方右拳，身体同时右转，以左大臂横向撞击乙方右肘关节处，使其肘关节被撞剧痛受制（图6-5-168）。

含胸避拳击要及时，顺势抓腕要牢固，转身配合快速协调，撞肘要达到反制肘关节的效果。

转身撞肘，可在防守拳击或直接抓手腕后，进行转体以肘臂撞击肘关节的擒拿技术。

图6-5-165

图6-5-166

图6-5-167

图6-5-168

四十三、挟腕别肘

侧闪拍挡。甲方与乙方对峙时，乙方抢先移步发出右拳击向甲方上路（图6-5-169）；甲方迅速右转马同时用左掌向右拍挡开乙方右拳臂（图6-5-170）。

挟腕别肘。未等乙方收拳，甲方紧跟用右腋挟住乙方右腕，右臂则从乙方右肘下向其肘后上方穿过（图6-5-171），随即向右后转马转身，用右臂猛别乙方肘关节，使乙方肘关节被别受伤产生剧痛被控制（图6-5-172）。

防守拍挡拳击要及时、准确，挟腕要牢固，转马转身实施别肘要配合协调，达到反制肘关节的效果。

挟腕别肘是在挟住手腕后，随势转马转体进行的别肘拿法。

图 6-5-169

图 6-5-170

图 6-5-171

图 6-5-172

四十四、攦腕绷肘

定马迎击。甲方向乙方靠近迫使乙方做出反应（图6-5-173）；乙方用右手击打甲方胸部，甲方稳定桩马迎击（图6-5-174）。

图 6-5-173

图 6-5-174

撷腕绷肘。未等乙方收手，甲方迅速用右手撷抓住乙方右手腕，紧跟移步，左手同时从乙方右臂下向前推（图6-5-175），随即身体向右转，以左上臂猛绷靠击乙方右肘处，使乙方右肘被绷产生剧痛受制（图6-5-176）。

图6-5-175

图6-5-176

撷腕要牢，步法配合灵活，绷肘要用力，达到重创肘关节。

撷腕绷肘是在撷住手腕时进行的以臂别绷肘关节的拿法。

四十五、捋手撞肘

纠缠迂回。甲方与乙方互相移动步法纠缠对峙时（图6-5-177）；乙方绕至甲方身后，甲方警觉两手保持防护随时出击（图6-5-178）。

捋手撞肘。乙方抢先用右手抓住甲方后衣领处，甲方注视乙方动作迎击（图6-5-179），紧接迅速用左手向后捋抓住乙方右手，紧跟向右后撤步转身，随势屈右肘猛向右上方撞击乙方右肘关节，使乙方肘关节被撞损伤受制（图6-5-180）。

捋抓手要牢固，转身撞肘要迅猛、有力，达到反制肘关节的目的。

图6-5-177

图6-5-178

挒手撞肘是在挒拿住手腕时，配合转身的动作达到撞击肘关节的目的。

图6-5-179

图6-5-180

四十六、封臂顿肘

含胸避拳。甲方向乙方逼近，乙方警觉对峙（图6-5-181），乙方突发右拳冲向甲方上路，甲方含胸避躲乙方拳攻（图6-5-182）。

图6-5-181

图6-5-182

封臂顿肘。甲方紧接进马用左手臂从乙方右臂外侧上举，以颈肩和手臂合力封住乙方右手臂（图6-5-183），未等乙方有所变化，甲方动作不停，随即右转身将左臂向右、向下顿挫压住乙方右肘关节，使乙方被控制（图6-5-184）。

架臂进行封臂要牢，转身和下顿挫压肘要同时进行，达到反制肘关节的效果。

封臂顿肘是在架住手臂即可实施手法封臂，再随即以臂顿肘的拿法。

图6-5-183

图6-5-184

第六节　擒拿肩部技法

擒拿肩部技法，即以肩关节变化为主的擒拿技术技法。肩关节以及肩部要害穴位，在擒拿或搏击中被人所制，肩、肘和腕上下浑然一体，肘、臂、腕自然就不能施技攻守。肩关节处于整个上肢运动链系统的根部，与肘、腕相互支持与制约，产生相互效应。因此，肩部的擒拿技术技法，也是多利用相邻关节的效应性运动和锁定效应形成各式擒拿之法。擒拿肩部技法，在此阐述全面的肩部擒拿技术技法。

一、锁臂压肩

弹手挡拳。乙方向甲方逼近，并抢先发动攻势（图6-6-1），甲方迅速用左手成弹手向外弹挡乙方攻击的右拳臂（图6-6-2）。

锁臂压肩。甲方未等乙方收拳紧跟进马前移，左臂从乙方右腋下插穿过，右手随即抓住左手腕，两手锁住乙方右臂（图6-6-3），未等乙方有所反应，甲方右转身，以两手臂合

图6-6-1

图6-6-2

力下压乙方右肩处，使乙方肩部被压损伤产生剧痛受擒（图6-6-4）。

弹挡拳臂要准确、及时，进马移步快速，以利发力锁臂压肩。

锁臂压肩是一种在锁住手臂后实施压肩的擒拿技术，主要拿取上肢压制肩部。

图6-6-3

图6-6-4

二、缠臂搓肩

近身擒手。乙方突发右拳击打甲方胸部或面门时，甲方进右脚，以右手擒抓扣乙方右拳腕（图6-6-5），左小臂沿乙方右臂外侧向其胸前推击格挡（图6-6-6）。

缠臂搓肩。甲方紧跟左小臂从下向上滚搓乙方右肘尖处，使乙方右肘关节做旋外运动（图6-6-7），甲方进左脚于乙方身前绊锁其右腿脚，右手挂带乙方右小臂缠搓滚压，左臂同时下压乙方右肘肩处，使乙方肩关节极度内旋外展被锁定控制住（图6-6-8）。

擒抓腕要准确、及时、有力，两手配合缠臂搓滚压肘肩要使被拿取的上肢运动链锁定形成擒拿。

缠臂搓肩是在拿住手腕进行缠臂搓压肘肩的拿法。

图6-6-5

图6-6-6

图6-6-7   图6-6-8

三、撒腕撬肩

拍手挡拳。甲方向乙方逼近，乙方抢先发出右拳击向甲方上路头部或面部（图6-6-9）；甲方迅速用右手向内拍挡乙方右拳臂，左手防护（图6-6-10）。

图6-6-9   图6-6-10

撒腕撬肩。紧跟不等乙方变势，甲方用左手反撒抓住乙方右手腕，随即上左脚，右臂从乙方右臂下前伸出上挎住其右臂（图6-6-11），左脚紧接上步右转身体，右前臂猛发力向右下压住乙方肩部，右手抓扣乙方右肩部，右臂则上撬其小臂处，使乙方肩部撬起受伤被制（图6-6-12）。

拍挡及时、准确，进步挎臂有力，转身压肩撬臂动作连贯一致。

撒腕撬肩是在抓拿手腕后进行缠臂撬别压肩的技术。

四、封肘卸肩

近身扣拳。乙方伸出右拳以探甲方，甲方警觉对峙（图6-6-13），紧接迅速近身用右

图 6-6-11

图 6-6-12

手上迎扣抓乙方右手，并抓紧乙方右手内旋（图6-6-14）。

　　封肘卸肩。乙方欲动，甲方转马转身扣拿乙方右手紧跟向外旋扭其手向下牵拉，左手同时变掌向下按住乙方右肘关节（图6-6-15），甲方动作不停，右手拿住乙方右手继续外旋内拧，左手按住乙方右肘关节不放，并用力向下拧压，两手交错用力扭拧乙方右腕臂，并上提左膝从乙方右侧腋部朝其肱骨上端对着肩部跪压，卸脱乙方右肩关节（图6-6-16）。

图 6-6-13

图 6-6-14

图 6-6-15

图 6-6-16

扣抓手时要封住手肘臂并旋扭，以膝压肩使拧旋腕扯臂与膝压动作相配合，使力作用于右肩关节，达到重创的拿制效果。

封肘卸肩是在拿住腕臂时，促使拿取的肩关节脱臼的技术。

五、别肘踩肩

搭手纠缠。乙方突发右手掌插击甲方面门时，甲方进马迅速以左手乘势搭攫住乙方右手腕部（图6-6-17），纠缠中左脚随势前移，右转上体，右手挎住乙方右肘向右下方旋绕下压，并由屈肘上挎内旋向右下直压乙方右肩背部，左手配合扣拿乙方右手腕朝其背后推扭，迫使乙方俯身屈腰（图6-6-18）。

别肘踩肩。甲方动作不停，变势将左脚掌上提踩住乙方的背后右肩腋（图6-6-19），别住乙方右肩肘部，迫使乙方伏地被擒（图6-6-20）。

图6-6-17

图6-6-18

图6-6-19

图6-6-20

搭手抓腕即左右两手连环配合，随动作变化就势转腰，反折臂肘，别住肘肩，以脚踩肩。

别肘踩肩，拿法较为复杂些，以拿腕别肘达到踩肩的控制目的，以手法的巧妙，配合脚踩动作擒伏上肢达到控制全身的目的。

六、牵腕压肩

膀手消拳。乙方发出右掌插或推击甲方面门，甲方盯住乙方动作（图6-6-21），并迅速用右手成膀手上旋消卸乙方右掌腕（图6-6-22）。

牵腕压肩。未等乙方收手，紧跟用右手顺势抓住乙方右腕，同时上左脚，身体向右后转，并牵领乙方右腕臂（图6-6-23）；乙方欲动，甲方动作不停，用左前臂发力向前下压住乙方右肩部，使乙方右肩损伤受制（图6-6-24）。

图6-6-21

图6-6-22

图6-6-23

图6-6-24

膀消腕臂及时、准确，牵腕领臂和上步动作一致，牵带要使手臂领直，以利达到压肩控制的效果。

牵臂压肩是在拿住手腕时进行领臂带肘进行压肩的拿法。

七、捆臂别肩

抓托纠缠。乙方突发左手掌或拳横击甲方面部或头部，甲方迅速以右手接抓乙方左手腕（图6-6-25），紧跟右手托抓住乙方右手腕并由下向上向外旋，右脚同时前插步形成纠缠中（图6-6-26）。

捆臂别肩。甲方动作不停，右手抓乙方右腕旋扭牵带反扭强直，左手随势按推乙方左肩部，将乙方左腕臂控制在其身后（图6-6-27），右手变化端住乙方左手腕朝上朝前别乙方肩部反推，左手从乙方左肩上向右穿伸过其前臂肘压别住乙方肩部，两手呈捆臂别肩状态迫使乙方俯身弯腰就擒（图6-6-28）。

图6-6-25

图6-6-26

图6-6-27

图6-6-28

接托抓手腕及时、准确、有力，拧臂要猛狠，捆臂要牢，压别肩部整个动作要连贯。捆臂别肩是在单手抓托手腕时，两手配合进行拿拧腕臂压别肩的擒拿技术。

八、缠臂锁肩

纠缠抓肩。乙方伸出左手攻打甲方头部，甲方防护并右侧闪避其拳（图6-6-29），同时用左手抓按乙方左肩处形成纠缠（图6-6-30）。

缠臂锁肩。甲方以防乙方变化，右脚紧跟上一步，右臂迅速从乙方左腋下穿过（图6-6-31），上圈缠乙方左大臂并锁扣住其左肩部，向左下方猛发力压别，左手同时配合拉按乙方左肩处，使乙方被锁受制（图6-6-32）。

抓按肩有力，圈缠臂要快速，锁别肩部猛狠，两手动作配合协调。

缠臂锁肩是在以手臂绕圈缠手臂进行锁别肩部的拿法，主要拿取控制上肢。

图6-6-29

图6-6-30

图6-6-31

图6-6-32

九、撬臂压肩

拍手挡拳。甲方向乙方逼近，乙方突发右拳击向甲方面门或头部（图6-6-33），甲方迅速用左手掌向右横拍挡乙方右拳腕，右手防护（图6-6-34）。

撬臂压肩。甲方动作不停，紧接快速上步，将右脚上步插于乙方右腿后外侧别住，右肩迅速随进身扛撬住乙方右大臂向上顶，右臂则从乙方右肩上方前伸出（图6-6-35），再用右臂向左前下发力猛压乙方右肩处，使乙方被压后仰撬损伤肩关节受制（图6-6-36）。

挡拍及时，进身撬臂压肩要快，压肩有力，达到反制肩关节的效果。

撬臂压肩是在拿取臂肘时进行撬臂压制肩部的拿法。

图 6-6-33

图 6-6-34

图 6-6-35

图 6-6-36

十、抱肘甩肩

双膀消挡。乙方向甲方逼近，甲方注视乙方动向（图 6-6-37）；乙方发出右拳横击甲方头部，甲方迅速握拳成右膀手向下消卸乙方右拳，左膀手膀消横击的乙方右腕（图 6-6-38）。

图 6-6-37

图 6-6-38

抱肘甩肩。乙方欲退，甲方紧接上右脚于乙方右腿后，右臂挟住乙方右肘臂，左手同时配合翻拧乙方右腕臂，并用力回拉乙方右臂，迫使乙方右小臂向外旋并屈肘，肘部发生极度内收（图6-6-39），两手以右臂抱乙方肘部用力上撬，左手则用力下压其臂，右腿弹绷乙方右腿，身体紧跟后转下压，将乙方臂肘肩锁别猛甩形成擒跌（图6-6-40）。

图6-6-39

图6-6-40

消挡及时，抓腕抱肘要快，锁别猛狠甩动，全身上下配合协调连贯。

抱肘甩肩是在抱住肘臂时进行锁别甩肩的拿法。

十一、抱颈撬肩

格挡抽击。乙方向甲方逼近（图6-6-41）；甲方反应进马上右脚，用左臂格挡乙方右小臂，右手顺乙方右臂上抛抽击乙方面门或头部，引起乙方慌乱防护（图6-6-42）。

抱颈撬肩。未等乙方变势，甲方右肘压乙方右肘窝处（图6-6-43），迫使乙方屈肘，紧接移马将乙方右肘臂回带，右手顺乙方右臂下插向其胸腹部盘锁住肘臂撬其肩，左手变化抱住乙方头颈部，将乙方牢牢控制住（图6-6-44）。

图6-6-41

图6-6-42

格挡、抽击准确、及时，盘插锁肘臂撬肩要使拿制的小臂、大臂和胸腹之间形成杠杆，以便利用支点别锁盘住肘关节达到撬肘目的。

抱颈撬肩是以抱住头颈部进行盘插别肘撬肩的拿法。

图6-6-43　　　　　　　　图6-6-44

十二、抱臂折肩

弹手抱臂。乙方发出右拳击打甲方面门或头部时，甲方迅速左闪避，右手顺势成弹手弹挡乙方右腕臂，左手防挡乙方左拳（图6-6-45），甲方紧跟用右手刁扣其右手腕，并猛力回抱乙方小臂的前端，左大臂同时上抬猛顶击乙方右肘部，使乙方肘关节强直状（图6-6-46）。

图6-6-45　　　　　　　　图6-6-46

抱臂折肩。乙方欲动，甲方同时随即上左脚绊乙方右腿，两手合臂抱住乙方右臂用力向前下拉并下压（图6-6-47），向右后紧接从其胯腰俯身折扳乙方右肩，拿制乙方（图6-6-48）。

抱臂要牢固有力，扳折臂肘要随势灵活变化，抱压折扳同时进行。

抱臂折肩是在拿取抱住手臂时进行强力折搬拿取臂肩的技法。

图6-6-47

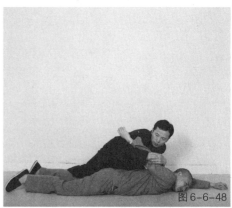
图6-6-48

十三、擒臂捆肩

膀手消挡。甲方与乙方对峙时，甲方向乙方靠近（图6-6-49）；乙方上右脚发左拳击打甲方头部或面门，甲方迅速右侧闪，左手成膀手消挡乙方左拳臂，右手防护（图6-6-50）。

擒臂捆肩。乙方欲变势，甲方紧接右手抓扣乙方右手腕，左手顺势抓住乙方左手腕，使乙方两手交错左臂肘部折压右肘呈反关节锁捆状（图6-6-51），乙方欲挣脱，甲方随即向右转体，左手将乙方左手腕向左后侧扳拉，右手将乙方右小臂推压在其左肘尖处用力下压锁住其双肩肘臂，形成擒拿（图6-6-52）。

膀手消挡要及时、准确，抓腕有力，两手交错用力折抓拿的肘臂，达到锁捆别压肩肘的效果。

擒臂捆肩是使拿取的两手臂肘交错捆压在一起达到捆锁肩肘的擒拿目的。

图6-6-49

图6-6-50

图 6-6-51

图 6-6-52

十四、抓腕跪肩

纠缠击跌。乙方伸出右手掌拍打甲方面门或头部纠缠时（图6-6-53）；甲方反应迅速与乙方格斗，将乙方击跌向前倒地，紧跟上前用右脚踩住乙方左肘部（图6-6-54）。

图 6-6-53

图 6-6-54

抓腕跪肩。乙方欲移动身体，甲方动作不停，俯身以右脚踩住乙方脊背处以防乙方移动（图6-6-55），随即两腿屈膝下蹲，以右腿膝跪压在乙方左肩上，两于同时抓住乙方左手腕臂向上扳拉，使乙方被拿制（图6-6-56）。

踩踏肘臂或脊背要猛狠有力，两手抓腕臂扳拉同时配合跪肘。

抓腕跪肩是在随势俯身抓手腕跪肩的擒拿技术，它实际上同时配合了打法和拿法。

十五、旋肩推颔

闪躲防护。甲方向乙方逼近，同时引诱甲方反应（图6-6-57）；乙方突发右拳试探甲方变化；甲方后闪，同时防护乙方攻势（图6-6-58）。

图 6-6-55

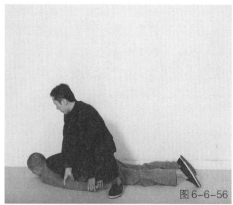
图 6-6-56

旋肩推颌。乙方在接近甲方时，二次突发右手击向甲方面部，甲方上抬左手防护（图6-6-59），并迅速向右闪避，紧跟用左手从乙方右臂内侧抓住其右手腕旋拧，使乙方腕臂被拧伤及肩部，右手配合发力猛向乙方下颌推击，控制住乙方（图6-6-60）。

闪避及时，抓腕旋肩推颌同时动作一致。

旋肩推颌是在拿住手腕拧转旋折到肩，同时推击颌部进行拿制的技术。

图 6-6-57

图 6-6-58

图 6-6-59

图 6-6-60

十六、托肘绷肩

定马迎击。甲方欲移动时，乙方向甲方逼近前伸右手扑击（图6-6-61）；甲方注视乙方变化，乙方伸出的右手扑抓甲方头发，甲方及时稳定桩马迎击（图6-6-62）。

托肘绷肩。甲方紧跟向右转体，两手防护（图6-6-63），并迅速上抬右臂用右手抠住乙方右手背，左臂同时上抬用左手向上猛托乙方右肘处，将其右臂托直绷到肩关节，使乙方肘、肩关节损伤被制（图6-6-64）。

图6-6-61

图6-6-62

图6-6-63

图6-6-64

被抓头发时要镇静，迅速转体以手抠抓所拿的手，托肘要用力，两手动作要交错用力，达到拿制的效果。

托肘绷肩是以手抠住所拿的手进行上托肘部绷及肩关节受到损伤的拿法。

十七、骑臂别肩

挡抓避拳。甲方向乙方靠近；乙方突发右拳击向甲方胸部（图6-6-65），甲方迅速用左手挡抓乙方左拳腕避开其拳势（图6-6-66）。

骑臂别肩。甲方未等乙方抽手紧跟起右脚横踢乙方头部或胸侧，乙方低头前俯身闪避（图6-6-67）；甲方顺势从乙方头上扫过右腿落于其身前，骑在乙方左肘臂上，两手抓握乙方左手腕猛向上扳提，别住乙方肘和肩关节，使乙方俯身被制（图6-6-68）。

图6-6-65

图6-6-66

图6-6-67

图6-6-68

挡抓拳腕及时、准确，踢击突然，骑肘臂上扳手腕要连贯。

骑臂别肩是以踢击落空顺势骑肘臂达到别肘和肩关节的拿制目的，它运用了手法、身法、腿法的技术。

十八、擸腕别肩

定马迎击。甲方与乙方对峙时，乙方向甲方逐渐逼近（图6-6-69）；甲方欲后退，乙方伸出右手击向甲方腹部，甲方来不及退闪迅速屏气定马迎击（图6-6-70）。

擸腕别肩。甲方迅速用左手从外擸抓住乙方右手腕，右小臂紧跟伸入乙方右臂下，两手以左手向下推，右手小臂向上挎（图6-6-71），随即右转马转身将乙方右臂向后别住其肩关节，将其控制（图6-6-72）。

图 6-6-69

图 6-6-70

图 6-6-71

图 6-6-72

动作中两手抓腕向后别肘、臂、肩时，要快速准确，身法配合要协调，手抓要牢。

撅腕别肩是在撅抓住所拿的手腕，然后施法以臂挎臂肘向后别肩的拿法。

十九、挫肘别肩

退闪避拳。甲方准备发动攻势时，乙方突然向甲方逼近（图6-6-73），并伸出右拳击向甲方胸部，甲方迅速后退闪避开乙方拳攻（图6-6-74）。

挫肘别肩。甲方注视乙方拳势，迅速稳定身势，两手随时动作（图6-6-75），右小臂随势向左横挡乙方左肘尖处，左小臂向右横挫乙方右小臂，两臂将乙方左肘别住猛挫同时别顿到其肩关节，使乙方被制（图6-6-76）。

避闪及时，准备擒拿，两小臂要交错横挡，同时含胸夹肘，两臂用力挫肘，达到顿挫肩臂的效果。

挫肘别肩是以两手配合拿制肘臂肩技术。

图6-6-73

图6-6-74

图6-6-75

图6-6-76

二十、扣掌别肩

扰手伏手。甲方与乙方互相逼近，乙方发出短距离左拳击向甲方胸部（图6-6-77），两方迅速进入互相缠斗中，甲方迅速以左手扰压挡乙方左拳，右手成伏手伏推在乙方胸部，以防乙方突袭（图6-6-78）。

扣掌别肩。随后乙方反应撤步后退，甲方两手下落防护（图6-6-79）；未等乙方施技，甲方迅速用左手扣抓乙方右掌，将乙方右手固定在右大臂上，同时向上屈右小臂，随即身体向右猛转，使乙方右手腕肘被别住同时别伤其右肩关节，将乙方控制（图6-6-80）。

准备别腕肘达到别肩目的，要先固定所拿抓的手，以屈肘配合转体达到别腕、肘、肩的拿制效果。

扣掌别肩是在抓住手时，实施的以臂别腕肘肩的拿法。

图6-6-77

图6-6-78

图6-6-79

图6-6-80

二十一、托臂别肩

割手挡拳。甲方向乙方逼近迫使乙方做出反应（图6-6-81）；乙方突发左拳击向甲方胸部，甲方迅速向右闪身，紧跟以左手成割手割挡乙方左手腕（图6-6-82）。

图6-6-81

图6-6-82

托臂别肩。未等乙方抽手，甲方进马上右脚于乙方两腿前左转身，右臂则从上挟住乙方左上臂，左手扣抓乙方左手（图6-6-83），随即向左转身两手配合猛托带乙方左臂，迫使乙方肩关节被别受制（图6-6-84）。

图6-6-83

图6-6-84

割手割挡及时，挡抓上步，挟臂动作要快速连贯，抓挟牢固，托带臂肘别要猛狠。

托臂别肩是以抓住手腕随转体托带肘臂别到肩，使肩臂肘节受到猛别损伤的拿取技术。

二十二、错腕带肩

膀手消挡。甲方与乙方互相逼近，乙方在接近甲方瞬间突发出右拳击向甲方胸部（图6-6-85）；甲方看准乙方攻势，左手成膀手迅速向外旋挡消解乙方右拳腕（图6-6-86）。

错腕带肩。甲方动作不停，紧接左手变势托抓乙方右肘处，并随势向外拧扭乙方右拳腕，右手掌同时猛推乙方右拳腕（图6-6-87），在乙方右手松握同时用右手扣抓其右指掌，两手配合错其手腕，使乙方手腕极度卷曲牵带伤及其肩关节产生疼痛被制（图6-6-

图6-6-85

图6-6-86

88)。

膀挡变抓拳臂要及时，扭拧拳腕要猛，两手要交错用力，达到错伤手腕牵带肩关节的拿制效果。

错腕带肩是拿住手腕臂时，两手配合进行相错手腕的擒拿并控制伤及肩关节的技术。

图 6-6-87

图 6-6-88

二十三、错肘带肩

搭手挡拳。甲方向乙方靠近时，乙方警觉（图 6-6-89），并抢先发出右拳击打甲方胸部，甲方迅速向左闪身，紧跟用右手搭接拨挡乙方右手腕（图 6-6-90）。

错肘带肩。甲方动作不停，紧接扣抓乙方右腕向外旋拧，左脚上步，左手屈肘上抬（图 6-6-91），用左臂从上向下压在乙方右肘上部，用力错动其肘，使乙方被错右肘处同时牵带其右肩产生剧痛而受制（图 6-6-92）。

搭手挡抓要及时，拧腕有力，上步错肘要使拿取的肘部受到错压带动肩关节产生剧痛，达到拿制的效果。

错肘带肩是抓拿住手腕进行错压肘部连带肩的技术。

图 6-6-89

图 6-6-90

图6-6-91

图6-6-92

二十四、缠臂别肩

弹手挡拳。甲方与乙方对峙时，乙方向甲方靠近（图6-6-93），并突然前伸出右拳击向甲方胸部或头部，甲方迅速左侧闪，左手由内向外弹挡乙方右拳臂（图6-6-94）。

缠臂别肩。乙方欲收拳；甲方上左脚，紧跟屈右肘沿乙方右臂上向下向外缠绕住其臂，将乙方右小臂缠夹在大小臂之间，同时进马向右转身将乙方右臂肘反关节向其身体后侧别顶（图6-6-95），左手配合猛击乙方右肘关节处，左腿别住乙方右腿，两手上别锁住乙方肩关节，使乙方被锁绊拿擒（图6-6-96）。

弹手弹挡要及时、准确，缠臂快速，向身后别顶有力，两手与腿脚动作上下协调。

缠臂别肩是以拿住手腕进行缠臂别肘锁定肩关节的拿法，并以脚法的配合拿取。

图6-6-93

图6-6-94

二十五、扳旋肘肩

扣手击肘。乙方向前抓住甲方胸或领部时（图6-6-97）；甲方迅速用左手将乙方右手

图6-6-95

图6-6-96

扣锁在胸前，右手同时用腕侧或前臂骨向乙方肘窝猛击撞（图6-6-98）。

扳旋肘肩。未等乙方有所变化，甲方迅速撤步俯身，左手锁扣乙方右手向上向后扳旋压带肘肩（图6-6-99），右手压制肘窝处，使乙方被迫跪跌受擒（图6-6-100）。

锁扣手腕要及时、有力，扳旋压带肘臂猛狠，达到斫击肘窝，锁定上肢肩关节运动链的效果，形成擒拿。

图6-6-97

图6-6-98

图6-6-99

图6-6-100

扳旋肘肩是在拿住手腕时实施的扳旋肘肩的拿法。

二十六、拧旋臂肩

扳腕扣肘。甲方挥动左手欲击打乙方头部，乙方上抬两手格挡或架挡时（图6-6-101）；甲方用左手由下向上反手刁扣乙方右小臂前端或手腕处，右手变势扣抓乙方右肘准备中（图6-6-102）。

拧旋臂肩。乙方欲动，甲方动作不停，紧扣乙方右手腕臂向上向后拧旋，将乙方右腕臂推向其身右侧后，右手紧跟反手扣住乙方肘窝处，控制住乙方肘部，使乙方右肩外展受制，同时进右脚转马，用左腿绷别乙方右腿（图6-6-103），使乙方被迫向侧后跌倒被擒拿（图6-6-104）。

图6-6-101

图6-6-102

图6-6-103

图6-6-104

抓腕臂扣肘窝要牢固有力，拧旋腕臂配合步法动作一致，使肩关节组织损伤，达到重创拿制的效果。

拧旋臂肩是在拿住腕臂拧旋时进行克制肩关节的拿法。

二十七、压臂撬肩

弓摊消卸。甲方与乙方对峙时,甲方试探乙方反应(图6-6-105);乙方挥出右拳击打甲方头部,甲方迅速进步,两手呈弓摊手状,用左手膀手旋挡乙方右小臂,右手呈摊手状从下向上沿乙方右大臂外侧向上摊挡(图6-6-106)。

压臂撬肩。甲方动作不停,右手在乙方右大臂和小臂之间,配合左手利用杠杆省力原理将乙方手腕猛向下压,并别住乙方大臂、肘上抬,使乙方屈臂,肩关节呈外展旋外状(图6-6-107),同时进马上右脚随势锁定乙方肩、臂、肘关节,使乙方被迫后倒形成擒拿(图6-6-108)。

图6-6-105

图6-6-106

图6-6-107

图6-6-108

弓摊手时,两手要迅速配合,手法灵活,拿腕撬肘臂肩要猛狠,同时配合步法达到反制关节的效果。

压臂撬肩是在拿住腕臂时利用撬杠省力的原理进行别撬肩肘关节的拿法。

第七节　擒拿腰部技法

腰部在传统武术擒拿中也称为腰身，即身腰躯干之意。擒拿或搏击中，身腰躯干若遭到由前方或后方的双手锁箍围抱之时，或有抱与连臂兼身抱之时，固然可以造成一定的威胁，甚至十分危险。因此，腰身部擒拿技法是以简捷隐蔽的手法为主，甚至以点打要害穴位来避免大开大合的动作。

一、抱腰撞胸

定马迎击。甲方向乙方逼近时，并前伸两手试探乙方反应（图6-7-1）；乙方前伸两手欲横贯甲方两耳部，甲方稳定桩马迎击（图6-7-2）。

抱腰撞胸。乙方两手横扣甲方面部欲扳拉，甲方进马稳定身体迅速向前扒抠开乙方两手（图6-7-3），紧跟两手猛抱紧乙方腰身，胸部猛前撞乙方前胸，使乙方身体呈后仰状，头部压向乙方肩颈处，使乙方被搂困住不能动弹（图6-7-4）。

图6-7-1

图6-7-2

图6-7-3

图6-7-4

进马要敏捷，抱腰要用力，以胸顶撞胸，达到贴身抱困的效果。

抱腰撞胸是从正面进行抱腰控制的拿法，以抱腰顶胸为主。

二、锁臂抱腰

移马逼近。甲方与乙方对峙时，甲方警觉防护（图6-7-5），紧接准备移马向乙方逼近扑过去（图6-7-6）。

锁臂抱腰。甲方突然向乙方靠近，用两手将乙方臂和腰部一起抱住，两腿脚稳定身势（图6-7-7），紧跟用头撞击乙方下颌处，使乙方被搂抱住不能动弹（图6-7-8）；也可以从身后进行搂抱困住乙方形成擒拿控制使其不能动弹。

图6-7-5

图6-7-6

图6-7-7

图6-7-8

准备搂抱时，进马移步要快，两手搂抱要用力，头可配合撞击下颌，上体要随势前倾，技术要灵活拿取。

锁臂抱腰是在近身纠缠时锁住双臂同时进行抱腰的控制技术，以拿制手臂和抱腰为主。

第八节　擒拿膝部技法

擒拿膝部技法，具体技术技法中包含了膝部和髋部的动作。膝处于下肢运动链系统的中枢位置，膝关节在半屈或（半蹲）位130°～150°，进行发力或转移，伸膝的力量最大，也最灵活。因此在擒拿或搏击中，膝关节多处于半屈或（半蹲）的状态，特别是作为重心支撑腿时。由此可以看出膝关节常处于重心力线的中间部，对膝部的击打、擒拿，可直接破坏身体重心的平衡或直接锁定下肢的运动而形成擒拿。针对髋关节的擒拿之法并不多见，多是利膝、踝关节的旋拧、扛压，或利用力臂原理以及运动链相邻关节效应性运动和锁定规律，使髋关节产生旋外或内收等擒拿锁定，迫使人体失去平衡支撑而形成擒拿。

一、砸膝顶腿

捞手抄腿。甲方向乙方靠近时，乙方用左脚蹬踢甲方胸腹部（图6-8-1）；甲方看准乙方动作，迅速右侧闪同时用左手成捞手准备抄抱住乙方左腿（图6-8-2）。

砸膝顶腿。未等乙方变势，甲方左手抓扣乙方左脚脖处，左腿支撑，右腿提膝上顶乙方左小腿部，右手握拳上举（图6-8-3），猛下砸乙方左腿膝处，使乙方膝部损伤受制（图6-8-4）。

捞手抄腿要及时、准确、有力，提膝上顶要有力，拳砸膝要猛狠。

砸膝顶腿是以捞抄住腿脚时，用拳配合砸击膝部的拿法，主要以控制腿膝为主。

图6-8-1

图6-8-2

二、抱腿跪膝

捞手抄腿。甲方向乙方逼近时，乙方起右脚蹬踢甲方下腹或裆部时（图6-8-5）；甲方

图6-8-3

图6-8-4

迅速向右侧闪避，同时用右手捞抄抱住乙方右腿（图6-8-6）。

抱腿跪膝。甲方紧跟左手配合抓握住乙方右小腿，左腿支撑，右腿屈膝上提（图6-8-7），用右膝向下猛跪压乙方右膝关节处，使乙方膝关节损伤产生剧痛被制（图6-8-8）。

闪避及时，捞抄腿准确、有力，顺来腿之劲，两手上提抄抱的腿，用膝猛狠跪压拿取腿膝处，达到重创的效果。

图6-8-5

图6-8-6

图6-8-7

图6-8-8

抱腿跪膝是在抄抱住腿脚时，以腿膝上提跪压所拿取的腿膝处。

三、抱腿叠膝

捞手抱腿。甲方向乙方逼近时（图6-8-9）；乙方起右脚蹬踹甲方腹部，甲方迅速向右侧稍闪开乙方腿脚，两手防护（图6-8-10）。

抱腿叠膝。甲方动作不停，在乙方蹬出腿脚瞬间紧跟两手成捞手相合抱住乙方右腿（图6-8-11），以左手上托乙方右小腿，右手配合猛挫叠乙方右腿膝，使乙方腿膝被控制住（图6-8-12）。

图6-8-9

图6-8-10

图6-8-11

图6-8-12

捞抄抱腿有力，两手配合挫叠腿膝时，要相互交挫用力，达到重创膝腿关节的效果。

抱腿叠膝是以抱住攻击的腿，以捞手手法来叠挫所拿取的腿膝关节，使膝关节受挫损伤。

四、抱膝顶胯

后闪避拳。甲方与乙方对峙时，乙方欲发动攻势（图6-8-13），向甲方靠近并发出右拳击打头部，甲方迅速后仰身闪避（图6-8-14）。

抱膝顶胯。甲方在乙方拳力刚过紧接欲收拳瞬间，向前进马（图6-8-15），用两手捞手抄抱乙方左腿膝处，同时俯身向前用左肩顶撞乙方髋胯部，使乙方被顶后仰身体跌倒受制（图6-8-16）。

图6-8-13

图6-8-14

图6-8-15

图6-8-16

后闪避及时，捞抄抱腿膝准确、有力，肩顶撞胯要猛狠。

抱膝顶胯是在抱住腿膝时，以肩顶撞髋胯部的配合达到拿制的技法。

五、抱腿蹬膝

膀手侧闪。甲方向乙方靠近时，甲方欲击乙方迫使其反应起脚（图6-8-17）；乙方抢先起右腿向乙方胸部或头部踹踢，甲方迅速向左侧闪身，前手成膀手防护（图6-8-18）。

抱腿蹬膝。甲方紧接在乙方腿力刚过，两手成捞手抄接抓住乙方右脚（图6-8-19），并用力向外下拧扭乙方右脚，右脚紧跟前伸蹬踹乙方左腿膝部，使乙方被击受控（图6-8-20）。

图6-8-17　　　　　　　　　　　　图6-8-18

图6-8-19　　　　　　　　　　　　图6-8-20

闪避及时，拧扭所捞抱腿脚要快速、有力，蹬踢膝要猛狠，整个动作要连贯、协调。
抱腿蹬膝是在捞抄抱住腿脚时配合拧腿蹬膝动作，达到拿制腿膝的擒拿。

六、折膝捆腿

纠缠击跌。甲方与乙方在迂回中，甲方迅速绕至乙方身后，乘其不备，两手抱住乙方两腿（图6-8-21），用力回拉，右肩同时向前靠顶乙方两大腿处，使乙方向前跌倒在地（图6-8-22）。

折膝捆腿。乙方前扑倒地欲反应，甲方动作不停，左手抓住乙方左脚折其膝部，右手抓住乙方右脚向前交叉叠于其右膝上（图6-8-23），紧跟用左脚踩踏住乙方右脚面处，松开两手，使乙方两腿被折捆住（图6-8-24）。

抱腿顶肩击跌要快速、有力，肩撞顶要猛，折叠腿膝要快，踩脚要狠。

折膝捆腿是在拿取腿脚时进行折捆腿膝的拿法，以拿取腿膝为主。

图6-8-21

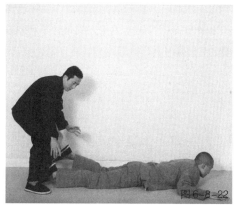

图6-8-22

图6-8-23

图6-8-24

七、勾腿踹膝

后跌纠缠。甲方与乙方格斗中，甲方主动向后跌倒于地与乙方纠缠中（图6-8-25），紧接注视乙方变化（图6-8-26）。

图6-8-25

图6-8-26

勾腿踹膝。乙方欲扑向甲方，甲方迅速翻身以右脚勾住乙方前伸的左小腿处，上抬左脚（图6-8-27），未等乙方变化，左脚随右脚的勾劲，猛发力蹬踹乙方左膝处，使乙方被踢受制（图6-8-28）。

图6-8-27　　　　　　图6-8-28

倒地要及时，勾踹动作要快速、准确。

勾腿踹膝是在倒地时以腿脚勾住小腿配合蹬踢膝关节的技术，以控制膝腿部为主。

八、扛腿踹膝

捞手抄腿。乙方突起右脚向甲方腹部或胸部踹踢出（图6-8-29）；甲方看准乙方动作，移步左侧闪，迅速用右捞手抄抱住乙方右腿，左手掌向前拍击乙方右肋部（图6-8-30）。

扛腿踹膝。乙方欲稳定身势；甲方动作不停，右臂紧接上抬，将乙方右腿搭在右肩上扛住，两手臂同时抱住乙方右腿膝，猛上扛使乙方被擒控住（图6-8-31），同时起右脚随即向前伸出蹬踹乙方支撑的左腿膝部（图6-8-32）。

图6-8-29　　　　　　图6-8-30

闪避及时，捞手抄腿准确，扛抱腿膝要快，抱膝与肩扛要反制膝关节，踹膝要狠。

扛腿踹膝是以扛住拿取的膝腿用踢法配合踢踹另一腿膝的技术，以拿取下肢膝腿。

图6-8-31

图6-8-32

九、抱腿斫膝

托抓下潜。乙方向甲方逼近，并发出右拳击打甲方胸部或面门（图6-8-33）；甲方顺乙方攻势，下潜伸出左手掌托挡乙方右拳臂（图6-8-34）。

图6-8-33

图6-8-34

抱腿斫膝。未等乙方收拳，甲方紧跟下潜俯身下滑左手抱扣住乙方前伸的右小腿下端，稍左转身，右臂屈肘用肘尖或小臂猛击乙方右膝关节外侧（图6-8-35）；乙方欲变势，甲方迅速用左手向前抢拉乙方小腿，右小臂随势猛击，向乙方右膝关节猛下挫压，使乙方被斫膝部前跪跌倒地形成擒拿（图6-8-36）。

托挡和闪避及时，潜身抱腿准确、有力，斫击膝部猛狠，整个动作要连贯、快速。

抱腿斫膝是在拿抱住腿部时，配合手法斫击膝关节的拿法。

图6-8-35

图6-8-36

第九节　擒拿脚部技法

脚部，在这里是指小腿、踝骨和足趾关节部位的擒拿。擒拿或搏击中，可以踢击小腿胫骨、踢击踝关节内踝和外踝、挫切踝关节后部跟腱、踩踏脚趾、锁定踝关节形成各式针对脚部的擒拿技法。

一、压脚折踝

问手防护。甲方与乙方对峙时，乙方两腿稳定身势后（图6-9-1），迅速起右脚弹踢甲方腹部，甲方以问手摆桩防护（图6-9-2）。

压脚折踝。甲方迅速右侧闪同时迅速用右手成捞手抄抓住乙方右小腿，左手抓扣住乙方其右脚处（图6-9-3），紧接右手用力上提乙方右小腿，左手则下按其右脚脚背，迫使乙方右脚踝部被折损伤产生剧痛受制（图6-9-4）。

摆桩侧闪避及时，捞抓腿脚要快，两手折脚踝要交错用力。

图6-9-1

图6-9-2

压脚折踝是以捞抄抓住脚踝时，以一手压按脚，一手上提小腿，达到折脚踝关节的目的。

图6-9-3

图6-9-4

二、内拧脚踝

缩腹闪避。甲方向乙方逼近，迫使乙方做出反应（图6-9-5）；乙方突起右脚蹬踢甲方胸或腹部，甲方迅速缩腹闪避（图6-9-6）。

图6-9-5

图6-9-6

内拧脚踝。未等乙方收脚，甲方迅速用左手成捞手抄抓住乙方右脚脚跟，右手成捞手抓握住乙方脚前掌（图6-9-7）；未等乙方变化，甲方两腿变换身体重心迅速以右手向右下拧扭乙方右脚，左手握住其脚跟，使乙方脚踝被拧产生剧痛受制（图6-9-8）。

捞手抄接腿脚要及时、有力，两手配合向里拧脚要猛狠，达到伤及脚踝关节的目的。

内拧脚踝是在拿取腿脚时，以手法的配合向内门拧扭脚伤及脚踝关节的目的技法。

图 6-9-7

图 6-9-8

三、外拧脚踝

侧闪防护。甲方与乙方对峙时，乙方抢先发动攻势（图6-9-9），突起右脚踹踢甲方头部或胸部，甲方后仰身或侧闪避乙方腿势（图6-9-10）。

图 6-9-9

图 6-9-10

外拧脚踝。乘乙方腿力刚过，甲方上右脚左转身，用左手捞手接抓住乙方右脚跟处，右手同时成捞手抓握住乙方右脚前掌（图6-9-11），两手配合以右手向左下扭拧乙方右脚，左手托住其右脚跟，使乙方脚踝关节被拧折受伤被控制（图6-9-12）。

闪躲要及时，捞手接抓脚要准确、牢固，向外门拧扭脚踝要猛狠。

外拧脚踝和内拧脚踝动作相反，是在拿取脚踝时向外或向内门拧扭达到伤及脚踝关节的拿法。

四、抱腿顶膝

搭手膀手。乙方发出右拳击打甲方胸部或头部（图6-9-13）；甲方迅速以右手搭手挡

图6-9-11 图6-9-12

接乙方左腕臂，左手膀手消挡其右腕臂（图6-9-14）

抱腿顶膝。乙方欲收手；甲方迅速俯身下闪，两手下滑抢抱住乙方两腿小腿处，并抱紧用力上抬（图6-9-15），同时身体向前以肩部顶撞乙方膝关节处或大腿处，两手抱住其双腿锁紧上抬，使乙方膝关节或大腿部受到顶撞身体后倒被控制（图6-9-16）。

搭手膀手要及时，抢抱腿要快速、有力，顶膝或大腿要猛狠用力。

图6-9-13 图6-9-14

图6-9-15 图6-9-16

抱腿顶膝是在以双手臂抱住双腿时，以肩配合顶撞所抱腿的膝关节，达到控制膝腿的目的。

五、扳腿推臀

下潜闪避。甲方挥出左拳击打乙方胸部，乙方急向后闪（图6-9-17）；乙方紧接起右腿横端甲方胸部，甲方迅速俯身下潜闪避（图6-9-18）。

扳腿推臀。在乙方落脚收腿时，甲方乘势进马以右手勾扳住乙方左脚踝关节并向回扳拉（图6-9-19），左手向前猛推乙方左臀部，两手配合将乙方扳倒前跌受制（图6-9-20）。

图6-9-17

图6-9-18

图6-9-19

图6-9-20

出拳击空，下潜闪避时要及时，勾腿有力，推臀要猛快，整个动作要连贯一致。

扳腿推臀是在勾扳住拿取的腿脚时，同时配合另一手推击臀部，达到拿制的目的。

六、抱腿顶臀

迂回移马。甲方与乙方在迂回对峙中，乙方欲发动攻势时（图6-9-21）；甲方移马迅速绕至乙方身后（图6-9-22）。

抱腿顶臀。甲方动作不停，用两手迅速搂抱住乙方两小腿处（图6-9-23），乙方惊惶失措，欲稳定桩步，甲方紧跟以右肩向前扛顶乙方臀部或大腿根部，两手同时用力搂抱乙方两腿，将乙方向前被迫顶摔跌倒在地（图6-9-24）。

图6-9-21

图6-9-22

图6-9-23

图6-9-24

移步迂回从后拿制动作要快，抱腿要牢固有力，肩向前扛顶要用力，两手配合向后提拉所抱的双腿。

抱腿顶臀是从身后抱住双腿，并同时以肩部顶撞臀部或大腿根拿制击跌的拿法。

七、锁腿挫胯

弹手捞手。甲方与乙方互相逼近（图6-9-25）；乙方突发右拳击打甲方头部或胸部，甲方看准乙方拳势迅速用左弹手弹挡乙方右拳臂，同时俯身向前，前伸右手成捞手，乙方惊惶欲变势闪身（图6-9-26）。

锁腿挫胯。甲方抢先伸出右手抢挟乙方右小腿，左臂屈肘随坐胯猛挫击乙方大腿根部（图6-9-27），使乙方右腿被锁定，髋胯受到挫击被制（图6-9-28）。

图6-9-25

图6-9-26

图6-9-27

图6-9-28

弹挡准确、及时，捞抄抱腿有力，锁腿上提和坐胯挫击髋动作一致。

锁腿击胯是在一手抱锁住一腿时，另一手随即屈肘击胯的拿制技术。

八、攦腕缠腿

攦手防护。乙方上步发出左拳击打甲方胸部，甲方迅速右侧闪同时用左手拍挡其拳腕（图6-9-29），紧接左手变势成攦手攦抓住乙方左手腕（图6-9-30）。

攦腕缠腿。乙方欲闪，甲方右脚同时上步，用右脚尖勾住乙方左脚跟处（图6-9-31），右膝则向下向右缠压住乙方左小腿后外侧，左手攦紧不放，右手同时侧击乙方胸部或左肋部，使乙方被控制住（图6-9-32）。

攦抓手腕准确、有力，上步快速，缠压膝腿要以螺旋形下降，以掌或拳捶击肋灵活出击。

攦腕缠腿是在攦抓住手腕进行以腿膝的螺旋劲缠住所欲拿取的腿膝，并配合手法进行击打。

图 6-9-29

图 6-9-30

图 6-9-31

图 6-9-32

九、扳腿挫膝

膀手消挡。甲方与乙方对峙时（图6-9-33）；乙方起右腿横踢甲方胸部或腹部，甲方迅速右侧闪同时欲用右手成膀手消挡乙方腿脚（图6-9-34）。

图 6-9-33

图 6-9-34

扳腿挫膝。甲方紧接左手抱挟乙方右小腿，右手在上屈肘下压抵挫乙方右腿膝（图6-9-35），随势向下沉身坐胯向右后转体，两手合力扳锁挫击乙方右腿膝，使乙方被迫翻身跌倒（图6-9-36）。

图6-9-35

图6-9-36

闪身膀消及时，抱挟腿脚牢固有力，扳腿挫膝要猛狠。

扳腿挫膝是在抱住腿膝并以手法锁住拿取的腿膝进行用力扳挫达到擒拿控制的目的。

十、挟臂盘膝

搭手膀手。甲方向乙方逼近，乙方突发右拳击打甲方头部或胸部（图6-9-37）；甲方看准乙方拳势，迅速用左膀手消架乙方右拳臂，右手成搭手挡架乙方欲出击的左手腕臂（图6-9-38）。

挟臂盘膝。未等乙方动作，甲方上右脚于乙方右腿脚后，同时向左后转体，以右小腿在乙方右小腿外侧绊锁住其右小腿，右胯随转体在乙方右腿膝内侧盘挟住其右腿膝处（图6-9-39），两手配合挟住乙方右臂，同时坐胯使乙方右腿膝关节被盘挫挤压外展旋外受制

图6-9-37

图6-9-38

后跌（图6-9-40）。

　　搭手膀手防守及时，挟臂坐胯盘别膝关节牢而有力，全身动作上下配合一致。

　　挟臂盘膝是在挟住手臂时，以腿膝盘住所制腿膝，并配合坐胯动作坐、压、挤所制的膝关节。

图6-9-39

图6-9-40

十一、捞腿挫膝

　　消挡拳攻。甲方与乙方对峙时（图6-9-41）；乙方突发右拳击打甲方头部，左拳也击出，甲方迅速用右手成搭手、左手成膀手消挡乙方两拳臂（图6-9-42）。

　　捞腿挫膝。甲方紧跟俯身下滑左手成捞手抄抢乙方右小腿，右臂屈肘抵住乙方右腿膝处（图6-9-43），乙方欲动；甲方动作不停，左手用力抄抱乙方右小腿不放，右臂屈肘用力向乙方膝外下侧猛挫压，使乙方右腿膝关节外展损伤产生剧痛被制（图6-9-44）。

　　搭膀消挡及时、准确，捞抄腿牢固、有力，挫膝猛狠，整个动作连贯一致。

　　捞腿挫膝是在捞抄抱住小腿部时，同时配合手法挫压被抱腿的膝关节，达到控制腿膝的目的。

图6-9-41

图6-9-42

图6-9-43

图6-9-44

十二、捆臂别膝

侧闪避拳。甲方向乙方逼近时（图6-9-45）；乙方上步发出右拳击打甲方头部或胸部，甲方迅速右侧闪避其拳攻（图6-9-46）。

图6-9-45

图6-9-46

捆臂别膝。甲方进马迅速上抬将乙方两手交叉横挡在其胸前捆住，同时左脚上步暗置于乙方右脚外侧（图6-9-47），紧跟屈左膝外展在乙方右膝关节的内侧，左脚略勾，锁住乙方右外踝关节，左膝顶住乙方后膝关节的内侧，用力向乙方膝外侧旋别，使乙方膝关节被外展旋外后倒被控制形成擒拿（图6-9-48）。

格挡捆臂及时，别膝要先以脚锁住拿别腿的踝关节外侧和脚跟肌腱处，利于缠顶小腿、骨内侧和膝关节内侧，动作要准确、有力、牢固。

捆臂别膝是在格挡时，以腿膝的细腻动作锁缠住拿别的腿膝，起到控制所拿别腿膝的目的，与咏春拳黐脚法略同。

图 6-9-47　　　　　　　　　　图 6-9-48

第十节　擒拿地蹚技法

擒拿地蹚技法的内容是形式多样、内容丰富的，充分利用了跌扑滚翻的技巧，实施针对头、颈、上肢、腰身、下肢等各种各样的在地蹚状态的擒拿技法。擒拿地蹚技法在武术擒拿的数代流传中，部分技术技法被咏春拳或截拳道精简，以及海外武道武技逐步演化成柔术柔道类技术，甚至今天所见到的综合格斗技术等引用，这对擒拿的传承改革创新都有着一定的社会意义。

一、抓臂踩肩

纠缠扫膝。甲方上前用左手抓住乙方右肩臂衣领，右手同时准备抓住乙方左前衣领；乙方同时右手抓住甲方左臂，两方纠缠中（图6-10-1）；甲方迅速上提左脚扫踢乙方右腿膝处（图6-10-2）。

图 6-10-1　　　　　　　　　　图 6-10-2

抓臂踩肩。乙方被扫踢膝部欲做动作；甲方动作不停，两手顺势稍下滑抓住乙方两臂，随势向右猛转体，两手随右脚的扫踢拧转乙方两臂肩，使乙方被迫旋转倒地（图6-10-3），甲方紧跟上前两手变势抓住乙方右臂，左脚踏踩乙方肩部，将其擒住（图6-10-4）。

图6-10-3

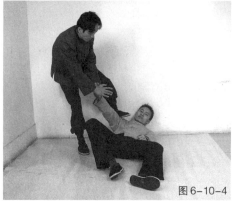
图6-10-4

抓衣抓臂牢固有力，扫膝猛狠，转身拧甩快速，抓臂踩肩要直接。

抓臂踩肩是在纠缠中拿住手臂时，用脚踏踩肩部达到擒拿控制。

二、挟臂压颈

贴身纠缠。甲方与乙方在贴身纠缠中（图6-10-5），甲方迅速用左手抓住乙方右手臂，两脚稳定桩马（图6-10-6）。

图6-10-5

图6-10-6

挟臂压颈。乙方欲动；甲方紧跟挟夹乙方右臂将其拧摔倒地，以胸和腰的侧面将乙方的肋胸部压住，右手把乙方的右手臂挟在臂下夹住（图6-10-7），右手变势经过乙方头后部前伸乙方向下猛斜压住其颈喉部，左手配合合力控制住乙方（图6-10-8）。

挟臂要牢固，侧身压胸和腰肋要用力，压颈要狠，整个动作要连贯流畅。

挟臂压颈是在倒地时的一手挟臂一手压颈的擒拿技术，以拿取手臂和控制头颈为主。

图6-10-7

图6-10-8

三、擒臂压颈

地蹚纠缠。甲方与乙方在缠斗中，乙方将甲方推倒在地（图6-10-9）；甲方迅速左手抓扣住乙方右臂，并拉住乙方右手臂，左腿同时上举，用左膝腘贴在乙方的左颈部，右手同时配合用力拉乙方右臂，把乙方右臂拉到胸前固定住（图6-10-10）。

擒臂压颈。甲方动作不停，左腿伸直用力下挫压其颈部，使乙方向右侧翻转倒地（图6-10-11），右膝向左膝靠近并移至乙方身侧，将乙方的右臂在两腿间充分拉直，以腹部向上顶住乙方的肘关节，使乙方被擒制（图6-10-12）。

纠缠中，手擒抓要拿制的手臂牢固有力，以腿膝压颈猛狠，地蹚的拿法动作要快速、流畅。

擒臂压颈是在地面进行的拿制技术，以手擒拿手臂，腿膝压住所控制的头颈形成的地蹚技法。

图6-10-9

图6-10-10

图6-10-11

图6-10-12

四、十字绞颈

纠缠击跌。甲方与乙方在近身混斗纠缠中（图6-10-13）；甲方施招将乙方击跌向后倒地（图6-10-14）。

十字绞颈。甲方动作不停，紧跟上前骑在乙方身上，用两腿夹住乙方腰部两侧（图6-10-15）；乙方被迫欲松脱身体；甲方动作不停，两手成绞剪手交叉呈十字状，左手抓住乙方的左前领，右手抓住其右前领，两小臂同时下压，勒紧乙方颈部，将乙方控制（图6-10-16）。

准备拿制，击跌要迅猛，骑坐时用力，两手成绞剪手交叉勒颈要牢固。

十字绞颈是以两手成绞剪手呈十字交叉的形式，绞抓拿制的领子，以压住勒紧颈部达到擒拿。

图6-10-13

图6-10-14

五、压腿勒颈

移马击跌。甲方与乙方迂回对峙时（图6-10-17），甲方迅速移马换步绕至乙方背

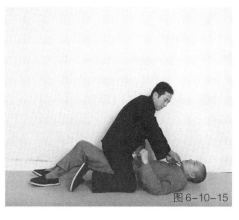

图 6-10-15

图 6-10-16

后，出右脚将乙方踹击跌倒于地（图6-10-18）。

压腿勒颈。乙方欲起身；甲方紧跟从其背后将两腿分开，从乙方背部下方经过其腰的两侧，前伸至其小腹前用小腿分别压在乙方两大腿上部（图6-10-19），右手从乙方颈部右侧向前伸出抓住其左衣领，左手则配合前伸抓住其右领，两手用力勒紧乙方的颈部，全身同时配合用力，将乙方控制（图6-10-20）。

图 6-10-17

图 6-10-18

图 6-10-19

图 6-10-20

踢踹击跌猛狠，准备将双腿分开压在拿制的腿上要快速有力，两手勒颈紧而牢固，全身要注意动作配合的直接快速。

压腿勒颈是从身后袭击的拿法，以压腿控制颈部为主。

六、抱臂夹颈

扑攻击跌。甲方与乙方迂回中（图6-10-21）；甲方突然发出双掌扑击攻势将乙方击跌倒地，并扑向前压制乙方（图6-10-22）。

抱臂夹颈。乙方反应欲动，甲方先以两手抱挟住乙方左臂（图6-10-23），紧跟右腿屈膝上抬压向乙方颈部，同时屈左腿膝，用左膝盖顶住乙方的后肩背部，全身配合用力将乙方控制住，使其不能松动（图6-10-24）。

图6-10-21

图6-10-22

图6-10-23

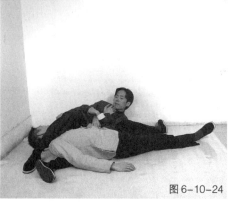

图6-10-24

扑攻击跌动作迅猛，用腿压夹颈部时，要用两手臂抱住拿住的手臂，以利腿膝配合压夹住拿制的头颈部。

抱臂压颈是在跌地时，以两腿夹住所拿制的头颈部，同时配合抱住手臂的拿法。

七、锁肘缠颈

迂回纠缠。甲方与乙方在迂回纠缠混斗中（图6-10-25）；甲方出招重创乙方或从后袭击乙方身体（图6-10-26）。

锁肘缠颈。乙方遭到攻击被迫向前跌倒，甲方紧跟迅速上前（图6-10-27），两手将乙方左手臂抓住，乙方反应来不及松动身势，甲方紧接两腿向后夹住乙方头颈部，并用力反锁乙方被抓的右手肘关节处，使乙方被控制住（图6-10-28）。

图6-10-25

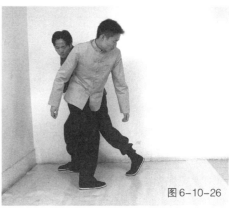

图6-10-26

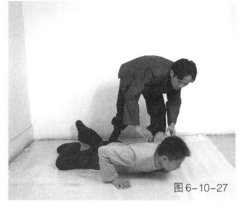

图6-10-27

图6-10-28

准备压制拿取的肘关节，要准确地拿锁压制的手臂，两腿夹颈猛狠，整个地面拿取动作要快速流畅。

锁肘缠颈是将拿取的一只手臂从正面锁夹住，用身体反压颈拿取的技术。

八、夹臂勒颈

迂回纠缠。甲方与乙方在迂回纠缠中（图6-10-29），甲方在乙方俯身时，迅速从身侧用左手抓住其衣襟（图6-10-30）。

夹臂勒颈。甲方紧跟两手变势，以左手从乙方的背部伸向其左腋下，经胸前抓住，右手同时配合将乙方颈部紧勒住（图6-10-31），随即将乙方挟勒向后倒地，左腿屈膝夹别住乙方右臂，右胯同时用力上顶乙方右肩处，乙方欲变化身势，甲方动作不停，右手勒紧乙方颈部，左手与右手配合将乙方控制住（图6-10-32）。

图6-10-29

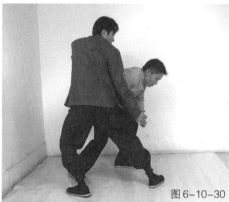

图6-10-30

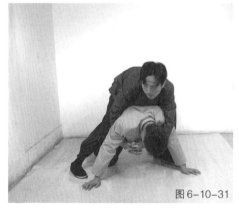

图6-10-31

图6-10-32

混斗纠缠中要清楚如何发动拿取动作技术以利得手，一旦得手再顺势得法，动作连贯快速地勒颈夹住手臂，达到擒伏的效果。

夹臂勒颈是在地蹚时以勒住拿取的颈部配合腿膝的夹臂动作，达到控制的目的。

九、夹颈掐喉

被动后跌。甲方与乙方在对峙中（图6-10-33），乙方发动攻势，将甲方击跌后倒地，乙方并扑向甲方准备拿取（图6-10-34）。

夹颈掐喉。甲方跌倒于地迅速反应防护（图6-10-35），紧跟分开左右两腿，用两手抓住乙方颈部掐住，两腿上举，用两腿膝夹住乙方颈部，两脚别住，用力将乙方颈部勒紧，两手同时掐其喉颈不放，控制住乙方（图6-10-36）。

仰身后倒，注意保护自己的同时，随时准备做动作，以腿夹颈要用力牢固，两手配合掐喉达到拿制的效果，全身的动作要快速、有力。

夹颈掐喉是以两腿夹住颈部，配合手法掐颈喉的拿法技术。

图6-10-33

图6-10-34

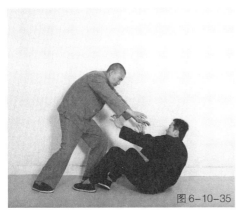

图6-10-35

图6-10-36

十、挟臂压肘

伏手消拳。甲方与乙方对峙时，甲方向乙方逼近（图6-10-37）；乙方移步同时抢先发出左手拳击向甲方胸部或腹部，甲方迅速以左手成伏手伏按消卸乙方拳力（图6-10-38）。

挟臂压肘。甲方动作不停，紧跟上前以左手顺势抓住乙方攻击的左手腕臂，右手配合抓扣住乙方右手腕，两手合力将乙方右臂控制住（图6-10-39），未等乙方变化，甲方擒挟住乙方右臂将其别压倒地，把乙方的左臂挟夹在右腋下，随身体重心的下降，反压乙方的左肘关节处，使乙方被擒伏（图6-10-40）。

伏手直接、干脆，擒挟手臂要快速有力牢固，别压要猛狠，身体重心下降注意动作的准确协调。

挟臂压肘是将拿取的手臂肘关节挟夹在腋下，实施反压所拿肘关节的技法。

图6-10-37

图6-10-38

图6-10-39

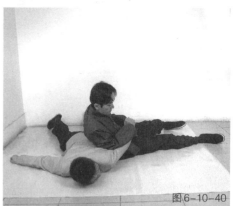

图6-10-40

十一、揪腰压臂

俯身抄抱。甲方与乙方混斗中，甲方将乙方击跌倒时（图6-10-41），紧跟上前两手各抄托抱住乙方腰两侧（图6-10-42）。

揪腰压臂。甲方动作不停，迅速向上托抱乙方腰部，随两腿屈膝，胸部挺出以腰腹的力量，将乙方的两腿提起来，使乙方身体向后翻转（图6-10-43），两手揪托乙方两腰部，配合上体将乙方的腰背部压住，左膝向前，将乙方右臂压紧，控制住乙方（图6-10-44）。

托腰要有力，两手揪托牢固，压臂要紧，整个动作快速流畅。

揪腰压臂是在地面以两手揪托住腰部翻转拿取的身体，配合屈膝压臂的擒拿。

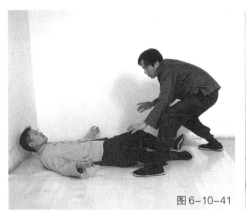

图 6-10-41

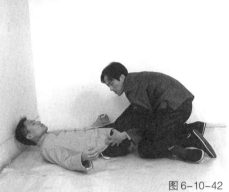

图 6-10-42

图 6-10-43

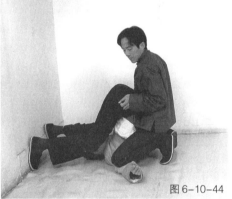

图 6-10-44

十二、压胸别肘

俯身扑击。甲方与乙方混斗中，甲方突然将乙方击跌后倒（图6-10-45），乙方倒地欲变势，甲方迅速上前扑击（图6-10-46）。

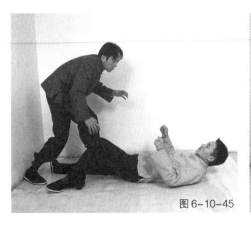

图 6-10-45

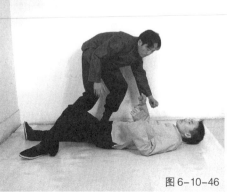

图 6-10-46

压胸别肘。甲方随即侧身压住乙方胸部，随即右手把乙方的左手腕抓住（图6-10-47），左手从其臂下前伸抓住自己的右手腕；乙方欲移动身势，甲方动作不停，反别乙方的左肘关节，使乙方被控制住（图6-10-48）。

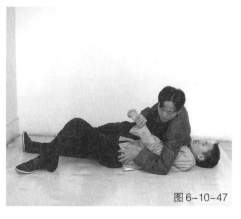

图 6-10-47

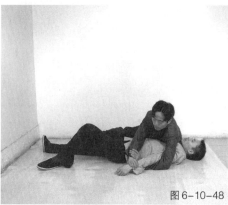

图 6-10-48

　　在跌地动作时快速拿取所控制的手臂，反别肘关节猛狠有力。

　　压胸别肘是以身体压住拿制的胸部进行抓腕别肘的技术。

图书推荐

《实用武术擒拿训练教程：擒拿解脱和反擒拿》

定价：58.00元

《静坐：流传千年的健身长寿秘法》

定价：35.00元

《武术内功修炼与实践 》

定价：32.00元

《传世咏春拳内功小念头》

定价：49.80元